KB121793

학교 내부자들

학교 내부자들

초판 1쇄 발행 2024년 4월 15일

지은이 ㅣ 박순걸
발행인 ㅣ 최윤서

펴낸 곳 ㅣ (주)교육과실천
도서문의 ㅣ 02-2264-7775
인쇄 ㅣ 031-945-6554 두성 P&L
일원화 구입처 ㅣ 031-407-6368 (주)태양서적
등록 ㅣ 2020년 2월 3일 제2020-000024호
주소 ㅣ 서울특별시 중구 창경궁로 18-1 동림비즈센터 505호
ISBN 979-11-91724-51-6 (13370)

책값은 뒤표지에 있습니다.
저작권법에 따라 한국 내에서 보호를 받는 저작물이므로 무단 전재 및 복제를 금합니다.

학교 내부자들

감시와 통제: 학교 진화의 시작

박순걸 지음

교육과실천

다시 가슴을 뛰게 만드는 책

『학교 내부자들』은 내가 초등학교 병설유치원에서 유치원 교사로 근무할 때의 비민주적인 학교의 실상을 적나라하게 드러내 주었다. 그때의 상황을 회상해 보면 드러내고 싶지만, 드러낼 용기가 없었던 나를 대신하여 이야기해 준 것 같아 책의 저자에게 감사한 마음이 들었다. 한 장 한 장 넘길 때마다 근무했던 곳의 관리자들의 얼굴이 떠올랐고 또 다른 내부자들의 모습이 떠올랐다. 『학교 내부자들』은 내 가슴 한구석의 언저리를 녹여주면서도 또다시 마음속에서 꿈틀거리는 투쟁의 불씨를 잡아당겼다.

병설유치원에서 유치원 교사는 원감이나 원장이 된다. "교장선생님, 이렇게 하려고 하는데 어떻게 할까요?"라고 여쭤보면 "유치원 선생님이 더 잘 알지, 그냥 알아서 해요."라고 말씀하시곤 했다. 그러나 3학급 이상의 원감이 있는 유치원과 단설유치원에서 근무할 때는 상황이 전혀 달라졌다. 동료 교사들과 협의를 해 봤자 협의 결과를 뒤엎어 버리는 관리자로 인해 교사들은 입을 닫고 유아교육에 대한 의욕을 잃었다. 선배 교사인 나는 답정녀와 싸우며 스트레스가 나날이 쌓여갔다. 결정권 제로의 습성화로 말하지 않는 교사들! 사실 교사에게 결정권이 없던 때라 책을 읽으며 같은 처지에 있는 선생님들을 생각하게 되었고 선배로서 후배 교사들이 말할 수 있도록 판을 깔아주려고 노력했다. 때론 후배 교사들의 방패막이가 되기도 했는데 『학교 내부자들』은 그렇게 살도록 힘을 주었던 책이었다.

원감이 된 지금 『학교 내부자들』을 다시 꺼내어 읽어 보았다. 전에는 교사로서 감동하였다면 이번에는 관리자로서 많은 생각을 하게 해준다. 원감이 된 나는 '관리자로서 소통을 잘해오고 있는가?', '교사들을 잘 지원하고 있는가?', '민주적인 유치원을 만들기 위하여 무엇을 했는가?' 라고 물으면 과연 '예'라고 말할 수 있을까? 생각과 마음처럼 쉽지 않다. 얼마 전까지만 해도 교사였는데 원감이란 타이틀이 붙으니, 교사들은 나를 어렵게 대했다. 돕고 싶고 소통하고 싶은데 생각처럼 쉽지 않은 게 현실이다. 『학교 내부자들』 개정판이 나온다고 하니 다시 가슴이 뛰기 시작한다. 저자가 프롤로그에 담았듯이 선생님들과 멋진 팀워크를 발휘하는 유치원을 만들고자 노력하는 모든 관리자들(원장, 원감)에게 일독을 권한다.

_김정숙 (세종 슬기유치원 원감)

변화는 나부터 시작하는 것이다.

어디든 사람 사는 곳이면 문제가 없는 곳은 없을 테다. 어린이와 청소년의 삶터이고 배움터인 학교 역시 많은 문제를 품은 채 본연의 역할을 다하기 위해 말 그대로 고군분투하고 있다. 저자의 최근 저서인 『학교 외부자들』이 주목받고 있다. 학교에 영향을 미치는 학교 밖 제도와 정책, 문화와 관습을 학교 본연의 역할을 다하기 위해 고군분투하는 내부자의 시선에서 외부자들을 비판하고 성찰하는 저자의 절절한 목소리를 들을 수 있는 책이다.

『학교 외부자들』의 주목과 더불어 저자의 전작 『학교 내부자들』도 다시 한번 독자들에게 관심을 받고 있다. 부끄러운 학교의 민낯을 고해하는 1부의 이야기는 다른 외부자들에게 알리기 창피한 학교의 속살을 과감히 드러내고 있다. 아프고 창피해도 일단 드러내야 바꿀 수 있다는 저자의 생각에 동의한다. 이어진 2부에서는 '이런 게 학교다!' 라 외치며 학교의 부끄러운 지점들을 바꿔보자는 구체적인 제안을 저자의 실천과 함께 제시하고 있다. 학교의 본모습을 찾고자 하는 많은 사람에게 제시한 훌륭한 이정표이며, 함께 해보자는 연대의 초대장이고, 같은 생각과 실천을 하는 이들에게 내민 든든한 동료의 응원인 셈이다.

『학교 내부자들』이 세상에 나온 지 6년이 지났다. '우리는 얼마나 바뀌었을까?', '이제는 부끄럽지 않게 되었을까? 바꾸어보려는 노력은 충분했을까? 책을 다시 한번 살펴보며 지금은 그래도 나아진 부분도 있고, 멈춘 부분도 있고, 나아가다 후퇴한 부분도 있구나!' 란 생각이 들었다.

'어떻게 하면 좀 더 나아갈 수 있을까?', '어떻게 하면 학교가 자랑스럽고 당당한 모습으로 자리 잡을 수 있을까?' 라는 질문에 답을 찾고자하는 독자들에게 '변화는 나부터 시작하는 것이며, 내가 속한 학교부터

바꿀 수 있는 용기를 내어야만 바꿀 수 있다'고 주장하는 『학교 내부자
들』의 메시지는 여전히 유효하다.

_이영상 (전북 장승초등학교 교장)

봄꽃을 피우고 싶은 선생님에게

이 책을 쓴 박순걸 선생님은 봄에 가장 먼저 피는 매화를 닮았다. 아직
봄이 오려면 멀었다며 몸을 사리는 사람들에게 봄이 왔으니 웅크렸던 몸
을 펴고 주위를 둘러보라고 알린다. 교사에게 가장 중요한 일은 행정업
무가 아니라 학생 생활 지도와 수업이라고, 공문 쓸 때 점 하나에 목숨 걸
지 말라고, 승진제도를 바꾸자고 외친다. 그렇게 박순걸 선생님은 2016
년 교감으로 발령 이후 새로운 관리자 상을 만들어가기 위해 숱한 적폐
와 싸우며 교육계에 봄이 왔음을 삶으로 알려 왔다.

지금으로부터 5년 전인 2020년 새로운 학교로 이동할 때였다. 나는 박
순걸 선생님의 『학교 내부자들』 책을 10권 사서 신학기 준비가 한창이던
2월, 새로 만난 학교 선생님들께 선물로 드렸다. 가장 먼저 피어난 매화
를 따라 내가 있는 자리에서 또 다른 봄꽃을 피우고 싶었다. 새로 만난 선
생님들께 제주형 혁신학교인 '다혼디 배움 학교' 신청을 제안하면서 이
책을 함께 읽고 학교에서 교육을 위해 꼭 필요한 것을 해보자고 말씀드
렸다. 이후 당시 분교였던 제주의 작은 학교는 2년 후 본교로 승격했다.
본교 소속이 된 학교 선생님들은 주체적으로 학교 교육과정을 꾸릴 수

있었고 학교 문화도 더욱 민주적으로 바뀌었다.

『학교 내부자들』 개정판이 나온다고 한다. 학교에 근무하면서 '이것이 꼭 필요할까? 이것이 최선일까?' 라고 물음표를 던져본 당신에게 이 책을 권한다. '아직도 이런 학교가 있어?' 로 시작하며 읽어나가다가 '아직도 이런 학교와 관리자가 있긴 하지' 라며 책장을 넘길 것이다. 그리고 이 책의 에필로그를 읽을 때쯤 학교를 혁신하고 바꾸고자 했던 저자의 처절한 외침이 귓가를 맴돌 것이며 다시 학교에 봄꽃을 피우고자 하는 선생님들의 신념이 솟아오를 것이다.

_이용규 (제주 선흘초등학교 교사)

『학교 내부자들』은
여전히 현재진행형이다.

제목만으로도 도발적인 문제작 『학교 내부자들』이 나온 지 어느새 6년이 되었는데 또다시 개정판이 나온다고 하니 기쁘기 그지없다. 처음에 이 책이 나왔을 때 나름 혁신교육의 출발지라고 자부하는 경기도에서 교직 생활을 하고 있었고 그중에서도 교사의 자율성이 꽤 보장되는 혁신학교에 근무하고 있었던 터라 책 속 이야기 중 몇몇은 시대가 지난 얘기라 생각했다. 그런데 교육청 차원에서 교장 인사제도를 개혁하려고 '리더십 아카데미' 라는 연수 과정을 준비하며 승진 점수를 모으는 분들과 기존 교감 선생님들이 반대 플랭카드를 들고 와서 저항하는 모습을 보며『학교 내부자들』은 여전히 현재진행형임을 실감했다. '리더십 아카데미' 프로그램을 준비하며 가장 필요하다고 생각한 부분이 교육철학이었다. 섬김과 존중, 그리고 책임이 리더의 철학으로 제대로 자리매김이 된다면 공동체는 스스로 자정작용을 하면서 공동체의 목적에 맞게 잘 흘러갈 거라 생각했다. 지금도 그 생각에는 변함이 없다.

이 책의 저자가 강조하는 것은 마일리지 점수의 누적으로 획득한 권력을 누리는 관리자가 아니라 자신의 경험과 능력을 나누는 지원자로서 역할을 다하라는 것이다. 보수 교육감들이 다시 각 시도 교육감이 되고 자본과 경쟁에 기반을 둔 행정을 펼치는 것을 보면서 안타깝기 그지없다. 어느 정도 자리를 잡았다고 생각한 혁신교육이나 민주학교가 속절없이 후퇴하는 걸 보며 간신히 얻은 희망과 의미를 지키는 게 얼마나 힘든 일인지 또 깨닫는다. 그 속에서 얼마나 많은 교사들이 스스로의 삶을 포기했는지 이제 겨우 알게 되었다. 서로의 고민을 제대로 나누고 그 문제를 제대로 지원해 주는 시스템과 리더십을 갖추고 있었다면 혼자 아픔을 견디다 스러져간 선생님들이 지금도 교단에서 아이들을 만나고 있지는 않았을까? 이런 현실이 개선되지 않는 한『학교 내부자들』은 계속해서 현재진행형이고 우리의 학교 현실을 알리는 빨간 경고등이다.

_인경화 (경기 덕장초등학교 교사)

'관리자'가 아닌
'교육자'를 꿈꾸는 당신에게

　박순걸 교감 선생님을 알게 된 계기가 『학교 내부자들』인지 '실천교육
교사모임' 인지는 정확하지 않다. 여하튼 나는 그의 팔로워가 되었다. 페
이스북 친구가 되었고 일부러 강의를 찾아가서 들은 적도 있다. 저자는
교감 경력이나 교직경력으로는 나보다는 후배지만 같은 교감직을 수행
하는 동업자로서 친구이자 나의 멘토다.

　내가 그를 멘토로 삼은 이유가 있다. 나는 교감 승진을 일찍 한 편이
다. 내가 근무하는 지역에서 최연소 교무도 했고, 벽지학교도 근무했다.
보고서도 제법 잘 쓰는 편이라 승진가산점도 일찍 따 놓았다. 참 열심히
도 살았는데 누구보다 일찍 출근해서 교장, 교감이 걱정하지 않도록 깔
끔하게 업무를 처리했고, 친목회장도 여러 번 하면서 교직원의 단합과
화합에도 기여했다. 교육청 자료 개발팀에도 많이 참여했고 연수원 강의
도 가끔 했다. 물론 아이들도 열심히 가르쳤다.

　승진해서 교감이 되니 많은 것이 달라졌다. 수업을 안 해도 되었고 공
문 처리하고 교장의 지시와 명령을 직원들에게 전달하며 각종 협의와 회
의를 이끄는 게 대부분의 업무였다. 그리 나쁘지 않았다. 그런데 어느 순
간부터 교감 의자에 앉아 있는 나 자신의 모습과 선생님들을 보는 내 시
선이 불편하다는 걸 느꼈다. 불과 한 달 만에 나는 선생님이 아닌 관리자
가 되어 교사들에게 행정업무를 지시하고 있었고, '나 때는 안 그랬는데

선생님들은 왜 이렇게 느리지?'라는 생각이 몰려왔다. 어떤 때는 나의 성공 경험을 교사들에게 설파하는 다소 열정적인 내 모습에 스스로 놀라기도 했다. 교사때는 읽지도 않았던 책을 사서 보면서 지난 세월을 돌아보는 시간을 가졌다. 이 때 저자가 쓴『학교 내부자들』을 만났다. 하룻저녁에 다 읽었는데 읽는 내내 공감과 충격, 부끄러움의 오만상이 온몸을 감쌌다. 책 속의 이야기는 내가 살아온 교직 생활의 흔적과 그림자마저 똑같았다. 더 충격적이었던 것은 현직 교감이 학교 내부에서 벌어지는 일들을 숨김없이 드러내는 솔직함이었다. 혹시 '학부모들이 보면 어쩌나?' 하는 걱정까지 했을 정도다.

책을 덮고 나서 깊고 오랜 사유에 빠졌다. 지난 교직 생활과 교감으로서의 내 모습, 앞으로의 미래 학교 모습 등등이 파노라마처럼 지나갔다. 그 파노라마의 타임라인을 몇 번을 반복해서 돌렸던 것 같다. 그리고 나서 내가 저자를 따라 한 것이 수업이다. 소규모 학교에서는 4개 학년, 큰 학교에서는 한 개 학년의 도덕 수업을 했다. 학폭 예방과 인성교육을 위한 수업이기도 했지만 담임 교사의 수업 시간을 한 시간이라도 줄여주고 싶었다. 수행평가도 했고 학교 홍보, 교원단체 등 업무도 다수 가져왔다. 수업에 들어가니 상담을 요청하는 학생도 생겼고, 생활교육을 필요로 하는 학생에 대한 교육도 담임 교사와 같이했다. 무엇보다 선생님들이 교감을 보는 시선이 달라졌다는 게 가장 큰 소득일 것이다.

『학교 내부자들』을 읽고 나는 '관리자'에서 다시 '교육자'로 돌아왔다. 아니 '지원자'가 더 맞는 표현일 것이다. 박순걸 교감도 그렇게 말했다. '학교는 교육기관인데 왜 교육행정기관의 흉내를 낼까?', '교육지원청은 학교가 지원해 달라고도 안 했는데 왜 자꾸 간섭하고 통제하려고 할까?' 라는 오래된 고민을 함께할 수 있는 동지가 박순걸 교감이다.

『학교 내부자들』은 내가 교감, 교장을 하면서 처음 생각을 잠깐이라도 놓치고 있을 때, 마음을 다잡아주는 그런 책이었다. '이거 너무 옛날얘기 아니야?', '요즘 이런 학교가 어딨어?' 라고 할지 모르지만, 바뀌지 않는 마일리지 승진제도, 행정업무 중심의 학교, 관리자 중심의 학교 문화는 아직도 도처에 깔려있다.

대한민국 공교육이 학생 중심, 교육과정 중심, 주도성 교육을 미래 교육의 목표로 삼는다면 민주학교를 염원하며 교육계의 속살을 용기 있게 드러낸 박순걸 교감의 『학교 내부자들』을 꼭 읽기를 바란다.

_송봉석 (충남 원당초등학교 교장)

처음 『학교 내부자들』을 접한 때는 1급 정교사 연수를 막 받은 다음 해였다. 당시 처음 책을 읽고, 선생님을 초청하여 강의를 들으면서 앞으로의 교직 생활이 훨씬 더 좋아질 것이라는 기대감으로 가득했었다. 하지만 6년이라는 시간이 흐른 지금, 많은 이들의 노력에도 불구하고 오히려 교사들은 더 많은 업무량과 행정업무에 고통받고 있다. 교육청은 물론 학교, 현장의 민주적인 소통 구조는 여전히 부족하며, 학교는 준비되지 않은 교육 정책들의 희생양이 되고 있다.

학교를 진정으로 변화시키기 위해서 더 많은 사람들이 『학교 내부자들』을 만났으면 좋겠다. 끊임없이 고민하고 실천하는 박순걸 선생님의 모습을 보며, 『학교 내부자들』을 읽고 민주학교를 위해 용기를 내는 내부자들이 더 많아졌으면 한다. 교사와 학생, 보호자가 함께 만들어가는 민주학교가『학교 내부자들』로 인해 빨리 앞당겨지는 꿈을 꾼다.

_백성동 (광주 풍영초등학교 교사)

교감으로의 발령을 준비하고 있던 나에게『학교 내부자들』은 터닝 포인트가 되었다. 현직 교감의 고백과 반성이라는 책을 마주하면서 나는 앞으로 어떤 교감이 될 것인가에 대한 고민의 답을 찾을 수 있었다. 『학교 내부자들』은 '교사는 법령에 정하는 바에 따라 학생을 교육한다'는 교육기본법의 대명제를 교육철학의 문제를 넘어 미래교육의 핵심 가치로 공론화한 책이다.『학교 내부자들』은 감시하고 통제하는 관리자가 교사의 교육활동을 지원하는 지원자로 바뀌는 계기를 만들었고, 교사의 교육권을 '외부자들'로부터 지키는 계기가 되었던 책이다.

_강석권 (부산 내산초등학교 교감)

문득문득『학교 내부자들』책이 생각났다. 수업 준비를 해야 할 시간에 업무를 붙잡고 있을 때, 학교인지 행정복지센터인지 헷갈릴 때, 관리자의 지원은 적고 온갖 지시는 넘쳐날 때, 교육과정이 누더기가 되어갈 때, 교사들의 초점을 흐리게 하는 오래되고 낡은 구조들이 애석할 때 나는『학교 내부자들』을 다시 펼치곤 했다. 책은 이상을 읊었고 그 이상은 공감이자 해소였다. 누군가가 나와 비슷하게 고민하는 것을 넘어서서 함께 비판하고 처방전까지 뽑아 동네방네 소리쳐주니 나에게『학교 내부자들』은 주치의나 다름없었다. 나는 이상주의가 좋다. 다만 손 닿을 수 없을 정도로 멀면 매력이 없는데 다행히도 박순걸 선생님의 이상은 꽤 가까이에 있다고 느껴진다. 『학교 내부자들』 책이 나온 지 6년이 지났다. 다시 개정판이 나온다고 하니 이제는 윗물들도 읽어야 할 때다.

_강환욱 (충북 수한초등학교 교사)

『학교 내부자들』을 처음 읽었을 때 충격과 공포 그 자체였다. '학교 내부를 이렇게 적나라하게 까발려도 되나?' 부끄러움은 우리 모두의 몫이었다. 읽어가는 내내 통쾌하기도 했지만, 그래봤자 변하지 않을 거라는 생각에 불편하기도 했다. 『학교 내부자들』은 저자가 교감으로의 승진과정에서 겪었던 비하인드와 승진 후 관리자로서 학교의 문화를 바꾸어내고자 했던 경험들을 책으로 엮은 것이다. 또한 누구보다 관리자들의 세계를 잘 아는 저자가 그들만의 리그를 외부에 알림으로써 학교를 모두의 리그로 바꾸고자 했던 처절한 고백서가 또한 『학교 내부자들』이다. 누군가에게는 불편함으로 누군가에게는 통쾌함으로 다가갔던 『학교 내부자들』이 개정판으로 나온다고 하니 기쁘기 그지없다. 교육계의 불편한 진실과 위선들을 다시 한번 알려주는데도 바꾸지 않는다면 당신도 공범이다. 『학교 내부자들』이 처절하게 부르짖었던 외침! 제발 학교에서 교육만 남기고 다 버리자!

_서향아 (경남 대곡초등학교 교사)

2018년 『학교 내부자들』 책을 받아 들고는 그야말로 단숨에 읽어 내려 갔다. '내 이야기'였고, '지금 우리' 모습이었기 때문이었으리라. 교사라면 누구나 알고 있지만 누구도 드러내놓고 말하지 않는 불편한 진실들. 교육 현장의 내밀한 속살을 조목조목 짚어서 과감히 드러내고 까발렸다. 어쩌면 이렇게 내가 하고 싶었던 말들을 토해냈을까? 통쾌함, 부끄러움, 분노, 안타까움, 희망과 같은 복합적인 감정들이 올라왔다. '교사'의 길을 걸어 '교감'의 자리에 선 저자 박순걸은 교사는, 관리자는 어떤 존재이며 우리 교육은 어디로 나아가야 하는가에 대해 현장의 언어로 집요하게 묻고 또 물었다. 오랜 세월 흐름이 멈춘 거대한 교육의 연못에 커다란 돌덩이를 던져 교육계에 파문을 일으켰던 책. 『학교 내부자들』은 그런 책이었다. 책이 나오고 6년이 지난 지금, 나는 교감이라는, 전과는 달라진 위치에서 다시 책을 펼쳐보았다. 『학교 내부자들』 개정판이 나온다고 하니 갑자기 마음이 바빠지기 시작한다. 신발끈을 다시 바짝 묶어야겠다.

_주순영 (강원 태봉초등학교 교감)

　학교의 다양한 제도와 시스템이 주는 불합리함은 존재하고 있지만 '나의 문제'는 아니었다. 남들보다 늦게 교직에 들어선 나는 승진할 생각이 없었고, 학교에서 일어나는 몇몇 불합리한 일들은 사회생활 속에 만나는 불합리함에 비하면 '귀여운 수준'으로 보였다. '이 정도도 못 참냐?', '학교 밖은 정글이야!'라고 속삭이며 스스로를 다독였다. 나에게 직접 다가오는 불합리함은 목소리를 높여서 따지면 되었고, 문제가 근본적으로 해결되지는 않았지만 적어도 나에게 불편함을 끼치지는 않았다.

나는 나에게 주어진 업무를 잘 처리하고 '나의 학급'을 일 년 동안 큰 사고 없이 데리고 있다가 다음 학년으로 넘겨주면 그만 아닌가?

이런 생각을 하고 교사를 하던 나에게 『학교 내부자들』은 참으로 짜증나는 책이었다. 가만있어도 잘 굴러가는 내 학급과 학교생활을 자꾸 돌아보라고 하는 것 같았고, '너만 불편하지 않으면 되느냐'고 꾸짖는 것 같아 불편하기 짝이 없었다. 저자의 집요함에 '그래, 얼마나 잘났기에 이런 책을 써서 현장을 까발리는가?' 싶어 눈을 흘기기도 했다. 동시에 '맞다, 그랬었지. 우리 학교도 그런 일이 있었지. 나에게도 그런 일이 있었지'라며 나와 내 주위를 돌아보게 되었다. 그렇다. 밉살스럽지만 이 책이 세상에 처음 나왔던 때는 '학교 내부자들'의 성찰이 필요한 순간이었다. 그것도 혼자 성찰할 것이 아니라, 우리 현장이 이러하니, 함께 성찰해 보자는 제안이었다고 생각된다. 여전히 변하지 않은 것도 많지만, 저자의 제안에 따라 함께 성찰하고 조금씩 한 걸음씩 성장하고 있는 부분도 분명히 있다고 본다. 강물은 더디지만 바다로 나아가는 것을 멈추지 않는 것처럼. 개정판이 나온다고 하니 다시금 되돌아 볼 수 있겠다. 다시 읽게 되면 또 짜증 한 가득에, 불편함에 손을 부들부들 떨겠지만….

_박희란 (경남 인평초등학교 교사)

'학교 내부자들'을 읽는 이들에게 "도대체, 언제적 이야기야!"라는 소리와 함께 더 이상 팔리지 않는 날이 하루라도 빨리 왔으면 좋겠다. 그런데, 이런 우리의 바람과 달리 꾸준히 잘 팔리고 있다니 안타깝기만 하다.

처음 학교 내부자들을 접하고 교감이라는 위치에 있는 사람이 '과연 이런 책을 어떻게 썼을까?' 라는 의문과 박순걸이라는 사람은 '배짱이 보통이 아니구나'하는 생각까지 했다. 교직사회는 특징상 매우 폐쇄적이며 소문은 빠른 속도로 전달되는 속성을 지니고 있다. 그 속성을 누구보다 잘 알고 있을 사람이 이런 책을 냈다는 것이 믿기지 않는다.

하지만, 저자의 열정과 교육혁신에 대한 바람은 남달랐다. 아마도 이 책을 쓰고 주변으로부터 따가운 시선이 멈추지 않았을 것이다. 개인의 힘든 시간 덕분에 교육 현장도 조금씩 변해가고 있는 것 같다. 이 책이 세상에 나오지 않았다면 교육계는 2018년에 머물러 있었을 것이다. 이제 더 이상 '학교 내부자들'이 팔리지 않았으면 좋겠다. 과거에 그런 일이 있었다고 이야기하는 가십거리 정도로만 남기를 바란다.

_박성광 (광주 진제초등학교 교감)

프롤로그

『학교 내부자들』이 세상에 나온 지 6년의 세월이 흘렀습니다. 신간 『학교 외부자들』이 출판되면서 『학교 내부자들』이 다시 주목받기 시작했습니다. 덕분에 저도 『학교 내부자들』을 다시 꺼내어 차근차근 읽어 보았습니다. 오래전 이야기라 2024년의 교육계와 어울리는 내용인지 궁금했는데 읽으면서 놀라움을 금치 못했습니다.

학교가 생각보다 빨리 변화를 받아들이지 않는다는 사실에 놀랐고, 그래서 아직도 이 책이 교육계에 읽힐만한 내용이라는 사실에 또 한 번 놀랐습니다. 물론 모든 내용이 현재의 교육계에 통용될 수 있는 것은 아니지만 충분히 교육적 가치가 있는 내용들로 채워져 있었습니다. 그래서 지금 시대와 맞지 않는 내용은 대폭 수정을 가하고 일부는 고쳐서 개정판을 내놓는 것이 오랜 기간 독자들의 성원에 보답하는 길이라 생각했습니다. 『학교 외부자들』을 처음 접하거나 구매를 원하는 독자들에게 『학교 내부자들』 개정판을 먼저 읽어보라고 권하고 싶습니다.

『학교 내부자들』이 세상에 나올 때인 2018년은 핀란드나 스웨덴의 교육 바람이 한국에 거세게 불던 시절이었습니다. 북유럽 교육과 관련된 책들이 불티나게 팔리고 있었고 북유럽 국가로의 해외 연수가 시도교육청마다 줄을 잇던 시기였습니다. 저도 그 해외연수의 대열에 합류할 수 있었고, 여러 나라와 학교를 방문하면서 왜 북유럽의 교사들처럼 한국의 교사는 행정업무에서 벗어날 수 없는지, 교장은 행정업무 전문가로서 해야 할 역할을 다하지 않는지 의문을 품게 되었습니다. 그 의문을 품고 조금씩 글로 적었던 것이 『학교 내부자들』의 출판으로까지 이어지게 되었던 것입니다. 당시에 저는 교장과 교사는 수직적 지위 관계가 아닌 수평적인 동반자 입장에서 학교를 위해 각자의 자리에서 최선을 다하는 학교를 꿈꾸고 있었습니다.

다수의 교육 전문가들이 함께 어우러진 학교에서, 학교장 한 사람의 생각과 말에만 맹목적으로 순종하는 학교를 바꾸어내고 싶었습니다. 지금은 지인들로부터 『학교 내부자들』이 많은 교사가 오랫동안 꿈꾸었던 학교를 만드는 데 조금이나마 일조했다는 응원의 목소리를 듣고 있습니다. 물론 오랜 관료문화에 길들여져 온 동료 관리자들로부터 많은 비판도 받았고 아직도 그 비난에서 자유롭지 못한 것 또한 사실입니다. 그러나 관리자에게 감시받는 교사에게서 학생들을 민주시민으로 양성할 수 없듯이, 교육청으로부터 통제받는 학교는 학생들이 꿈을 향해 나아갈 용기를 길러주지 못할 것은 자명한 사실입니다. 학생에게 지식만을 주입하고 교사의 생각을 강요하는 학교의 교육은 국가의 미래 또한 암울하게 만들 것입니다.

교실에서 교사와 학생의 민주적인 관계를 만들어가는 새로운 출발점이 될 것이라는 확신을 가지고 『학교 내부자들』을 집필했었습니다. 『학교 내부자들』은 21세기의 학교에서 일어나고 있는 비민주적인 요소들을 내부고발자의 심정으로 담았던 책입니다. 이번 새로운 개정판이 『학교 외부자들』의 출판과 맞물려 변화를 거부하는 학교의 내부자와 외부자들에게 계속된 비난과 화살을 맞을지 모릅니다. 그러나 학교에 민주적인 문화가 보다 빨리 정착되고 학생들과 선생님들이 주인이 되는 민주학교를 세우는데 『학교 내부자들』이 기여할 수 있다면, 저는 어떠한 비난과 원망도 의연하게 받아들일 생각이다.

처음 책을 집필하고자 마음을 먹고 글을 쓰기 시작하면서 가장 염두에 두었던 것은 교사 때의 경험과 지인들의 불편한 이야기, 교감으로 발령받은 후 동료 관리자들에게 느꼈던 소회를 독자들이 편안하게 읽을 수 있도록 하는 것이었습니다. 그리고 교사라면 누구나 관리자나 교육청에게 한 번쯤 던지고 싶었던 이야기들을 담아보려고 했습니다.

『학교 내부자들』 개정판이 누군가에게는 이미 과거의 이야기로, 누군가에게는 여전히 새로운 흥미로움으로, 누군가에는 또 다른 분노로 다가갈지 모릅니다. 그러나 『학교 내부자들』을 통해 학교가 올바른 민주시민 양성의 역할을 다하는 촉매와 거름이었으면 하는 소망을 계속 가져봅니다.

2024년 4월 다시 민주학교를 꿈꾸며

■ 차례 ■

1부
학교의 민낯: 이런게 학교라니?

1장. 부끄러운 관리자

1부

학교의 민낯:
이런 게 학교라니?

교감이 되면 기억에서 사라지는 것 | 술을 잘 먹는 교사가 일도 잘한다? | 교장은 천사, 교감은 악마 | 교감은 왜 '남자의 젖꼭지'가 되었나? | 좋은 시절에 관리자 못 해보고 좋은 시절에 교사 못 해보는 불쌍한 사람들? | 관리자는 왜 교사의 적이 되었나? | 스스로 해야 할 숙제를 왜 교사가 대신하나? | 교사도 관리자도 모두가 가기 싫은 수학여행 | 점 하나에 목숨을 걸다 | 교직원 여행에 대한 집착 | 종로에서 뺨 맞고 한강에서 화풀이하다 | 교장은 학교교육과정을 얼마나 알고 있는가? | 비민주적인 문화를 체득해야만 승진하는 학교, 그리고 악순환 | 자습은 시켜도 표가 나지 않지만, 공문을 놓치면 무능한 교사가 된다 | 벽지학교 입성을 위해 마지막까지 관리자에게 목을 매다 | 결정권 제로의 습성화로 말을 하지 않는 교사들 | 교직원 회식 | 학교운영위원회의 두 얼굴 | 교사에게 방학을 허하라 | 무두일

에 학교가 더 잘 돌아간다 | 학교 공간은 비민주적이다 | 장학지도의 또 다른 이름, 컨설팅 | 보여주기식 수업 대회, 이제 끝낼 때도 되었다 | 주말에는 교사도 좀 쉬자 | 교육청의 권력은 어디에서 나오는가? | 할당되는 연수, 의무참가 대회 불참 선언 | 의원 요구 자료에 대한 신념 | 교사에게 떠넘겨지는 CCTV 공문 | 교감이 되면 의전부터 알아야 하는가? | 적극적으로 격려하고 아낌없이 지원하자 | 교감도 힘들지만, 교사도 힘들다 | 학교 행사의 진행은 교감이 하자 | 안전에 대한 관리자의 책임 있는 자세가 교육을 살린다 | 결정할 사항들을 끊임없이 교사들에게 돌리자 | 교장을 진정으로 잘 보좌하는 것은 | 문제 있는 교감을 식별하는 방법 | 수업은 더 이상 관리자의 영역이 아니다 | 명패를 치우고 자꾸만 돌아보게 되는 교사의 삶 | 나는 지원형 교감이고 싶다 | 교육청에 문의 전화는 교감이 직접 하자 | 방학, 점심 그리고 근무

조 | 나를 일깨워주는 알람들 | 누가 선생님들을 떠나게 했나? | 교사의 우선순위 업무는 무엇인가? | 선생님은 업무가 아닌 학생들 곁에 있어야 한다 | 교사의 앎과 삶도 중요하다 | 교무실은 수업을 준비하는 곳이어야 한다 | 수업하는 교사가 정당한 대우를 받아야 한다 | 교원행정업무 경감은 무엇부터 시작되어야 하는가? | 학교 예산은 학생의 것이다 | 학교에서 교무를 없애는 실험을 시작하다 | 문안 인사는 누구에게 먼저 해야 하는가? | 열심히 가르친 그대, 방학에는 떠나라 | 교육청부터 회의문화를 바꾸자 | 교육청만이 학교의 핑퐁게임을 줄일 수 있다 | 교육청도 장학사도 평가를 받아야 한다 | 교육청에 잘 보여야 교장 되는 구조를 바꾸자 | 교장의 중임 여부를 평가할 때 교사에게도 물어야 한다 | 승진제도를 바꾸지 않으면 희망이 없다 | 갈 길이 멀기만 한 내부형 교장공모제 | 내부형 공모교장 선생님들께 드리는 부탁

— 1장 —

부끄러운
관리자

교감이 되면
기억에서 사라지는 것

　시군교육청마다 교감단 협의회가 조직되어 있다. 교사 정기인사는 3월에 한 차례만 시행되지만, 관리자는 3월과 9월 두 번에 걸쳐 정기인사가 단행된다. 정기인사 후 4월이나 10월이 되면, 교감단 협의회가 주관하는 신규 교감 환영회가 열리는데 관내의 교감 선생님이 모두 모여 인사를 나누고 승진 축하를 받으며 교감단 회원으로 자동 등록된다. 학교 사회는 직급이 세분화되어 있지 않아 평생 가장 많이 한다 해도 승진을 두 번밖에 할 수가 없다. 그래서 교감이 되는 것은 일종의 지위 획득이며 주위로부터 축하도 크다.

　이 자리에서 신규 교감 선생님들은 한 달 남짓한 교감생활을 통해 알게 된 교감직 수행의 어려움을 이야기하면서 선배 교감 선생님들과의 동질감을 형성한다. 처음 해보는 낯선 업무와 수업에 들어가지 않아도 되는 일상의 생소함, 그리고 아주 밀접해진 교장과의 관계 등 물리적, 심리적 힘듦이 동반된 자리라는 것이 대화의 주된 내용이다. 선배 교감들은 이 말에 아주 잘 호응해 주는데 이미 경험을 통해 그 의미를 알고 있기 때문이다. 그 행사에서는 신규 교감의 힘듦에 대한 소감만 강조되다 보니 교감이 되어 좀 더 행복해졌다거나 편안해졌다는 고백을 들을 수는 없었다. 교사 시절보다 더 나아진 점을 이야기하면 안 된다는 약속을 한 것도 아닌데 마냥 교감이라는 자리가 힘들다는 것만 강조한다.

우연히 교감으로 승진한 사람은 한 명도 없다. 모두가 본인이 원해서 자발적으로 교감이 되고자 희망한 사람들인데도 교감이 됨으로서의 행복은 아무도 말하지 않는다. 평생을 교사로 살아왔기에 교사의 현재 삶이 너무나 힘들고 고되다는 것을 알면서도 어느 교감도 교사들의 삶을 대변해주지 않는다. 교실에서 수업을 하고 학생들 생활지도를 하는 게 얼마나 힘들고 어려운지 보일 것 같은데도 교감이 되면 교사의 힘듦은 기억에서 사라지는 듯하다. 한 달 전까지 교사였지만, 수업을 준비하고 학생을 가르치는 것이 학교에서 일어나는 모든 일 중에서 가장 어렵고 힘든 일임을 기억하지 못하는 것 같다. 학생 사이에 일어나는 다양한 사건사고를 형사반장처럼 처리하거나 학생 하나하나에 관심을 두어 필요한 경우 상담하는 일, 수업이 끝나고 또다시 처리해야 하는 각종 공문과 업무 그리고 계획서나 보고서라도 써야 되는 날이면 몇 날 며칠을 컴퓨터 앞에 앉아 있어야 하는 수고로움은 까맣게 잊어버리는 것 같다.

나는 학교의 관리자를 외부 인사 중에서 행정만을 담당할 사람을 선발하는 데 동의하지 않고 반드시 교사 경력이 있는 사람이어야 한다는 생각을 가지고 있다. 그 이유는 학생과 교사와 학교를 아는 사람이 제대로 지원할 수 있다고 믿기 때문이다. 그런데 그 길을 걸어온 사람이 그 길의 특성을 잊어버린다는 것이 참으로 안타깝고도 아쉽기 그지없다.

교감이 되면 '저런 교감은 되지 말아야지' 했던 생각도 빨리 잊는 것 같다. 내가 만난 많은 관리자 중에는 내 인생의 멘토가 된 분도 있고, 반대로 교사생활을 정말 힘들게 한 분도 있었다. 그래서 교사들에게 관리자에 대한 뒷이야기는 때로는 내부 단결의 원천이 되기도 하고 각자에게는 나름의 거울이 되기도 한다. 그런 뒷말 속에는 진담도 많이 포함되어 있는데 계속해서 뒷말 교감이 나오는 것은 교감들이 저런 교감은 되지 말아야지 했던 것을 잊어버리고 똑같은 행동을 반복하기 때문이다. 개구리가 올챙이 시절을 모른다는 말은 형질의 변화가 워낙 급격하여 그럴 수도 있겠다 싶지만, 교감이 교사 시절을 모른다는 말은 완전히 납득하기 어렵다.

교감의 정체성은 무엇인가? 교감의 기억에서 사라지지 않아야 할 것을 놓치지 않기 위해 학교 안에서 누구와 동질감을 느끼며 누구와 일할 때 일체감을 느끼는지 생각해 보는 일은 중요하다. 교감이 되면 관리자의 삶을 대변하기보다 교사들의 삶을 대변해주고 수고로움을 나눌 줄 알아야 한다는 사실은 관리자의 직위를 내려놓은 마지막 순간까지 마음속에 영원히 자리 잡고 있어야 한다.

술을 잘 먹는 교사가
일도 잘한다?

"술을 잘 먹는 교사가 일도 잘한다."

배구를 잘하는 교사가 일도 잘한다는 말과 쌍벽을 이루는 말로 학교 내부에서 교사 성장 도움말 랭킹 1번을 차지하는 관리자 어록이다. 술을 잘 먹는 것과 일을 잘하는 것이 학교에서 비례 곡선을 만들게 된 근거가 무엇인지는 알 수가 없다. 술을 잘 먹고 배구를 잘하는 교사가 문제가 있다는 것이 아니라 능력을 인정받기 위해서는 반드시 술을 잘 마셔야 한다는 의미에 딴지를 걸고자 한다.

참고로 나도 술 잘 먹고 배구 엄청 좋아하는 사람이었다. 생전에 술을 좋아하셨던 나의 아버지는 '술을 잘 마시면 성이 박씨고 못 마시면 박가'라고 하실 만큼 '술부심'이 크신 분이셨는데, 아버지를 닮아 술을 좋아하는 나 자신도 이 기회에 비판의 선상에 놓아 스스로 경계하는 기회로 삼고자 한다.

'술을 잘 먹는 교사가 일도 잘한다'는 이 문장은 다음 몇 가지의 뜻을 가지고 있다.

첫째, 일을 잘하는 교사가 학교에서 최고라는 의미를 내포한다. 그런데 일을 잘한다는 말은 교실에서 수업을 열심히 한다거나 학생들 생활지도를 잘한다는 말은 아니다. 학교에 조금이라도 발을 담가 본 경험이 있거나 학교 문화를 지켜본 사람들은 학교에서 일을 잘한다는 말이 업무처리를 잘한다는 말이라는 걸 알 것이다. 관리자 눈에는 시기를 놓치지 않고 공문을 발송하고 계획서를 잘 꾸며 내부기안을 올리는 교사가 예쁘다. 수업을 열심히 준비해서 잘하는 것이 중요하다고 하면, 교사가 수업을 열심히 하는 건 당연한 일이고 그 외의 일도 잘 해야 능력 있는 교사라고 한다.

그러나 술을 잘 먹는 교사는 교사의 당연한 일인 수업을 잘할 수가 없다. 전날 늦은 시간까지 과음한 교사가 수업이 눈에 들어오겠는가? 그럼에도 밤새 술을 마신 다음 날 아이들은 자습을 시키더라도 공문은 놓치지 않는 초인적인 능력을 보여준다. 음주와 일을 동일 선상에 놓는 짧은 이 한 문장은 교사가 수업보다 업무를 더 중요하게 생각하는 문화를 만드는 데 강력한 역할을 해 왔다. 술을 잘 먹는 교사가 학생들을 잘 가르치는 경우가 있다고 하더라도 일을 잘하는 걸 강조하는 건 참으로 안타깝다. 이런 말을 하는 관리자에게서 교사는 수업보다는 술을 잘 마시고 술자리에 빠지지 않는 것이 유리하다는 것을 체득한다. 그것이 인정받을 수 있는 길이고 또한 능력이라고 배운다.

둘째로 '술을 잘 먹는다' 라는 말에서의 술은 가족이나 친구들과 함께 편한 자리에서 마시는 술을 말하는 것이 아니다. 술을 좋아하는 관리자와의 술자리를 의미한다. 관계가 좋은 사람들과의 술자리야 문제가 없지만, 관리자와의 술자리는 학교에서의 권위적이고 수직적인 힘의 관계를 그대로 옮겨 온 자리가 된다. 체질적으로 술을 잘 마시지 못하는 교사도 이 자리에 저만 빠질 수 없으니 끝까지 앉아 있어야 한다. 술을 마시지 않았다는 이유로 고주망태가 된 사람들을 위해 택시를 잡아 태우거나 자기 차에 태워 귀가를 완료시키고서야 집으로 들어가는 경우도 보았다.

한국의 음주 문화에서는 술자리에서 중대사가 결정되는 경우가 많은데, 학교의 술자리도 별반 다르지 않다. 학교라는 문화가 대단한 정치판은 아니지만, 영화 '내부자들'에서 볼 수 있는 암실 정치판에 못지않다. 학교의 학생 교육이 모략정치가들의 모습처럼 술 취한 사람끼리의 이야기에서 결정이 난다고 생각해보자. 얼마나 소름이 끼치는 일인가.

셋째로 '술을 잘 먹는 교사가 일도 잘한다'는 말은 먼 미래의 승진까지의 의미를 내포하고 있다. 위의 두 가지가 전제된다고 할 때 술을 잘 먹는 교사는 관리자와의 술자리에서 잘 보일 가능성이 크고, 술을 잘 먹는 교사는 수업이나 학생 교육보다는 업무에 무게 중심이 치우쳐 있을 것이다. 전날 술자리를 함께한 관리자는 숙취로 인해 까칠한 얼굴로 출근하는 교사에게 별다른 말을 하지 않는다. 그것은 술자리에서 만들어진 친밀함 때문이다.

이러한 일의 반복은 승진에도 영향을 미칠 가능성이 크다. 교사로서 당연히 해야 하는 수업 외에 승진에 필요한 다른 것들을 요청할 수 있기 때문이다. 부장교사나 주요보직을 맡고 좋은 근무평정을 받는 것이 더 중요하다고 생각하는 사람들은 학생 교육에 조금 소홀해도 술을 잘 마시고 그런 술자리 기회를 잘 만들기만 하면 부족함을 만회할 수 있다는 것을 가르치는 것과 진배없다.

술을 잘 먹는 교사가 일도 잘하고 우수한 교사이며 승진도 하게 된다는 비정상적인 논리. 부끄러운 줄 안다면 관리자들이 절대 뱉어서는 안 되는 말이다. 술은 직무와 관련해서는 정상적인 상관관계를 이루기 어렵다. 전날 과음하고 술이 덜 깬 의사는 절대로 환자를 수술해선 안 된다. 술이 덜 깬 버스 기사는 운전을 해서도 안 되고, 술이 덜 깬 소방관은 불을 끄러 가서도 안 된다. 마찬가지로 술이 덜 깬 교사는 교실에 들어가서 수업을 해서는 안 된다. 우리는 부끄럽게도 술이 덜 깬 동료 교사의 수업에 지금까지 너무나 관용적이었다. 만약 술 냄새를 풍기며 교실에 들어가려고 하는 교사가 있다면, 이를 지적하여 아이들과 만나지 않도록 해야 한다.

술을 잘 먹는 교사가 아이들을 자습시키고 컴퓨터 앞에 앉아 공문을 기안하고 계획서를 작성하며 관리자에게 일 잘하고 능력 있는 교사로 인정받는 모순된 구조는 고쳐져야 한다. 전날 밤늦은 시간까지 술을 잘 먹은 교사가 일은 잘할 수 있을지는 몰라도 절대로 수업은 잘할 수 없다. 학교에서 술이 능력이 되고 승진으로 이어지는 일은 더 이상 만들지 말아야 한다.

교장은 천사,
교감은 악마

'학교가 잘 돌아가기 위해서는 교장은 천사가 되고 교감은 악마가 되어야 한다'

교사 시절에 만났던 한 교감 선생님이 교직원 회의에서 잔소리나 쓴소리를 하고 나면 나중에 따로 해 주었던 말이다. 자신이 한 말을 미안해하면서 악역을 맡을 수밖에 없음을 이해해 달라고도 했다. 난처하고 맥 빠진 표정으로 하소연을 했지만, 그때는 그 말의 정확한 의미를 이해하지 못했다.

'교장은 천사, 교감은 악마'라는 말을 두 번째로 듣게 된 것은 어느 해 부장교사가 되었을 때였다. 교장 선생님이 교감 선생님의 험담을 하면서 교감이 악역을 맡지 않아 학교가 자신의 경영 의지대로 잘 돌아가지 않는다고 역정을 내셨다. 그러면서 나에게 먼 훗날 교감으로 승진하면 반드시 악역을 맡아야 한다며 '진심 어린 조언'이라는 수식어를 붙여서 이 말을 했다.

많은 교장 선생님이 교감을 아무짝에도 쓸모가 없다는 뜻으로 남자의 젖꼭지에 비유하여 농담 반 진담 반으로 이야기하면서도 실상은 교감에게 가장 힘든 악역을 수행하기를 주문한다. 교장들은 겉으로는 민주적인 학교 운영을 강조하면서도 빈번하게 일어나는 갈등 상황에서 이견을 조율하고, 교장의 의지를 관철시키는 힘든 일은 교감에게 떠넘기고 뒤로 빠진다. '학교가 잘 돌아가려면 교직원들에게 교장은 천사, 교감은 악마가 되어야 한다'고 생각하는 교장은 교감이 역할을 수행하는 방법이 민주적인지 비민주적인지에는 관심이 없을 가능성이 크다. 그런 경우는 단지 결과만 보고 교장을 잘 보좌하는 교감인지를 평가하고 그것이 곧 교감의 능력이라고 믿는다. 초·중등교육법에 나와 있는 교감의 역할에서 '교장을 보좌하고'라는 의미를 교장이 말하기 전에 의중을 미리 읽어 처리해야 하는 것으로 해석하는 것이다. 그리하여 교감은 골치 아픈 일들이 교장실까지 올라오지 않게 사전에 알아서 차단하고 해결해야 하며, 교장이 하고 싶은 쓴소리를 대신 교사에게 하고 교사의 불만은 자체적으로 걸러서 교장에게 전달되지 않도록 해야 유능하다고 인정받는다.

많은 교장이 학교 구성원들의 반응과 평가에 민감한 반응을 보인다. 교장은 항상 직원들에게 사람 좋은 표정으로 기분 좋은 말만 하고 쓴소리는 직접 하지 않는다. 그러면서 교사들의 의견과 교장의 의견이 일치하지 않는 경우 교감이 자기 생각을 대신 관철시켜 주기를 바란다. 교장을 잘 보좌하는 교감의 역할이란 그런 악역까지를 포함하는 것이라고 동의하는 교감은 기꺼이 악역을 맡을 것이다.

교사 시절 직원 협의회 시간에 소위 잔소리를 많이 하는 교감이 있었다. 학생들이 요즘 복도에서 많이 뛴다는 것에서부터 학생 안전, 학부모 응대에 이르는 방대한 영역의 잔소리를 하고 나면, 마지막에 교장이 '이번 한 주 수고하셨다'는 말로 직원 협의회가 끝났다. 교장이 따로 할 말이 없을 정도로 교감이 선수를 쳐서 쓴소리를 해 버려야 학교가 평안하다는 이유를 대지만, 사실은 교감 스스로 그것이 교감의 역할이라고 규정하고 있는 것이다. 교육보다는 교장의 낯빛을 먼저 살피고 교사와 학생의 움직임보다 교장의 비위를 먼저 맞추는 것이 교장을 잘 보좌하는 것이라고 생각하는 것이다. 결국 '교장은 천사, 교감은 악마'라는 말은 관리자들 문화에서 암묵적으로 인정되고 있는 교장과 교감의 역할 정의라고 할 수 있다.

이런 생각을 가진 교장과 이 말에 공감하는 교감이 있는 학교의 민주주의는 무너진 것이나 진배없다. 정말 교장은 늑대의 탈을 쓴 천사이고 싶은 것인가? 교감은 무슨 근거로 교장의 생각에 영혼 없이 동의를 하며 앞장서서 교사들에게 시어머니의 듣기 싫은 잔소리와 같은 말들을 과감하게 쏟아부어야 하는 것인가? 자신도 교장이 되면 교감에게 악마의 역할을 요구할 것이기 때문인가? 아니면 교장에게 근무평정을 받아야 하는 '을'의 위치에 있기 때문인가?

관리자만의 문제가 아니다. 학교의 평화를 명분으로 교장이 천사가 되고 교감이 악마가 되는 현상을 두고 그것이 옳다고 생각하는 교직원도 많다. 그래서 교감이 측은하면서도 그러려니 하는 것이다. 그러나 학교는 개인의 경영 의지에 따라 꼭두각시 연극처럼 조종되는 곳이 아니라 소통과 합의를 통해 어떤 기관보다 가장 민주적으로 운영되어야 하는 곳이다. 그래서 교장은 교감이 받들고 모셔야 하는 사람이 아니라 파트너로 생각하는 것이 바람직하다. 민주적인 문화와 시스템에서 소통하고 배려하며 존중받으며 근무하고 싶은 것이 교사들의 진정한 바람이다. 천사의 입에 발린 칭찬도 악마의 영양가 없는 명령도 민주적인 문화를 만들어가지 못한다. 그렇기 때문에 학교에 필요한 것은 천사나 악마가 아니라 합의와 동의가 있는 민주적 절차와 그것을 인정해주는 문화이다.

교육기본법 제2조에 명시된 '민주시민으로서 필요한 자질을 갖추게 함으로써 인간다운 삶을 영위하게 하고 민주국가의 발전과 인류공영(人類共榮)의 이상을 실현하는 데에 이바지하게 함을 목적으로 한다'는 교육이념을 학교가 지금까지 잘 구현하고 있는지를 모두가 성찰해야 한다. 민주시민 의식을 가지지 못한 교육자가 민주시민을 길러 낼 수 없음도 직시해야 한다.

교장 선생님은 좋은데 교감 선생님은 날마다 교사들을 달달 볶아 세운다고 푸념하는 교사들은 교감을 좀팽이라고 말하기 전에 주의 깊게 살펴보아야 한다. 교감의 좀팽이 같은 잔소리가 정말로 교감의 자의에 의한 것인지를 말이다.

교감은 왜
'남자의 젖꼭지'가 되었나?

학기가 끝나고 방학이 되면 관내의 교장단 협의회에서는 워크숍을 떠난다. 선진지 학교 견학이나 연수를 목적으로 떠나지만, 대부분 관광성 여행을 겸한다. 교감으로 승진하고 맞이하는 첫 교장단 워크숍이 있을 때 경험이다. 선배 교감으로부터 교장단 워크숍을 배웅해야 다음 학기가 편안하다는 조언 때문에 학교로 출근하기 전 아침 일찍 관광버스가 대기한 곳으로 나갔다. 관광버스 한가득 각종 주류와 안주를 싣고 연수를 떠나는 이른 아침, 관내의 많은 교감 선생님이 나와서 배웅을 하는데, 교감이 나온 학교의 교장 선생님 표정과 배웅을 나오지 않은 교장 선생님의 모습은 확연히 달라 보였다. 교감에다 교무부장까지 배웅 나온 학교의 교장은 그야말로 학교에 교장의 권위가 서 있는 듯 우쭐해보였고 다른 교장들은 진심인지 아닌지 모를 부러움의 눈빛을 보내는 듯했다.

과거로 거슬러 올라가 보면 교장단 워크숍 배웅은 다반사였다. 지금은 학교의 교감들이 배웅하러 나오는 것도 아니고 강요하지도 않지만, 과거에는 교감은 물론 부장교사들까지 배웅을 나갔다. 어느 학교의 교감이

나오지 않았는지를 찾는 것이 더 빨랐다. 세상이 많이 변하여 지금은 그것을 의무로 생각하지는 않지만, 학교에서 막강한 힘을 행사하는 교장일수록 그 힘이 학교 밖까지 영향을 미치는 것은 여전하다.

교장의 권위와 파워를 '교감 열 명이 교장 한 명을 못 당한다' 라는 말로 표현하기도 한다. 바꾸어 말하면 교장 한 명의 파워가 교감 열 명의 파워보다 막강하다는 의미로 교장들이 가끔 교감들의 역할을 평가절하 하듯이 하는 이야기이다. 그만큼 학교에서 교감은 교장의 꼭두각시나 다름없다는 뜻으로 그저 교장이 시키면 시키는 대로 개인 비서와 같은 역할만 수행하라는 것이다.

교감의 역할을 비유하는 말 중에서 가장 모욕적인 것으로 '교감은 남자의 젖꼭지이다' 라는 말이 있다. 이 말은 교감이라는 직위를 신체의 특정 부위에 비유함으로써 유머를 빙자하여 수치심을 유발하기도 한다. 교감으로 발령받은 첫해에 설마 하면서도 무슨 뜻인가 하여 선배 교감에게 물은 적이 있었다. 남자의 젖꼭지처럼 없으면 허전하고, 있어도 있으나 마나 한 존재라는 의미란다. 교감이 되고 나니 교감을 이처럼 폄하하는 말이 반갑지 않음이 사실이다. 교감을 두고 수치심을 유발하는 이런 어이없는 말이 어떻게 나왔는지를 생각해 보아야 한다.

교감이 정말 학교에 없으면 허전하고, 있어도 있으나 마나 한 존재인가? 만약 그렇다면 교감들에게 지금까지 법에서 정한 교감의 임무를 잘 수행했는지를 따져 물어야 한다. 법률이 규정하고 있는 교감의 역할이 학교에서 있으나 마나 한 일들이 아님에도 불구하고 다른 구성원들이 교감을 그렇게 폄하했다면 직무를 바르게 수행하지 않았기에 나온 말이 아니겠는가? 혹시 그동안 오로지 교장을 보좌하는 일에만 몰두하지는 않았는지, 교무를 관리해야 할 일을 교무부장에게 떠넘기지는 않았는지, 학생을 교육해야 하는 일에는 완전히 손을 놓고 있지는 않았는지를 반성해 보아야 한다.

'교감은 남자의 젖꼭지'라는 말은 도대체 누가 처음으로 만들어 냈을까? 나는 교사들이 관리자의 뒷담화 자리에서 교감을 두고 이 말을 하는 것을 한 번도 들어 본 적이 없다. 교장이 하는 말과 교감이 스스로 하는 말을 들은 적이 있고 교감자격연수를 받으면서 명확하게 들었다. 따라서 이 말을 교사들이 만들지 않은 것은 분명해 보인다. 교장들이 만들었다면 교감은 단지 교장이 지시하는 명령만 수행하면 되는 아주 작은 존재임을 부각시키기 위함이었으리라. 만약 교감들이 스스로 만들어 낸 말이라면 자신은 학교에서 쓸모없는 존재라는 자조 섞인 말일 것이다.

교감이 이 정도의 말로 정의되지 않기 위해서는 지금부터라도 초·중등교육법 제20조 제2항에 나오는 교감의 임무를 충실히 수행하자. 이제 학생을 교육하는 일을 가장 충실히 수행하고 교무부장에게 넘겨주었던 교무 관리를 돌려받자. 그리하여 교장에게는 반드시 필요한 보좌진이 되고 교사에게는 반드시 있어야 하는 업무 지원자가 되어야 한다. 그리 할 때 교감은 남자의 젖꼭지가 아닌 갓난아기를 낳은 어머니의 가장 숭고한 젖꼭지가 될 수 있을 것이다.

교장이 바뀌면 학교가 바뀐다고 한다. 그뿐만이 아니다. 교감이 바뀌어도 학교가 바뀔 수 있어야 한다.

좋은 시절에 관리자 못 해보고
좋은 시절에 교사 못 해보는
불쌍한 사람들?

교사 시절에 만난 관리자들이 나에게 했던 말 중 가장 기억에 남는 것은 '우리는 좋은 시절에 관리자 못 해보고 좋은 시절에 교사 못 해보는 불쌍한 사람들'이라는 말이다. 오매불망했던 관리자가 되었으면서 저건 또 무슨 소린가 하며 배부른 소리로만 생각했었다. 그런데 교감이 된 이후에 만난 관리자들도 자신들은 정말 불쌍한 관리자라는 말을 공개적인 자리에서 의외로 쉽게 했는데 같은 관리자 입장에서 다시 생각해도 나는 이 말에 동의할 수가 없다.

그들이 그리워하는 관리자 하기 좋은 시절은 어떤 시절을 말하는 것일까? 추측해 보건대 교장의 말 한마디면 직원들이 어떠한 대꾸나 의문도 없이 군대처럼 일사불란하게 움직이던 시절을 말하는 것은 아닐까? 학교를 자신만의 왕국처럼 생각하여 지시하고 통제하며 무소불위의 권력을 휘두를 수 있던 유신독재와 견주어도 손색이 없던 시절, 뇌물을 촌지라는 이름으로 아무렇지도 않게 받아 챙기고 심지어 요구를 해도 관례라고 여기던 시절, 직원들에게 명절날 떡값과 선물을 챙길 수 있던 시절을

41

학교의 민낯: 이런게 학교라니?

말하는 것은 아닐까? 이렇게 풀어서 설명하고 그 시절의 관리자를 부러워하는 것이냐고 다시 물으면 어떤 대답이 돌아올지 궁금하다.

좋은 시절의 교사는 현세대의 교사를 말하는 듯하다. 관리자 입장에서 과거처럼 교사들을 마음대로 통제하고 지시하지 않으니 교사들이 매우 편하게 학교생활을 한다고 생각한다. 현재의 교사들은 정말 좋은 시절에 교사를 한다고 말할 수 있는가?

최근에는 교사를 감정노동군의 직업에 포함시킨다. 손준종(2011)은 초등학교 교사의 감정노동 연구에서 '교사의 감정은 개인적인 심리적 차원에서만 경험되는 것이 아니라 교육과 사회적 환경을 반영하는 사회적 구성물'이라고 정의한다. 교사는 학부모, 관리자, 학생 사이에서 다양한 사회적 역할을 요구받는다. 그 과정에서 도덕성을 강요받는 교사는 자기 감정을 숨기게 되고 심각한 상처를 받는다. 최근 교사 연수에 힐링, 행복, 자존감이라는 단어가 급속도로 증가하는 것이 이를 잘 설명한다. 교사의 권위는 땅에 떨어지고 학부모와 학생들에게조차 존경받지 못하는 지금의 교사들이 과연 좋은 시절에 가르치는 삶을 살고 있는 것인지 반문하고 싶다.

내 경우는 어떠한가? 나는 정말 좋은 시절에 교사를 했다. 매를 들고 아이들을 체벌해도 '사랑의 매'로 해석되어 전화 한 통 학교로 오지 않는 그런 시절에 교사를 했다. 집에서는 아무리 양치를 하라고 해도 하지 않던 아이가 '양치해야 한다'는 선생님의 말 한마디에 밥을 먹고 나서 양치를 빼먹지 않고 있다고 정말 감사하다고 90도로 인사하는 학부모가 있던 시절에 교사를 했다. 50명이 넘는 아이가 교실을 가득 채우고 있어도 선생님의 말이라면 부모의 말보다도 더 존중하고 가치 있게 여기던 그 시절에 교사를 했다. 나는 조금 더 열정을 베풀고 관심을 주기만 했을 뿐인데도 선생님의 말씀은 무조건 따르고 지켜야 하는 것이라고 믿는 학부모와 학생들에게서 최고의 선생님이라는 찬사를 들으며 존경을 받았다.

나는 지금 정말 좋은 시절에 관리자를 하고 있다. 선생님들께 믿고 맡기기만 하면 되는 시절에 교감을 하고 있으니 이 얼마나 마음이 편한가? 근무평정 때문에 연말에 교장 선생님이나 교육청에 인사를 가는 것을 하지 않아도 되는 시절에 교감을 하고 있다. 명절 때 선물이나 돈 봉투를 들고 교육청에 인사 가는 것을 하지 않아도 되는 시절, 교장에게 아부하지 않아도 되고 교육장이 학교 순시를 온다고 해도 눈치를 보지 않아도 되는 투명하고 깨끗한 시절에 교감을 하고 있으니 이 얼마나 행복한가? 그것이 당당할 수 있으니 또 얼마나 좋은 시절인가?

지원보다 통제가 관리자의 주요 역할이던 시절이라고 해서 좋은 관리자가 없었던 것도 아니다. 한 예로 출산 휴가를 들어가야 했던 내 아내는 출산 휴가 들어가기 전, 기간제 교사를 구하고 각종 서류를 처리해야 하는 교감에게 돈 봉투를 하나 준비하라는 선배 교사의 말을 들었다. 그래야 한다는 말에 돈 봉투를 준비해서 출산 휴가 날짜를 이야기하러 갔는데 교감 선생님에게 혼이 났다고 했다.

"선생님, 그게 내 일입니다. 교감이 당연히 할 일이에요."

지금 보면 당연한 일이지만, 그 시절 우리 부부는 교감 선생님 말씀에 눈물 나게 감사해 하면서 감동을 받았다.

좋은 시절, 나쁜 시절의 판단 기준이 '관리자들이 교사를 손아귀에 넣고 얼마나 효율적으로 쥐고 흔들 수 있나 없나' 라는 것은 지나가는 소가

웃을 일이다. 관리자 하기 좋은 시절이 있고, 교사 하기 좋은 시절이 따로 있는 것이 아니다. 지금의 시절은 지금을 살고 있는 구성원이 만들어가야 할 몫이고 그렇지 못하더라도 그런 시절을 만들어 후배들에게 전해줄 수 있어야 한다. 그럼에도 불구하고 좋은 시절에 관리자 못 하고 좋은 시절에 교사 못 하는 불쌍한 관리자라고 불평불만 하는 교감, 교장 선생님들에게 감히 조언을 드리고 싶다.

"교사 하기 참 좋은 시절이니 관리자를 당장 그만두고 교사로 다시 돌아가시어 열심히 수업 하시면 됩니다. 선생님이 마음에 안 든다고 학부모와 학생이 면전에 대고 욕을 하는 시절에, 화가 머리끝까지 일어도 얼굴에 미소를 가득 머금고 대화로 해결해야 하는 시절에, 아무리 열심히 가르치고 노력해도 학생과 학부모에게 존경받지 못하는 시절에, 이 좋은 시절에 마음껏 교사의 혜택을 누려보시기를 권합니다."

관리자는 왜
교사의 적이 되었나?

　많은 관리자가 자신들은 교사의 적이 아님을 주장하고 학생 교육의 동지가 되고 싶어 한다. 그러나 새로운학교네트워크, 실천교육교사모임, 좋은교사운동 등과 같은 교사모임에 가보면 교사들이 관리자들의 비민주성을 성토한다. 학교의 변화를 위해서는 관리자가 먼저 변하거나 승진제도가 바뀌어야 한다고 주장하는 것을 자주 볼 수 있다. 그러나 위에 언급한 교사모임에서 만난 관리자들은 한숨을 쉬며 이 같은 반응에 강한 의문을 제기한다. 우리는 늘 교사들의 마음을 이해하고 가족처럼 지내고 싶은데, 왜 관리자를 적으로만 생각하는지 도저히 이해할 수가 없다는 것이었다.

　관리자는 왜 교사들에게 동지 의식을 심어주지 못하는가?

　첫째, 관리자가 되면 소통하는 능력을 잃어버리는 것 같다. 실제 학교 내에서 관리자와 교사의 관계는 그리 긴밀하지 않다. 교장실과 교실로 분리되는 학교 구조상 물리적인 거리도 매우 멀고 이와 비례하여 심리적인 거리도 멀다. 관리자가 말하는 교사와의 소통은 대부분 교장실 안에서 이루어지는 형태라 교사 입장에서 보면 소통이라고 말하기 어렵다. 설령 의논이 이루어진다고 해도 몇몇 부장과의 소통에 불과하다. 교장의 의견이 부장에게 전달되었다고 해서 전 교직원과 소통했다고 보기도 어렵다. 그럼에도 불구하고 교장은 적극적인 소통의 자세를 취하지 않는다. 교장이 먼저 교사를 찾고 같은 자리에 앉아 의논하면 품위가 없어진다고 생각하는 듯하다.

둘째, 공동체를 담는 리더십이 부족한 것 같다. 학교에서 교장의 위치는 최상위에 있다. 어쩌면 교육 가족 중에서 가장 중요하고 막강한 권한을 가지고 있는 위치일지도 모른다. 가정으로 치면 아버지에 필적하는 권위를 가지고 있는 자리이기에 교장은 공동체를 포괄할 수 있는 리더십을 가져야 한다. 최근 변혁적 리더십이 관리자 연수에서 빠지지 않는 것은 비전을 통해 영감을 주고, 동기를 부여하여 교사들이 사명감을 가지고 업무를 수행하도록 하는 리더십이 필요하기 때문이다.

마이클 풀란은 『학교를 개선하는 교장』(2017)에서 학교라는 사회에서는 임무를 지원하는 학교 문화와 학교의 일상을 확립해가는 데 밀접하게 관여하는 교수 리더십이 가장 큰 영향을 미친다고 말한다. 그런데 교장실에 앉아서 '외로운 자리'라고 푸념만 하는 교장에게 무슨 리더십이 있겠는가? 또 그 모습으로 공동체를 어떻게 담아낼 수 있겠는가?

셋째, 교육적 소신을 보이지 못한다. 관리자가 되면 모든 관심이 상부기관으로 향해 있다. 교감이 되면 전문직으로 가거나 교장이 되어야 하고, 교장이 되면 중임을 하거나 교육청 과장이나 장학관, 심지어 교육장으로의 길에 관심을 가지기 때문이다. 지위에 대한 그들의 욕구를 해결해줄 수 있는 것이 바로 교육청이다. 관리자를 평가하는 것도 그들의 실적을 인정해주는 것도 교육청이므로 교육청에서 내려오는 지시나 정책을 적극적으로 수용하고 따르려고 한다. 그러한 교육청의 지시나 사업들은 고스란히 학교의 사업으로 둔갑하게 되고 또 다른 형태의 수많은 행사와 실적을 양산하게 된다. 잘못된 구조적인 시스템으로 인해 관리자끼리도 실적을 과시하듯 경쟁한다. 그래서 관리자들은 죽으라고 홍보에 열을 올리고 연구학교와 같은 각종 공모사업 추진에 열과 성을 다한다.

아이러니한 것은 관리자에게 필요한 것을 맡아서 추진하는 사람은 관리자 본인이 아닌 교사들이라는 점이다. 밤늦은 시간, 집에까지 가서 계획서를 만들고 보고서를 쓰면서, 있는 실적 없는 실적까지 다 끌어모아 짜깁기해야 하는 교사들에게 관리자는 동지가 아닌 적이 될 수밖에 없다. 업무를 우선으로 하고 남는 에너지로 학생 교육을 하게 하는 관리자는 어떤 교육적 소신도 교사들에게 전달하지 못하기 때문이다.

넷째, 관리자는 학교를 교장실로 중앙집중화하려고 한다. 우리나라는 국가 수준의 교육과정을 기반으로 하지만, 학교에 교육과정 재량권을 상당 부분 부여하고 있다. 따라서 교사는 자신만의 교육과정을 만들고 교육내용을 결정하고 구성하여 학생들에게 전달하는 권한을 가진다. 그러나 관리자는 교사의 자율권을 인정하기보다 결재권을 기반으로 하여 교육과정을 중앙집권화한다. '학교의 자율성은 교장의 자율성'이라는 비아냥거림은 그냥 나온 말이 아니다. 교장에게 허가받지 않으면 구체적인 교육내용을 실현할 수 없게 하고, 세세한 것까지 교장의 결정 안에 두어 교사가 자율적으로 교육과정을 운영하는 것을 불편해한다. 교육과정에 대한 교사들의 전문성을 인정하고 학교 내에서 민주적인 생활방식을 활성화시킬 책임을 다하지 않음으로써 관리자는 교사의 적이 된다.

학교의 민낯: 이런게 학교라니?

교장이 바뀌는 시기에 어떤 교장이 부임해 오는가는 교사들에게 초미의 관심사다. 그런데 누가 왔으면 좋겠다는 바람보다 누구는 제발 오지 않았으면 좋겠다는 말이 더 많다. 최선보다 차악을 바라는 교사의 마음은 슬픈 현실을 반영한다. 교사 사이에서 회자되는 교장의 유형은 4가지가 있다. ① 부지런하고 유능한 교장, ② 부지런하고 무능한 교장, ③ 게으르고 유능한 교장, ④ 게으르고 무능한 교장. 교사들은 어느 유형을 가장 좋아할까? 여기에는 답이 없다. 교사들은 교사와 같은 생각을 할 수 있는 교장을 좋아한다.

분명 관리자들도 교육의 동지이다. 그들도 교사였으며 앞으로도 교육 가족으로 정년 퇴임까지 함께 해야 할 동지들이다. 때문에 관리자들이 교육 동지가 되기 위해서는 시선을 아래로 향해야 한다. 경험적으로 볼 때 교육에 대한 신념이 있는 교사는 지위에 연연하지 않는다. 그들의 시선은 관리자를 향해 있지 않고 늘 학생에게 향하고 있다. 관리자도 마찬가지이다. 관리자는 자리를 보존하거나 지키는 데 연연해서는 안 된다. 그리고 더 높은 지위를 탐해서 정치를 하지 말고 교사와 학생 교육을 중심에 두고 실천하는 관리자가 되어야 한다. 왜 관리자들이 성토의 대상이 되어왔는지는 관리자 스스로 고민하고 해결해야 할 문제이다. 그 어떤 직종의 관리자보다 학교의 관리자는 높이보다 넓이를 중시해야만 진정으로 교사들의 교육 동지가 될 수 있을 것이다.

스스로 해야 할 숙제를
왜 교사가 대신하나?

"일거리가 하나 생겼습니다. 걱정입니다. 교장자격연수를 떠나면서 숙제를 좀 도와달라는 부탁을 하고 갔습니다. 왜 자기 숙제를 우리에게 떠넘기는지 모르겠어요. 그래놓고 자기는 교원대 주변에서 술 마시고 있겠지요. 수업하는 중간중간 교감이 없는 학교에서 교감업무까지 처리하면서 저는 교감의 숙제까지 하고 있습니다. 이 숙제를 들고 교원대까지 위로 방문도 가야 합니다. 제발 교장자격연수를 없애버리면 좋겠습니다."

교감 승진을 앞두고 있는 후배 교사가 술자리에서 내게 털어놓은 푸념이었는데, 정확히 하자면 최근의 이야기는 아니다. 하지만 그리 먼 과거의 일도 아니다. 자료를 부탁하는 정도에서 그쳤다면 좋았을 일이지만, 제출 가능한 상태로 완벽한 과제를 만들어 보내야 했다. 나는 "처음부터 안 한다고 하지 왜 한다고 했느냐."고 후배 교사를 바보 취급해 봐야 무슨 위로가 되겠는가 싶어 입을 다물었다. 그 상황에서 못한다고 거절할 수 있는 사람이 과연 몇이나 되겠는가?

관리자의 숙제를 교사가 하는 경우가 또 있다. 교장단이나 교감단 협의회 자료 준비다. 관리자 협의회에는 지정된 한 사람이 발제 자료를 만들어서 발표하는 것이 통상적인 형태이다. 문제는 발표를 맡은 관리자 본인이 직접 발표 자료를 만들지 않고 연구부장이나 교무부장에게 만들라고 하는 데 있다. 실컷 발표 자료를 만들어 가면 이번에는 내용에 맞게 클릭만 할 수 있는 PPT 자료를 만들어 오라고 지시한다. 도대체 왜 그럴까? 이유는 명확하다. 교육과정 운영 내용을 잘 아는 부장들이 만드는 것이 당연하다고 생각하기 때문이다. 그러나 생각해 보라. 관리자 협의회에서 발표되고 논의되어야 할 내용을 처음부터 부장교사가 만드는 것이 정상인가?

관리자의 이와 같은 태도는 학교의 최상위 위치에서 직원을 부하나 소유물로 생각하는 권력 중심적 사고에서 출발한다. 그리고 왕년에 연구부장 시절에 나도 그랬다는 자신의 경험을 더하여 자신의 행동을 합리화한다. 그래서 교사에게 협의회 원고를 만들라고 하고 교무실무사에게 원격연수 클릭을 시키며 갖가지 학부모 민원은 교실 전화로 프리패스시킨다.

왕년에 자격연수 숙제를 대신해 줄 정도로 유능했던 사람이라면 본인이 관리자로서 자격연수를 받을 때쯤에는 얼마나 교육과 철학이 성장했겠는가? 자격을 받는 중대한 연수라면 자료를 찾고 정책을 고민하고 학교의 미래를 구상하면서 자발적이고 적극적으로 임해야 한다. 연수 과제물을 짐처럼 여겨 교사에게 떠넘기거나 미루어서는 안 될 일이다.

교사에게 각자의 업무를 잘 관리하라고 하는 것처럼 관리자 역시 자기 본연의 업무를 명확히 해야 한다. 비록 학교 업무분장표에 교장과 교감의 업무가 통할과 관리로 두리뭉실하게 표현되어 있다 하더라도 관리자가 해야 할 업무는 교육활동을 지원하고 학생의 성장을 돕는 일을 총괄하는 것이다. 숙제를 대신하게 하거나 연수 자료를 만들라는 것과 같이 아주 사적인 일까지 교사에게 떠넘기는 것은 엄연히 교육활동과 학생지도를 방해하는 행동이다.

다시 자격연수로 돌아가 보자. 교사에서 교감으로, 또는 교감에서 교장으로 자격을 갱신하는 과정에서 반드시 필요한 연수라면 그 숙제 역시 반드시 당사자가 감당해야 한다. 말없이 자격연수 숙제를 해 주면서 그 교사가 관리자를 얼마나 한심하게 생각하고 비웃을지 상상하는 것만으로도 당장 자신이 하려고 했던 부탁을 중단할 수 있을 것이다.

교사도 관리자도
모두가 가기 싫은 수학여행

　초임 교사 시절, 수학여행을 떠나기 전날은 마치 아이같이 들뜨고 설레었던 기억이 있다. 그런데 시간이 흘러 중견 교사가 되니 가족을 놓아 두고 며칠씩 떠나야 하는 수학여행에 대한 부담은 늘어나고 6학년은 기피 학년이 된다. 수학여행은 아이들에게는 6년을 통틀어 가장 좋아하는 날이지만, 교사에게는 가장 부담이 되는 날이다.

　왜일까? 먼저 수학여행에 관련된 업무가 너무 많다. 처리해야 할 일이 한 둘이 아니다. 수학여행 매뉴얼대로 준비하면 서류가 20매짜리 파일로 한 권쯤 된다. 서류가 많아진다고 수학여행이 더 알차지거나 더 안전해지는 것이 아니라는 것을 누구나 다 아는데도 혹시 모를 사고에 대비하려는 절차를 무시할 수도 없는 일이다. 경력이 20년쯤 되면 매번 비슷한 코스로 이루어지는 수학여행에 안 가본 곳이 없지만, 담당을 맡으면 주말도 반납한 채 사전 답사까지 가야 한다. 학생 숙소의 경우는 아주 많은 학교가 이용하는 시설임에도 불구하고 수학여행을 가는 모든 학교의 교사가 답사를 가서 필요한 안전 관련 서류를 요청하고 챙겨 와야 한다. 안전하지 않은 시설은 지자체가 허가하지 않으면 될 일인데, 안전 전문가도 아닌 교사가 확인하고 다녀온 후 답사 결과 보고서까지 제출해야 한다.

최근에는 수학여행과 관련된 각종 사고가 이슈가 되면서 좋은 취지의 체험학습이라고 해도 교사들에게 반갑지 않다. 또한 개인적으로는 가정을 비우고 밖에서 며칠을 자야 한다는 점도 큰 부담으로 다가온다. 가족 중에 어린 자녀가 있거나 수험생이 있으면 수학여행의 심리적 부담은 가중된다.

교감은 어떠할까? 수학여행에서 관리자 중 한 명은 인솔 책임자로 동행하게 되는데 최근에는 거의 교감이 동행하는 것 같다. 반드시 관리자가 인솔 책임자로 한 명은 동행해야 하니 올해에는 한 번쯤 교장 선생님이 가주시지 않을까 기대를 하게 된다. 혹시나 교장 선생님이 가신다고 하면 감사한 일이지만 확률은 극히 떨어진다. 학교에 있으면 편히 쉴 수 있지만, 오랜 시간 장거리 여행은 피곤하기 마련이고 이미 대부분의 여행코스는 식상하기 때문이다. 수학여행지에서 교감은 인솔 책임자일 뿐 마땅히 맡은 역할은 거의 없다. 그냥 담임교사와 학생들의 대열에 붙어서 따라다니기만 하면 된다. 그런데도 수학여행을 떠나는 걸 많이 힘들어한다. 교사들이 학생들을 인솔하니 관리자는 무료하기 짝이 없는 여행이 된다.

반면에 교사는 교감과 달리 수학여행을 떠나기 전에도 힘이 들고 떠난 후는 더 힘들다. 수학여행 코스마다 일일이 영수증을 챙기고, 아이들 안전을 점검하고, 버스에서는 안전띠를 확인하고, 휴게소에서는 뛰어다니는 학생들은 없는지 살펴야 하고, 졸업앨범에 실어야 할 사진도 찍어야 하고, 수시로 인원점검을 해야 한다. 밤에는 더 격무에 시달린다. 잠을 자지 않고 얄궂은 장난을 하는 학생, 물이 바뀌어 갑자기 복통을 호소하거나 두통이 생기는 학생, 새벽까지 잠을 자지 않는 학생들을 관리해야 한다. 여행지에서 배가 아픈 학생을 병원에 데리고 가고 그곳에서 맹장 수술까지 해야 하는 경우도 본 적이 있다. 이 정도는 되어야 추억이 되는 여행인가? 그 많은 사건 사고를 교사는 온전히 감당해 내어야 한다.

대개 관리자는 인솔 책임자로 그리고 안전 책임자로 수학여행에 동행한다. 얼마 전 체험학습 중 학생을 휴게소에 두고 간 일이 뉴스가 되었다. 일상적이지 않은 교육과정을 이행하는 수학여행과 같은 경우는 이보다 훨씬 더 예상치 못하는 별의별 일이 다 일어날 수 있다. 그래서 안전 책임자가 반드시 필요한 것이라고 생각한다.

세월호 사고 이후 일선 교사들의 수학여행 인솔은 감정적으로 더 고된 일이 되었다. 인솔 책임자로 수학여행에 따라가는 교감은 담임교사에게 모셔야 하는 또 다른 짐이 되지는 말아야 한다. 몸도 마음도 힘든 교사들을 위해 관리자가 할 수 있는 일이 무엇인지 역할을 고민해 보아야 한다. 교사가 학생에게 온전하게 집중하여 교육할 수 있도록 회계와 관련된 일을 책임져 준다든지 사진 촬영을 틈틈이 해 주는 등의 역할을 자발적으로 맡아 보는 것은 어떨까?

점 하나에 목숨을 걸다

교감의 주된 업무 중의 하나가 공문 처리다. 어떤 교감은 공문을 처리하고 어떤 교감은 공문을 처리하기보다는 결재만 한다. 혹시라도 제때 공문이 나가지 않으면 그것을 챙기지 못한 교감을 무능한 교감으로 모는 교장 때문에 교감은 공문을 챙기는 일에 늘 긴장해 있다. 누락했거나 잘못 발송한 공문 때문에 지역교육청에서 전화라도 오면 교장이 교감을 책망하듯 교감은 담당교사를 책망한다.

우스운 이야기지만 교사 시절 만났던 교감 중에 공문의 띄어쓰기와 온점 하나에 목숨을 거는 분이 의외로 많았다. 업무를 처리해야 할 담당자가 초임 교사라면 이런 경우는 정말 난감하다. 수업 준비와 학급을 운영하는 데도 숨이 가쁜데, 매일 업무포털에 접속하여 본인에게 편철된 공문을 올바르게 해석하여 답신공문을 보내는 것은 참으로 어려운 일이다. 교감이 손수 하면 10분이면 할 수 있는 일을 한 시간, 두 시간을 공문을 해석하며 고민하는, 그러면서도 아무 말도 하지 못하는 신규 교사들을 보면서 안타까운 마음이 들었다.

어렵게 기안한 공문을 정확하게 가르친다는 명분을 내세워 점 하나와 띄어쓰기 하나 잘못되었다고 반려하고 다시 기안하게 하는 일도 허다했다. 내용의 오류가 아니라 점 하나, 띄어쓰기 때문에 반려하는 어처구니없는 일을 하고 있다. 참고로 업무포털에는 결재권자가 기안을 직접 수정할 수 있는 기능이 있는데도 말이다.

교사는 행정공무원이 아니고 교육자인데 교사에게 행정공무원과 같은 깔끔함을 요구하는 교감 선생님이 많다는 것은 슬픈 일이다. 교사는 교대나 사대에서 학생을 어떻게 가르쳐야 하는지만 배웠지 공문을 어떻게 기안하고 에듀파인은 어떻게 처리하는지는 배우지 못했다. 과거 나의 대학 시절을 돌이켜 보면, 대학을 다니면서 공문을 읽고 기안을 만드는 일을 배운 기억이 전혀 없다. 지금도 학교 현장의 관리자들이 이렇게 중요하게 생각하는 기안이나 에듀파인 관련 작업을 교직실무라는 이름으로 대학에서는 얼마나 비중을 두고 정확하게 가르치는지 모르겠다. 이런 사정 앞에서도 교감은 교사에게 은연중 정확한 행정을 강조하는 기울어진 풍경을 보게 된다.

요즘 교대에서는 무엇을 가르치는지 알아보려고 진주교대 홈페이지에 게시된 2024학년도 진주교대 교육과정 이수 학점배당 총괄표를 열어보았다. 4년 동안 이수해야 하는 총 139학점은 교양과정 31학점과 교직(전공)과정 108학점으로 구성되어 있다. 그중 공문 처리와 관련된 과목이 무엇일까 찾아보니 교직 소양으로 듣는 교직실무 1학점이 보인다. 그러나 교직실무 1학점이 구체적으로 어떤 내용을 다루는지에 대한 정보는 없었다. 유추해 보건대 업무포털 인증서가 없는 교대생들이 기안이나 에듀파인을 배울 수 있을까 싶지도 않다. 그 외에는 행정업무 처리와 관련

56

c

[2024. 진주교대 교육과정 이수 학점배당 총괄표]

과정	영역		교과목		학점	
교양과정	기초역량		철학의 이해, 현대사회와 가치	택1	2	
			언어와 표현, 문학과 삶	택1	2	
			Journey to English Excellence (JEE)		2	
	학문역량	인문·사회	한국사상, AI정보윤리, 환경윤리	택1	1	
			교사화법, 독서와 매체, 작문과 매체, 정서법, 아동문학, 문학과 매체, 문학작품읽기	택1	2	
			세계사속의 인간, 서양문화사	택1	2	
			한국사, 현대정치의 이해, 세계지리	택1	2	
		과학·수학	화학의 탐구		2	31
			에너지와 생활, 지구과학의 이해, 환경과학교육, 물질의 세계, 생명현상의 이해수학의 이해	택1	2	
			수학의 이해		2	
		체육·건강	건강과스포츠, 창의적게임활동과 뉴스포츠	택1	2	
	글로벌·다문화역량		북한의 이해, 한국사회와 통일, 다문화사회윤리, 국제개발협력의 이해, 세계시민교육의 이해, 다문화와 통일교육, 학교통일교육론	택1	2	
			시사영어		2	
			생활과학		2	
	미래역량		컴퓨터의 이해와 활용, 컴퓨팅사고와 SW교육, 인공지능과 디지털리터러시	택1	2	
			창의프로그래밍, 피지컬컴퓨팅융합교육, 메타버스융합콘텐츠개발	택1	2	
전공과정	교직과목	교직이론 필수	교육심리②, 교육과정②, 교육방법 및 교육공학②, 교육사회②, 교육평가②		10	12
		교직이론 선택	교육행정 및 교육경영②, 교육철학 및 교육사②	택1	2	
		교직소양	특수교육학개론②, 교직실무①, 생활지도 및 상담② 디지털 교육①		6	6
		교육실습	교육봉사실습(P/F) : 2학년 1학기 / 참관실습① : 2학년 2학기, 수업실습① : 3학년 1학기, / 수업실습① : 3학년 2학기, 실무실습① : 4학년 1학기		4	4
	전공과목	교과교육	초등윤리교육론②, 도덕과교육의 실제②		4	58
			초등국어교육론②, 초등국어교육 I②, 초등국어교육 II②		7	
			초등사회과교육론③, 초등사회과재연구②		6	
			초등수학교육론②, 초등수학교재연구및지도법 I②, 초등수학교재연구및지도법 II②, 초등수학교재연구및지도법III①		7	
			초등과학교육론①, 지구과학교재론①, 생물교재론②, 물리교재론②		6	
			초등체육교육론②, 초등체육지도법②, 초등무용교육법①		5	
			초등음악교육론②, 초등음악교육의 이론과 실제①, 초등음악교재연구 및 지도법②		5	
			초등미술교육론①, 초등미술②, 초등미술 II②		5	
			초등실과교육론②, 초등실과교육론 II②		4	
			초등영어교육론②, 초등영어과교육과정②		4	
			초등컴퓨터교육론②		2	
			초등통합교과교육론②, 창의적체험활동①		3	
		교과실기 필수	체육교육실기②		2	10
			음악교육실기①, 음악교육실기 II①		2	
			미술교육실기②(회화표현, 공예·디자인)	택1	2	
			교실영어실습①, 초등영어수업실기①		2	
		교과실기 선택	무용교육실기III, 음악교육실기III, 미술교육실기III(매체와표현, 기초조형실기)	택1	2	
		심화과정	도덕과교육⑱, 국어교육⑱, 사회과교육⑱, 수학교육⑱, 과학교육⑱, 체육교육⑱,음악교육⑱, 미술교육⑱, 실과교육⑱, 영어교육⑱, 교육학⑱, 컴퓨터교육⑱		18	18
	졸업논문 또는 시험 등				P/F	
교직적성 및 인성검사					P/F	
응급처치 및 심폐소생술 실습					P/F	
성인지 교육					P/F	
총 학점					P/F	

학교의 민낯: 이런게 학교라니?

된 과목은 찾아보기 어렵다. 진주교대뿐 아니라 가까이에 있는 부산교대와 대구교대, 아니 전국의 교대나 사범대의 교육과정은 거의 비슷했다.

모든 교사가 수업보다는 행정업무에 집중하는 일이 없어야 하겠지만, 그중에서도 교감은 초임 교사들이 듣도 보도 못한 업무로 당황하는 상황은 없는지 빨리 포착해야 한다. 모든 일에는 우선순위가 있다. 교직에 첫발을 딛는 교사의 우선순위는 행정업무가 아니라 학생의 생활지도와 교실 수업임을 알게 해야 한다. 처음부터 가르쳐야 다음에 잘한다는 이유를 들어 가르쳐야 할 것은, 공문서에 점을 바르게 찍거나 띄어쓰기를 잘하는 것이 아니라 아이들에게 얼마나 충실해야 하는지, 수업이 얼마나 중요한 소명인지를 알게 하는 것이다.

점 하나, 띄어쓰기 하나도 허투루 지나치지 않는 완벽함과 깔끔함으로 공문서를 만드는 일은 교감 혼자 목숨 걸면 되는 것이지 그것을 꼭 교사들과 나누어야겠는가? 교사가 완벽하게 행정업무를 할수록 교감은 존재 가치가 없어진다. 겨우 결재 클릭만 하면 되는 존재로 스스로 전락할 필요가 있는지 거꾸로 생각해 보면 답이 나온다. 행정업무가 아니더라도 교사는 목숨 걸고 열정을 태울 곳이 따로 있다. 교사가 수업과 학생들의 생활지도에 목숨을 걸 수 있도록 우리 스스로의 힘으로 비교육적인 현실에서 탈출해 보자.

교직원 여행에 대한 집착

　학교는 학기 말이나 학년 말이 되면 워크숍을 실시한다. 학교에서 실시하는 워크숍은 학기나 학년의 교육과정 운영을 반성하고 되짚어 보는 시간이어야 하지만, 대부분 학교에서는 워크숍이라는 이름하에 직원 여행을 떠난다. 물론 정말로 워크숍다운 워크숍을 하는 학교가 늘어나는 추세다. 코로나 이후 관광성 워크숍이 줄어들었지만 아직도 워크숍은 형식만 갖추어 초절정으로 간단하게 하고 1분 1초라도 아껴서 관광성 여행을 떠나는 경우가 조금씩 증가하고 있는 추세다. 예약한 식당에 도착하면 미리 준비한 현수막을 붙이고 증거자료로 쓸 사진을 찍은 후 곧바로 술자리로 이어진다. 연초에 예산계획을 세울 때 워크숍 비용을 따로 수립하여 관광버스 전세료, 숙박비, 특식이 포함된 협의회비의 예산을 편성하고 그래도 부족할 경우 약간의 친목회 경비를 더하여 여행을 떠난다. 소를 잡아먹어도 학교 밖으로만 소문이 안 나가면 된다는 말처럼 워크숍이 아닌 관광이라는 것에 대한 암묵적 동의가 있기 때문에 가능한 일이다.

방학이 다가오면 몸과 마음은 지치고 하루라도 빨리 쉬어서 기력을 회복하고 싶은데, 그 시점에 떠나는 교직원 여행은 교사들에게 많은 부담으로 다가온다. 특히 하루가 아닌 1박2일 일정으로 숙박까지 해야 하는 경우라면 출발도 하기 전에 피로부터 몰려온다. 과거에는 어땠을지 모르겠지만, 교사들은 대부분 당일치기로 가기를 원하며, 특히 어린 자녀가 있는 교사일수록 어떤 좋은 곳으로 코스를 잡더라도 숙박까지 해야 하는 워크숍을 내켜 하지 않는다. 혹자는 여행이니 힐링이 되지 않겠느냐 생각할 수 있겠지만, 한 학기 또는 일 년을 심신이 고달플 정도로 달려왔는데 관리자와 동행하는 숙박 여행이 가볍게 여겨질 수가 없다. 물론 관리자가 얼마나 소통하고 민주적인지에 따라 분위기가 다르겠지만, 교사끼리만 가는 여행과 관리자가 동행하는 여행의 부담은 분명히 차원이 다를 수밖에 없다.

1900년대만 해도 교사에게는 직원 여행 기간에 대한 선택권이 없었다. 교장이 기간을 정하고 장소를 정해서 가자고 하면 끝이었다. 하지만 2000년대 들어오면서 학교에도 어느 정도 민주화의 바람이 불어와 민주주의의 흉내를 낸답시고 직원 여행을 며칠을 갈지, 어디로 갈지 묻거나 조사하는 기회를 준다. 그러나 이러한 조사도 대부분 승진점수가 필요하거나 말을 잘 듣는 부장교사에게 일임하고서는 관리자들이 생각할 때 원하는 결과가 나오지 않으면 다시 조사를 시키거나 결정을 내려주지 않는다. 혹시나 전 직원이 모인 공개적인 자리에서 조사를 하면 번복할 수 없는 상황이 생길까 봐 꼭 부장교사를 시켜서 미리 조사하게 한다. 그리고 장거리나 숙박을 해야 하는 항목에 관리자나 부장교사가 미리 이름을 써넣어 일반 교직원들이 웬만한 강심장이 아니고는 당일치기 워크숍을 선택하지 못하도록 하는 무언의 압력을 불어넣는 편법을 쓰기도 한다. 그러면서 한 명도 빠짐없이 참석해야 한다는 것을 매우 강조한다.

관리자들은 직원 여행의 참석률에 지대한 관심을 보인다. 워크숍을 가장한 직원 여행에 왜 이렇게도 집착을 하는 걸까? 방학이 되면 관내 교사들의 입을 통해서 혹은 관리자끼리의 모임을 통해서 소문이 난다. 어느 학교는 직원 여행을 가지 않았다더라, 어느 학교는 1박 2일이나 갔다 왔다더라, 어느 학교는 외국까지 전 직원이 갔다 왔다더라 하는 소문이다. 그런데 이러한 소문에 교사들은 별로 관심이 없다. 오로지 관리자들만 집요한 관심을 보이는데 직원 여행 참여 비율이나 얼마나 멀리 다녀왔는지를 관내의 관리자끼리는 학교경영 리더십이나 교직원 장악력의 기준으로 착각하는 오류를 범한다. 그것이 자신의 독재적 권력이 살아있음을 과시하는 것임을 알고나 있는지 모르겠다.

공식적이든 비공식적이든 교장, 교감이 강요하지 않는 여행은 비록 워크숍이 아니더라도 교직원 간 관계 형성을 위한 좋은 기회가 될 것이다. 교사 시절에 관리자와 함께 직원 여행을 간 경험이 있는 관리자라면 여행지에서까지 관리자를 보필해야 했던 기억이 있을 것이다.

여행은 관리자들의 과시용이 아니다. 여행은 어디로 가느냐가 아니고 누구와 가느냐가 중요하다고 했다. 공짜가 아니더라도, 내 돈이 들더라도 가고 싶은 사람과 즐겁게 가고 싶은 것이 여행이다. 워크숍이 진정한 의미의 워크숍이면 당연히 진지하게 참여하고 여행이라면 쿨하게 빠져주자. 교사들에게 그동안 노고에 대한 힐링의 기회를 듬뿍 안겨주자.

○○초 이야기

정례화된 무기명투표

○○초에서는 전 교직원을 대상으로 하는 투표는 밴드에서 무기명으로 한다. 워크숍과 회식의 장소를 정하거나 일정을 짤 때도 관리자에게 의견을 물어보지 않고 바로 투표로 결정한다. 처음에는 투표율을 올리기 위해 기명투표를 했으나 관리자의 선택이 압박으로 작용한다는 의견이 받아들여져 무기명투표로 바꾸었다. 일단 무기명투표로 결정된 사항에 대해서는 관리자가 번복할 수 없기에 투표를 하기 전에 투표의 취지에 대한 충분한 설명과 교직원들의 의견 개진이 이루어진다. 투표의 결과도 꼭 지켜야 하는 것이 아님이 전제되어 있어 자유롭게 투표할 수 있으며, 무엇보다 퇴근 후에는 개인의 의사에 따른 가정사가 존중을 받는다.

종로에서 뺨 맞고
한강에서 화풀이하다

교감의 위치를 신체에 비유하면 목이라고 하는 말이 있다. 머리(교장)와 몸통(교사) 사이에 있으며, 양측의 의사를 서로 전달하고 조정하는 얇지만 숨통을 책임지는 중요한 자리라는 뜻이다. 최근 혁신학교에서처럼 전 교직원이 함께 협의하여 결정하는 체제가 아닌 경우라면 이 말은 비유가 적절하다고 할 수가 있다.

교감이 어떻게 하느냐에 따라 학교는 숨을 원활하게 쉴 수도 있고, 숨이 턱턱 막힐 수도 있을 것 같다. 교장은 개인의 감정을 직접 교사에게 잘 표현하지는 않는다. 최소한 교사들에게 거친 말을 하지 않고 험한 인상을 보이지 않음으로써 좋은 관리자로 보이고 싶어 하는 듯하다. 그래서 대부분 말하기 어려운 일이나 책임을 지기 까다로운 일들은 교감이 해 주기를 요구한다. 교감은 이러한 무리한 요구를 무시할 수가 없다. 유능한 교감은 교장의 심기를 잘 읽어서 말하지 않아도 미리 해결해 주어야 하기 때문이다. 만일 무시하거나 교사들에게 전달이 잘 되지 않았을 때 교육적 상식이 부족한 교장들은 큰소리를 내거나 교감을 질타한다. 교장실에서 혹은 교무실에서 큰소리가 나온다면, 대부분은 교감이 교장의 생각을 잘 읽지 못했거나 교장의 생각이 교감의 잘못으로 교사들에게 잘 전달되지 않았다고 보면 된다. 그러나 그런 학교의 학생 교육은 끝났다고 본다.

하루 종일 교장의 눈치만 보는 교감들의 공통적인 특징은 교사의 기분이나 어려움에는 신경을 쓰지 않는다는 점이다. 은연중 자신도 위에 앉은 사람이라는 인식과 밑에 있는 사람보다는 윗사람의 감정과 기분만 잘 맞추면 된다는 생각이 뿌리 깊게 자리 잡고 있다. 그런 교감은 교장에게 질타를 받거나 혹은 개인적인 감정이 상하거나 할 때 교사에게 감정을 표출한다. 괜히 '종로에서 뺨 맞고 한강에서 화풀이하는 교감' 들을 보면 이 사람들이 교육자인지 실소를 금하지 않을 수 없다. 개인감정의 여파가 수업하는 교사들에게까지 미친다면 그 영향은 고스란히 학생들에게까지도 미칠 것이다.

페이스북에 한 선생님이 다음과 같은 글을 남겼다.

> 물론 사람을 대할 때 감정이 없을 수는 없지만, 적어도 관리자는 개인적인 감정변화에 따라 선생님을 대하지 말았으면 해요. '오늘은 교감선생님이 기분이 안 좋으시데…. 웬만하면 교무실엔 근처도 가지마' 이게 도대체 말이나 되나요?

학생들의 감정과 기분을 살펴야 할 교사들이 교감의 기분을 관찰하고 살핀다면 정상적인 학교의 모습이라 할 수 없다. 수시로 업무를 처리하기 위해 교무실을 들락날락해야 하는 부장교사들이 하루 종일 교감의 기분 변화를 관찰해야 하는 학교는 비정상이다. 학교라는 공간 안에서 교사는 아이들의 안색을 항상 주의 깊게 살펴야 한다. 그렇다면 교감은 과연 누구의 안색을 가장 주의 깊게 살펴야 하겠는가?

아내가 초임 시절 작은 시골 학교에서 만났던 교감 선생님의 이야기이다. 6학급의 작은 학교라 출근을 하면 교무실에서 이런저런 안부를 묻고 차를 한 잔 마시고 교실로 들어가는데 하루는 아내가 몸이 좋지 않은 채로 출근을 한 적이 있었다. 그날 교감 선생님은 아내에게 "선생님, 첫 시간은 교무실에서 쉬세요. 내가 교실에 들어가 볼게요."라고 말씀하셨다. 몸이 좋지 않아 안색이 다른 교사가 있거나 가정사와 같은 사적인 이유로라도 기분이 좋지 않아 보이는 날이면 그 교감 선생님은 어김없이 첫 수업을 들어가 주신다고 했다. 그리고 선생님의 마음이 진정되고 몸과 마음이 회복될 때까지 교무실이나 보건실에서 쉬도록 배려해 주셨다. 교감이 되고 나니 교사들의 낯빛을 읽을 수 있는 그 교감 선생님의 능력이 한없이 부럽다.

학교의 민낯: 이런게 학교라니?

교장은 학교교육과정을
얼마나 알고 있는가?

북유럽의 해외연수에서 가장 인상 깊었던 것 중의 하나는 교장이었다. 한국의 교장들과 달리 북유럽의 교장들은 학교에서의 역할이 명확했다. 그들의 입장에서 보면, 멀리 동양에서 학교를 방문해온 외국의 교사들을 맞이하는 것이 제법 부담스러운 일일 텐데도 주차장에서 내리는 우리 연수단을 마중하러 나온 사람은 교장 단 한 명이었다. 교장이 직접 우리를 회의실로 안내했고 학교 안내를 위한 프레젠테이션 자료를 직접 설명하고 질문을 받는 두 시간 정도를 오로지 혼자서 감내했다. 그들 모두는 학교교육과정에 대해 매우 정확하게 알고 있었으며, 질문에도 소신 있는 목소리로 친절하게 설명을 해 주었다. 아마 프레젠테이션 자료도 직접 만들었으리라. 교무와 연구업무를 모두 해 본 나로서는 한국의 교장과는 굉장히 많이 다르다는 것을 피부로 느꼈다.

우리나라는 어떠한가? 이런 상황을 시뮬레이션해 보면 빤한 그림이 그려진다. 사전에 학교를 청소하는 것은 제외하고라도 외국 연수단이 도착하는 날 손님을 맞으러 교장이 나가면 교감과 행정실장이 따라 나가야 하고 아이들은 자습을 시켜서라도 교무부장과 연구부장도 나가서 함께 맞이할 것이다. 동방예의지국에서 그 정도는 환영의 몸짓이라고 하자. 연수 장소로 안내를 하고 나면 교장 선생님이 환영 인사를 할 것이고 직원 인사가 이어질 수도 있겠다. 그 자리에서 교감의 역할은 없다. 인사가 끝나면 연구부장은 심혈을 기울여 만든 교육과정 설명을 위한 프레젠테이션을 켜고 소개를 시작한다. 연구부장의 설명이 끝나고 나면 질문이 이어질 것이다. 이 질문을 받는 사람은 누구일까? 이런 질문의 자리에서 학교장이 직접 질문을 받을 수 있는 학교는 몇 개나 될까? 우리가 그 학교에서 했던 질문을 역으로 우리 학교 교장 선생님께 드리면 얼마나 대답을 해 줄 수 있을까?

대부분의 학교 교육계획서에 '학교장 경영 철학'이 들어 있다. 학교와 학생은 그대로인데 학교장이 바뀔 때마다 학교장 경영 철학이 달라지고 그것을 반영한 교육과정을 새롭게 짜라고 한다. 학교 특색 과제는 교장의 기호를 잘 파악한 연구부장이 교육과정에 반영한다. 어찌 보면 교육과정에 매우 관심이 있는 것처럼 보이지만, 사실은 그 이외의 내용에는 크게 관심이 없다. 학교의 비전이 왜 그렇게 정해졌는지, 창의적 체험활동은 어떻게 편성되어 있는지, 진로교육은 학년별로 어떻게 이루어지고 있는지, 학생 평가는 어떤 목적을 가지고 어떤 방법으로 실시되는지 구체적으로 알고 있는 교장은 매우 드물 것이다.

일 년에 한두 번씩은 학부모를 모시고 교육과정 설명회를 한다. 이 역시 위의 상황과 다르지 않게 연구부장이 안내를 한다. 실로 교육과정은 연구부장의 창작물이라고 할 수 있다. 혼자 만들고 편집하고 인쇄소에 보내 멋진 책으로까지 만들어내니 말이다. 그러나 교육과정은 더 이상 연구부장의 것이 되지 않도록 해야 한다. 교육과정을 전 교직원이 함께 만들고 모두가 교육과정에 대한 이해와 합의가 완료되어 있어야 한다. 그중에서도 교장이 교육과정을 가장 잘 알고 있어야 한다. 그리하여 일 년 중 가장 중요한 행사라 할 수 있는 교육과정 설명회의 안내는 교장이 맡아야 한다. 질문에도 교장이 답하고 학부모의 건의사항도 교장이 직접 받아야 한다.

- 교장 선생님이 학교 손님을 맞이하자. 왜냐하면 학교의 대표니까.
- 교장 선생님이 학교교육과정을 직접 설명하고 질문에 응답하자. 왜 냐하면 교육과정 운영의 최고 책임자니까.

이렇게 제안하는 것은 겉으로만 드러나는 형식에 머무르자는 말이 아 니다. 다른 사람 앞에 교장 선생님이 나서라는 말이 아니라 교육과정에 대한 전문가가 되시라는 뜻이다. 교장 선생님이 교육과정에 대해 많이 알면 알수록 교사들의 교육활동 지원은 원활해질 것이기 때문이다.

2장

비민주적인
학교

비민주적인 문화를
체득해야만 승진하는 학교,
그리고 악순환

　학교는 민주적인 삶을 배우고 가르치는 최후의 보루이다. 그러나 많은
교사가 학창 시절 교과서에서 배운, 대학에서 교사를 준비하면서 교직과
교양을 통해 학생들에게 가르쳐야 한다고 배운 민주주의가 정작 학교에
서는 제대로 작동하지 않는 것을 보고 자괴감에 빠진다.

　민주적인 학교 문화 속에서 민주적인 삶을 경험한 교사만이 교실에서
학생들에게 민주주의의 기제를 작동시키고 정착시킬 수 있음은 자명한
사실이다. 그렇기 때문에 학교는 민주적이어야 하며, 그런 사실을 자각
하는 관리자가 있는 학교라면 민주주의의 꽃을 피우기가 훨씬 수월할 것
이다. 그러나 관리자가 민주적일 것이라는 기대는 처음부터 하지 않는
것이 좋다. 왜냐하면, 승진 과정이 정말로 비민주적이며, 그것을 감내해
야만 관리자가 될 수 있기 때문이다.

　교감이 되기 직전의 교무부장은 교무실에서 늘 함께 지내야 하는 교감
과 최종 결재권자인 교장에게 절대적으로 복종할 수밖에 없다. 왜냐하
면, 교감자격연수 대상자가 되기 위해 지금까지 쌓아 올린 것들의 마지

막 관문인 근무평정을 받아야 하기 때문이다. 이 사실을 잘 아는 교감은 교무부장의 약점을 적절히 이용하는데, 어떤 교감은 교감의 당연한 고유 업무인 인사와 관련된 각종 회의에 교무부장을 간사라는 명목으로 참가시켜 회의록을 작성하게 하거나 그와 관련된 일들을 떠넘겨버린다. 나는 교무부장 시절 교감의 나이스 인증서까지 받아서 교직원들의 복무와 각종 공문을 대신 처리하기도 했다. 어떤 때는 학부모들의 민원도 관리자를 대신해 일일이 해결해야만 했는데, 수업도 해야 하고 다른 교사들의 고충까지 들어야 하는 교무부장은 교감자격연수 직전까지 불만과 울분을 참고 영혼 없이 위에서 시키는 일들을 처리해야만 한다.

승진에 필요한 근무평정 점수의 최종 결재권을 쥔 관리자가 무리한 일을 부탁해도 눈 밖에 나지 않기 위해 맡아서 처리해야 했다. 오랫동안 승진점수를 관리하고 모아서 근무평정 점수만 잘 받으면 승진하는 사람 입장에서 관리자의 심기를 건드릴 수 없는 처지다.

근무 시간은 물론이고 퇴근 전후 시간까지 포함하여 어떠한 민주적인 시스템도 작동하지 않는 구조 속에서 관리자의 말 한마디에 군대처럼 일사불란하게 돌아가는 학교의 시스템을 교무는 온몸으로 받아낸다. 교사에게 승진은 학교에서 비민주적인 문화를 온전히 체득한 자만 받을 수 있는 훈장인지도 모르겠다. 그런 훈장을 가슴에 단 사람이 승진하여 또다시 똑같은 비민주성을 요구할 것이다. 우리나라 속담에서 발견되는 '시어머니 이론'처럼 독한 시어머니 밑에 더한 며느리 나고, 나는 저런 시어머니 되지 않아야지 하는 며느리가 나중에 자기 며느리에게 똑같이 하는 것과 같은 일이 벌어진다. 승진하면 절대로 그러하지 않으리라 다짐하면서도 막상 교감이 되고 교장이 되면, 비민주적인 학교 문화가 통제하기 쉽고 관리하기 수월하다는 것을 알게 된다. 그런 달콤함에 자신이 교사 시절 그렇게 욕했던 관리자들과 똑같은 행동과 말을 하면서 학교라는 기제가 일사불란하게 돌아가기를 원하게 될 것이다. 이것이 오랜기간 학교조직이 비민주적으로 작동해 온 악순환의 단면이다.

관리자는 부장교사의 헌신과 봉사를 두고 본인이 시킨 것이 아니라 자발적인 것이라고 주장할 것이다. 그러나 점수를 받아야 하는 교무부장은 절대적 을의 위치에 있다. 따라서 을의 자발성을 보편적인 행동기제로 해석해서는 안 된다. 백번 양보하여 설령 그것이 정말 자발적이라고 해도 관리자 입장에서는 그런 봉사를 기꺼이 받는 것을 경계해야 한다. 오이밭에서는 신을 고쳐 신지 말아야 하고, 오얏나무 밑에서는 갓을 고쳐 쓰지 말아야 하는 것과 같은 이치이다.

근평 부여권은 관리자에게 있지만, 점수는 관리자의 눈에만 드는 교사가 아니라 학교 교사들도 객관적으로 받아들일 수 있는 사람에게 주어야 한다. 그리하여 민주적 과정에서 승진을 하고 관리자의 자격을 부여받아 학교 관리에도 민주성을 적용시킬 수 있도록 하는 것은 학교 민주주의의 정착에 매우 중요하다.

학생들을 민주시민으로 길러내라는 지엄한 국가교육과정을 수행하기 위해서는 교사의 삶이 민주적인 공기 속에 있도록 지원해야 한다. 가장 가시적인 방법으로는 교직원 협의회가 민주적이어야 하며, 상명하복의 권위적 명령에 의한 교육과정의 운영이 아니라 소통과 협의를 통해 만들어가는 교육과정을 운영할 수 있는 민주적인 판을 만드는 것이 중요하다. 그런 문화의 바탕 위에서 교감이 되고 교장이 되어야만 학교에 올바르게 민주주의를 정착시키고 꽃을 피울 수 있을 것이다.

매서운 겨울 차가운 땅바닥에 앉아 촛불을 들고 '이게 나라냐'고 외침으로써 세계 역사상 유례없는 비폭력으로 일구어 내었던 민주적인 정권 교체는 과연 대한민국 교육의 힘이었을까? 어쩌면 많은 국민은 학교에서 그동안 가르쳐온 민주시민 교육이 촛불 혁명으로 이어졌다고 믿고 있을지도 모른다. 더 이상 학교가 국민을 속이고 우롱해서는 안 된다. 학교는 그동안 민주적이었던 적이 한 번도 없었다.

대한민국의 정치는 진보를 향해 힘찬 발걸음을 내디디고 있는데 학교는 여전히 보수의 자리에 머무르고 있다. 교육이 정치를 바꾼다고 하지만, 정치가 교육을 바꾸어야 할 노릇이다. 먼 훗날 학생들이 '이게 학교냐'라는 외침 속에 촛불을 들 수도 있다는 사실을 우리는 두려워해야 한다. 그렇지만 지금도 늦지 않았다. 세상에서 가장 민주적이어야 하는 곳이 학교여야 한다는 믿음을 가지고 교실뿐만 아니라 학교의 구석구석 작은 공간까지도 민주주의의 공기가 숨을 쉬도록 만들어가면 된다.

학교의 민낯: 이런게 학교라니?

자습은 시켜도 표가 나지 않지만, 공문을 놓치면 무능한 교사가 된다

6학급의 작은 학교는 업무가 넘쳐난다. 도시의 대규모 학교에서 50명 이상 나누어서 하던 일을 10명 안쪽의 교사가 도맡아서 해야 하니 업무 폭탄이라고 해도 과언이 아니다. 작은 학교라고 해서 교육청에서 공문을 보낼 때 사정을 봐 주지는 않는다. 그래서 교사들은 학급당 학생 수가 적음에도 불구하고 농어촌의 시골 학교를 꺼린다. 신규 교사가 첫 발령을 받은 학교가 농어촌 학교라면 대개의 관리자는 업무를 걱정하는 신규 교사에게 다음과 같은 위로와 격려를 보낸다.

"시골의 작은 학교이기에 업무가 많지만 여기서 업무를 잘 배우고 나면 앞으로의 교직 생활에서 승승장구하게 될 것입니다. 오히려 아무것도 모르는 초임 때 업무를 잘 배워놓는 게 승진에도 도움이 되고 교직 생활에 좋은 밑거름이 될 것입니다."

그러나 어떤 신규 교사도 이 말을 위로로 생각하지 않는다. 수업보다는 업무를 더 중시하는 관리자에게 실망하거나 두려움을 갖게 된다.

대학 시절에는 생각도 못했던 기안과 품의, 계획서 작성과 공문발송

등의 일은 커다란 부담으로 엄습해온다. '열심히 수업하고 아이들을 많이 사랑해주라'는 말 대신에 해준 '작은 규모의 학교라서 업무를 배우기 좋은 환경'이라는 말은 불행하게도 거짓이 아니다. 6학급 소규모 학교의 업무분장표를 근거로 하면 교사 일인당 담당하는 업무의 가짓수가 10개를 넘는다. 어떤 형태의 업무도 '○○교육'으로 이름을 붙여 교육과 관련이 있게 연결을 지어 교사가 처리해야 하는 업무로 만들어 버린다. 발령을 받으면 아이들과 재미있게 수업을 하는 자신의 모습만 그려왔을 교사는 갑자기 쏟아지는 업무에 심적 가중이 더해진다. 업무포털에 접속하여 한 번도 배운 적도 없는 기안문을 작성해야 하고 공문을 발송한다. 그런 신규 교사가 1년, 3년, 5년이 지나면서 공문을 넘어 각종 계획서와 보고서를 작성하면서 새로운 진실을 터득하게 되는데, 그것은 바로 수업을 잘하는 것보다는 업무를 잘 처리하는 것이 학교에서 더 중요하다는 사실이다. 업무를 잘 처리했을 때 보내는 관리자의 칭찬과 찬사의 눈빛이 그것을 증명하고 가르쳐 주기 때문이다.

학교에서 업무가 가장 중요하다고 말하는 관리자에게서 보고 배운 교사에게 이제 수업은 더 이상 중요한 영역이 아니다. 교사 시절, 교육청으로부터 공문이 제출되지 않았다는 전화를 받은 교감 선생님이 공문부터 빨리 처리하라고 했을 때 지금은 수업이 있어서 마치고 하겠다고 했더니 '아이들 자습 시켜놓고 일 처리하는 것도 능력'이라는 답을 들은 적이 있다.

수업뿐만 아니라 학생들의 인성이나 생활지도도 학부모의 민원만 없다면 크게 신경 쓸 일도 아니다. 관리자가 교사를 평가하는 기준은 수업과 생활지도가 아닌 오로지 업무처리 능력이다. 수업시간에 좀 늦게 들

학교의 민낯: 이런게 학교라니?

어가도 교육청에 보내야 할 공문만 놓치지 않고 제때 보내면 인정받는 교사가 된다. 학생들은 자습을 시켜도 있는 실적, 없는 실적을 다 끌어모아서 계획서나 보고서를 멋지고 그럴싸하게 잘 꾸미고 각종 감사에 지적당할 수 있는 것들을 완벽하게 해결하는 능력까지 갖추고 있다면 금상첨화다. 내가 만든 보고서 덕분에 우리 학교가 연구학교에 선정되고 주무라도 맡게 되는 날이면 장학사나 관리자로 승진하는 길에도 한 발 더 다가서게 되는 것이다.

나는 그동안 신규 교사가 중견 교사로 가는 길목에서 연구학교의 주무를 맡아 실적물을 만들어 100%의 성공이라는 속 보이는 성과발표를 만들어내는 것을 무수히 보아 왔다. 실적물을 만들기 위해 많은 교사를 수업이 아닌 전시행정에 집중하게 했다. 후배 교사들은 수업보다 중요한 것이 무엇이며, 학교에서 살아남는 방법과 어떻게 하면 승진할 수 있는지를 그렇게 배워왔다.

이런 과정을 거쳐 장학사가 되고 승진한 사람들이 교육지원청에 강사로 지정되어 어떻게 보고서를 꾸며야 채택이 되는지 강의를 하고 다녔다. 일반화되지도 않는 연구학교에 그동안 얼마나 많은 예산을 투입해 왔으며 거짓된 실적과 포장을 해 왔는가? 수많은 연구학교는 학교 현장의 혁신에 얼마나 많은 기여를 했는지 되돌아볼 시점이다.

신규 교사를 승진 준비 교사로 만들어 버리는 학교, 수업이나 학생 생활지도보다 업무처리 능력으로 인정받고 승진하게 되는 구조, 무엇이 교사들을 치열한 승진의 대열에 들어서게 하는 것인가를 알게 하는 부분이다. 이런 승진제도를 바꾸지 않고서는 열정을 다하여 학생을 가르치고 지도했던 고경력 교사들이 지도능력을 인정받지 못한 채 단지 승진하지 못했다는 이유로 명퇴를 선택하게 되는 것을 바꿀 수 없다.

　교사의 존재 이유는 수업이다. 수업을 통해 학생들의 인격을 도야하고 자주적 생활능력을 길러주며 민주시민으로서 필요한 자질을 갖추게 하는 것이다. 그것을 통해 인간다운 삶을 영위하게 하고 민주국가의 발전과 더 나아가 인류공영의 이상을 실현하는 데 이바지하는 거창한 교육이념을 실현하는 것이다.

　교사의 업무는 학생지도이다. 그보다 더 우선하는 것도 없고 그것과 비슷한 다른 이름을 가져다 붙여서도 안 된다. 학생을 잘 가르치는 교사가 존경받고 보람을 느끼는 학교 문화를 반드시 만들어가야 한다. 수업 중심형 교사보다는 업무 중심형 교사가 더 능력 있어 보이는 기형적인 승진제도는 학교를 승진을 위한 전쟁터로 만들어 버렸다. 교사가 되었는데 하루빨리 그 길을 벗어나려고 애쓰는 교사들로 꽉 찬 학교는 희망이 없다.

　관리자가 되는 것이 그렇게 매력적이고 교사에게 영광된 일이라면 업무를 잘하는 교사가 아니라 학생을 사랑하고 아끼며 교직을 천직으로 아는 교사에게도 승진 기회가 갈 수 있도록 제도와 문화를 만들어가는 것이 올바른 방향이지 않을까?

벽지학교 입성을 위해
마지막까지 관리자에게 목을 매다

교감자격연수 대상자가 되기 위해서는 경쟁하는 다른 교사가 가지지 못하는 희소성 있는 점수를 모아야 한다. 누구나 모을 수 있는 점수, 보직교사 점수나 농어촌 근무 점수는 승진을 하고자 마음을 먹은 사람들은 누구나 쉽게 모을 수가 있다. 그 외의 연구점수나 학위 또한 개인의 노력 여하에 따라 모을 수 있는 점수이다. 승진점수에서 가장 희소성이 있는 것은 시도마다 약간씩의 상황 차이는 있겠지만, 대부분의 경우 도서벽지 학교나 연구학교 근무 점수이다.

도서벽지나 연구학교로의 전보는 단순하게 이루어지지 않는다. 일단 그 학교로 가기 위한 전보점수를 남들보다 많이 모아야 하는데, 전보하기로 마음을 먹은 몇 년 전부터는 미리 표창, 전담, 학생지도 실적 등의 전보점수 관리가 필요하다. 이런 전보점수는 교사를 옭아매는 매개체가 된다. 교사가 전보점수를 받는 데 가장 많은 영향을 미치는 사람이 교감이다. 물론 교장이 최종 결정권자이긴 하지만, 중간관리자인 교감이 어떻게 교장에게 건의해 주느냐에 따라 전보점수를 받을 수 있는 주요 보직과 전담, 학생지도 실적을 올릴 수 있는 업무 등의 자리를 가질 수 있게 된다.

벽지학교나 연구학교로 가기 위해 여러 학교 교사들이 동시에 경쟁을 하는 상황에서 현재 근무 학교에서 한 가지 영역의 점수라도 삐끗하여 놓치면 4~5년간의 노력이 수포로 돌아가게 되니 관리자들의 영향력은 절대적이라 할 수 있다.

벽지학교 입성 전의 전초기지라 할 수 있는 급지 점수가 높은 학교에 승진을 하려는 교사들이 몰려있고, 이 학교에 경쟁하는 교사들이 몰려있는 상황을 적절히 활용할 줄 아는 관리자라면 어떤 일이 벌어질지는 불을 보듯 뻔하다. 승진 경쟁을 하는 교사(대부분 부장교사의 주요 보직을 맡고 있는 경우의 확률이 높음)가 많이 모인 학교는 정상적으로 수업이 돌아가지 않는다. 이유는 대개 실적 중심의 관리자 요구*를 무조건적으로 실행에 옮겨야 하기에 수업결손을 초래하고 교육과정의 파행 운영이 극대화되는 경우가 많았기 때문이다. 경쟁하는 교사들이 교장에게 잘 보일 수 있는 유일한 방법은 교실에서 열심히 수업을 하는 것이 아니라 뛰어난 업무처리 능력과 학교의 실적을 만들어내는 능력이다. 일을 하고 있다는 것을 잘 보이기 위해 맡은 업무 하나하나 내부 기안을 생성해 내고 가능한 한 완벽한 업무처리 능력을 보인다. 매년 경상남도교육청에서 교원행정업무 정상화를 위해 분석한 교사들의 공문 처리 결과에 따르면 교육청에서 요구하는 공문보다 학교에서 자체적으로 생산하는 내부 기안 수가 훨씬 더 많았다고 하니 승진 경쟁을 벌이는 학교의 내부 기안 수는 과히 상상

---

* 관리자들이 학교의 실적을 중시하는 까닭은 본인이 상위 지위로 가거나 보다 근무하기 좋은 학교로 옮기고 싶은 욕심일 수도 있으나 무엇보다 교육지원청 회의와 같은 공개적인 자리에서 교육장이나 과장이 각 학교의 실적을 언급하면서 부추기는 말이 더 크게 작용하는 것 같다.

을 초월할 것이다.

나도 젊은 교사 시절, 승진을 위해 벽지학교에 들어가기 전의 전초기지 학교에서 근무한 적이 있다. 운이 없게도 그 학교에서 만난 두 분의 교장 선생님은 정말 술을 즐겨 마시는 분들이었는데, 거의 저녁마다 술자리를 만들었다. 지금은 부정청탁 및 금품 등 수수의 금지에 관한 법률의 시행으로 많은 학교에서 접대문화가 사라졌지만, 당시에는 교장에게 술을 접대하기 위해 교사들이 날마다 줄을 섰다. 좋은 보직을 받아내기 위해서 교장에게 절대적인 신임을 얻어야 했기에 저녁 술자리에 빠질 수가 없었다. 술 잘 먹고 잘 노는 사람이 일도 잘한다는 말에 술집을 전전하며 분위기를 띄워야 했다.

술이 사람을 먹는지 사람이 술을 먹는지 모를 술자리가 이어져도 교장 선생님이 그만하고 마치자는 말을 하지 않는 한 누구도 먼저 집으로 갈 수가 없었다. 다음 날 아침이면 교장 선생님을 댁까지 정중하게 모셔다드린 교사가 누군지 학교에서 회자되기 때문이었다. 다음 날 아침 숙취해소 음료를 사서 한 병씩 돌리는 것까지 여파는 계속되었다. 저녁 술자리에 빠지는 것은 불안해서 상상도 못 할 일이었는데, 내가 없는 술자리에서 많은 비공식적인 결정이 이루어질 것은 불을 보듯 뻔했기 때문이다. 일반 사회와 달리 학교 선생님들은 그렇지 않을 것이라고 생각하는 사람이 많겠지만, 당시만 해도 학교의 중요한 사항이 술자리에서 결정되는 일이 비일비재했다. 다음 날 교실 수업은 뒷전이고 오늘 저녁 술자리를 또다시 고민해야 하는 상황이 날마다 벌어졌다.

관리자가 중요하다고 생각하는 주요 업무라도 맡게 되면 일단 반은 성공한 것이다. 왜냐하면, 관리자를 만나는 기회가 잦고 업무를 많이 하는 것으로 보일 수 있어서 점수를 받는 데 유리하게 작용할 것이기 때문이다. 보직이 확보되고 나면 연구점수를 모으고 학생지도 실적만 챙기면 되는데, 이는 개인의 노력에 따라 결정되는 것이어서 오히려 마음이 편했던 것 같다. 좋은 보직을 얻었다고 해도 마지막 관문인 표창이 남아 있기에 방심할 수는 없다. 당해에 표창을 한 번 놓치면 다음 해에 다시 기회를 엿보아야 하거나 학교를 옮겨서 새로 시작해야 하는 비극이 벌어지기에 연구학교나 벽지학교에 입성하는 그 날까지 관리자에게 목을 맬 수밖에 없었다.

공급은 적은데 수요자가 많으니 저절로 가격이 올라가는 것과 같은 현상이지만, 이 과정에서 정정당당함이 사라지고 관리자의 권력이 비대해진다는 것이 문제이다. 점수를 관리해야 하는 교사는 응당 관리자에게 잘 보여야 하고, 관리자는 연구학교 선정이나 표창 확보를 위한 로비스트의 역할을 수행하는 것이 통념이었다. 관리자도 교사도 승진제도라는 틀 안에 스스로 가두어 줄에 매달린 인형처럼 좌지우지된다. 승진 때문에 교사를 하는 것 같은 일그러진 교직의 소외현상이 일어나는 상황에 대한 책임을 누구에게 물을 수 있을 것인가?

누구의 탓을 한다고 하여 교사가 승진에 목을 매는 상황을 바꿀 수 없다면 판을 갈아엎으면 될 일이다.

학교의 민낯: 이런게 학교라니?

결정권 제로의 습성화로
말을 하지 않는 교사들

　진보교육감 전성기 시절에 많은 시도에서 혁신학교들이 들불처럼 번지면서 교육감의 관심사 안에 있는 학교가 연구학교가 아닌 혁신학교로 교체되었었다. 진보교육감의 의중을 읽어 혁신학교를 흉내 내려고 하는 관리자들이 우스갯소리로 '민주적인 학교를 만들기 위해 모든 교직원의 의견을 모아서 내 맘대로 결정하면 된다'라고 하는 말을 술자리에서 들은 적이 있다. 가슴 아프지만, 민주주의 학교 문화 정책은 뿌리내리기가 매우 힘든 듯하다. 새로운 정책에 반하여 학교라는 곳은 민주주의의 기제보다는 관리자들의 권력이 작동해야 하는 곳임을 관리자들 스스로가 규정하고 있기 때문이다.

　민주주의를 가르치는 학교에 민주주의가 없다는 사실은 어제오늘의 이야기가 아니다. 나는 교대를 졸업하고 학교에 몸을 담으면서 오래전부터 몇 가지 의문을 품고 살았다. 교장은 학교에서 진정 최고의 교육 전문가인가? 관리자가 되는 것이 교육과정이나 수업 전문가로의 자격이나 인정은 아닐 것이다. 그런데 왜 한국의 학교에서는 교장보다 학생지도 경력이 월등한 교사들마저도 교육과정이 통제되고 교장에게 가르침을 받아야만 하는가? 학교는 여러 명의 교육 전문가로 이루어진 집단인데, 왜 다수의 교육 전문가가 교장 한 사람의 교육철학에 맞추어 교육과정을 운영해야 하는지에 대한 의문이었다. 교장이 되는 과정을 보면, 교장은 같은 경력의 평교사보다도 오히려 담임이나 수업 경력은 더 부족하다. 기껏해야 연구점수 많이 모으고 업무처리 능력이 좀 낮다는 것인데 교사의 전문성이라 할 수 있는 수업이나 학생 생활지도 영역에서 교장이 더 전문성이 뛰어나다는 근거는 어디에도 없다. 30년이라는 긴 세월 동안 교실에서 아이들을 가르치는 것을 천직으로 알고 수업만 한 교사와 20년을 관리자로의 변화를 준비하고 승진 후 10년 넘게 행정만 한 교장, 이 둘 중에서 누가 더 수업의 전문가인지는 물어볼 필요조차 없다. 교장의 자격증이 최고의 교육 전문가라고 증명해주는 것은 아니라는 말이다.

그렇다면 교장의 자격증은 학교경영에 대한 전문성을 인정해주는 것인가? 안타깝지만 그것도 아닌듯하다. 앞에서 언급한 것과 마찬가지로 교장의 승진 자격 조건으로만 보면 경영자의 자질을 쌓는 과정은 없기 때문이다. 따라서 학교 입장에서 어떤 교장이 오는가는 복불복 같은 게임이 되고 만다. 이런 형편에 어떻게 민주적인 학교운영까지 기대할 수 있겠는가?

이상한 일은 또 있다. 교육감들은 학교장에게 끊임없이 민주적인 학교경영을 요구하고 있고, 이에 대해 교장들은 민주적인 경영이 노력에 비해 생각처럼 쉽지 않다고 말한다. 관리자들과의 만남에서 교사들은 개인적인 성향이 강해 참여의식이 부족하다고 이야기하는 것을 들었다. 또한 학교의 경영에 관해 의견을 말할 수 있는 기회를 주어도 말을 잘 하지 않는다고도 했다. 관리자들은 '교사들이 더 적극적으로 말을 하거나 의견을 개진해 주면 얼마나 좋겠는가?' 라고 오히려 거꾸로 묻는다.

이유는 간단하다. 교사들은 오랜 시간 동안 길들여졌다. 자신의 이익을 위해 침묵하는 것이 더 편안하다는 것이 학습된 것이다. 상명하복에 길들여진 데다, 실컷 생각을 내어 토론을 해도 마지막에 한마디 하는 교장의 말대로 모든 것이 결정되고 말았던 경험이 축적되어 왔다. 심지어 교육과정을 운영하고 업무를 추진하는 중에도 수시로 말을 바꾸어 결국 교장의 뜻대로 관철시키고 마는 학교에서 어차피 내 의견대로 되지 않는다는 걸 아는데, 굳이 말해봐야 무슨 소용이 있겠느냐는 생각이 팽배해 있다. 사실 교사에게는 결정권이 없다. 명령어를 인풋(input) 하면 그대로 아웃풋(output) 하기만 하면 되는 수동적 구성원일 뿐이다.

업무를 추진하는 과정에서 교사들은 일단 결정을 유보하고 교장 선생님에게 먼저 의견을 묻는다. 그러면 교장은 기다렸다는 듯이 생각하고 있던 답을 통보해 준다. 그나마 이렇게 그냥 처음부터 말을 해주면 다행인데 기획을 다시 해 오라고 하고 그것을 트집 잡는 경우가 문제다. 그런가 하면 다른 학교는 어떻게 하는지 물어보라고 하는 소심한 교장 선생님들도 있다. 우리 학교의 교육활동은 우리 학교 구성원에게 의견을 묻는 것이 먼저인데, 다른 학교의 결정을 따라 하자는 발상은 학교장의 재량권을 스스로 포기한다는 뜻일까? 다른 학교에 맞추어 평균만 하면 탈이 없다는 생각 때문일까?

결정권이 없어 결정하지 못하는 교사들
실컷 이야기해도 마지막에 번복해버리는 관리자들

교무회의 책상 위에서 침묵하는 교사들

시키는 대로 하는 게 편하다는 것을 깨닫는 교사들

침묵하는 교사들 그리고 침묵 속에 비웃고 있는 교사들

최근 몇 년 동안 갖가지 리더십에 대한 새로운 용어가 생산되고 리더십을 주제로 한 자기계발서가 베스트셀러가 된 것은 권력을 가진 자가 아닌 진정한 리더가 부재하다는 방증이다. 관리자는 교사가 말하지 않는다고 하지 말고 말문을 트이게 해야 한다. 학교교육과정 운영의 주체는 교사이다. 실행의 당사자인 교사에게도 결정권을 주고 그 결정에 따라 학생을 책임감 있게 마음껏 가르칠 수 있도록 지원가로서의 리더로 바뀌어 나가야 한다. 교사의 자발성은 그렇게 길러지고 학교의 민주주의는 조금씩 여물어 갈 것이다.

학교의 민낯: 이런게 학교라니?

교직원 회식

교직원 회식에 임하는 관리자의 모습은 대개 다음과 같은 두 가지의 모습을 보인다. 민주적이냐 비민주적이냐인데 민주적인 관리자들은 회식 장소 선정이나 교직원 참석률에 관용적인 데 비해 비민주적인 관리자들은 본인이 원하는 회식 장소를 관철시키고 교직원의 전원 참석을 목표로 출석을 꼼꼼하게 챙긴다. 간혹 출석까지 챙기는 관리자들이 있는데, 교사들이 갈 때 생기는 마음의 무게는 관리자들과 천지 차이다.

회식은 업무의 연장이라고 할 정도로 중요한 영역이기도 하다. 구성원들을 격려하는 자리가 되기도 하고, 서로 친목을 다지는 계기가 되기도 하며, 학교의 중요한 일 끝에 수고를 치하하는 자리가 되기도 한다. 맛있게 식사하고 즐거운 분위기에서 회포를 푸는 회식은 때에 따라 꼭 필요하다. 그러나 회식이 모두 좋은 경우만 있는 것은 아니다. 좋은 학교 분위기에서 자발적인 참여로 이루어지면 문제가 없지만, 약간이라도 강요가 있으면 회식 자리가 바늘방석이 된다.

관리자의 요구에 마지못해 간 경우 관리자 정도의 연배는 자녀가 다

컸거나 출가한 상태지만, 젊은 교사들은 돌봐야 하는 어린 자녀가 있어 너무 늦은 귀가는 부담이 된다. 관리자는 다음날 수업에 대한 부담이 없지만, 교사는 혹시나 회식시간이 길어져 귀가 시간이 늦어질수록 다음날 수업에 대한 부담도 커진다.

다음은 교사 시절 동료 교사들에게서 교직원 회식에 임하는 관리자의 5가지 유형을 모아본 것이다. 정확한 데이터는 아니지만, 내 오랜 경험과 그동안 만났던 교사 사이에서는 암묵적으로 동의를 얻고 있는 내용이다. A형인 2차를 요구하지 않는 관리자가 교사들이 가장 마음에 들어 하는 관리자라고 할 수 있다.

〈교직원 회식에 임하는 관리자의 유형 호감 순위〉
A형. 교직원 회식을 요구하지 않는 관리자
B형. 교직원 회식을 직원끼리만 보내고 빠져주는 관리자
C형. 교직원 회식에서 출석을 확인하는 관리자
D형. 교직원 회식에서 술을 마실 것을 강요하는 관리자
E형. 교직원 회식을 마치고 2차를 요구하는 관리자

교사와 관리자의 관계에 따라 순위의 변동은 있겠으나 위 내용의 공통점은 교직원 회식 정도는 교사끼리 가도록 배려해 주거나 관리자가 교사들 사이에서 위화감 없이 지낼 수 있어야 한다는 점이다. 혹시나 2차까지 함께한 다음 날 교사들에게 얄미워 보일 가능성이 큰 관리자의 두 가지 유형도 재미삼아 소개한다.

학교의 민낯: 이런게 학교라니?

A형. 슬픈 이야기이지만 감사한 관리자 유형: 교직원 회식을 2차까지
　　끌고 가서 다음날 수업 없다고 출근 안 하는 관리자
B형. 죽도록 미운 관리자 유형: 2차까지 끌고 가서 진을 다 빼놓고 다
　　음날 일찍 출근해서 교사가 정상 수업하는지 살피는 관리자

전체 교직원 회식에서의 과도한 음주가 문제가 되어 언론에 오르내리
는 학교를 종종 보아왔다. 그렇다고 회식 자체를 없애는 것은 교직원들
의 사기저하와 교직원 간 관계 형성에 부정적 영향도 적지 않을 것이다.

회식이 직장생활에서 중요한 부분을 차지한다고 해도 일과 시간 후의
개인사는 존중받아야 하는데, 관리자와 교사라는 지위 관계 속에서 의무
적으로 강요되는 회식은 분명 문제의 소지가 있다. 교직원 간 관계의 중
요성 때문에 공개적인 전체 회식이 필요하다면 1차에서 끝나야 한다. 1
차로는 관계의 형성과 친밀도를 높이는 것이 부족하다면 개인과 개인의
소리 없는 만남으로 이어가는 것이 더 가치가 있을 것이다.

학교운영위원회의 두 얼굴

학교에 학교운영위원회(이하 학운위)가 설치되기 시작한 지 25년 가까운 시간이 흘렀다. 단위 학교의 교육 자치를 실현하고 지역의 실정과 학교 특성에 맞는 다양한 교육을 창의적으로 실시하기 위하여 초·중등교육법에 따라 국·공립학교에는 반드시 학운위를 설치하여 운영하도록 하고 있다. 위원회의 구성은 학부모, 학교장을 포함한 교원, 지역사회 인사의 고른 참여를 원칙으로 위원의 정수 및 구성 비율은 학교 규모와 지역 특성, 학교 급별을 고려하여 해당 학교의 운영규정으로 정하도록 되어 있는데, 학부모의 학교 참여를 이끌어내고 학교의 자치 민주를 구현한다는 목적으로 만들어진 학운위는 지금까지 제 역할을 온전히 수행하고 있는지를 생각해 볼 시점이 된 것 같다.

필자가 SNS에서 다양한 방법으로 학운위의 위상을 확인해 본 결과 학운위는 두 개의 다른 얼굴을 가지고 있었다.

학교의 민낯: 이런게 학교라니?

하나. 학교의 거수기

투명하고 민주적인 학교를 만들기 위해 도입한 것이 학운위다. 그러나 현재 학운위는 반드시 학운위를 거쳐야 한다고 규정된 내용에 대해 학교가 제출한 안건들을 통과시켜주는 거수기 역할만 하고 있다. 이렇게 운영되는 이유는 위원회의 구성에서 찾아볼 수 있다. 교사위원은 당연직인 교장을 포함하여 대부분의 학교에서 교감과 주요 업무를 보는 부장으로 구성된다. 학운위 교사대표는 선출을 위한 경쟁방식이 아닌 사전에 지명이 되는 것이 보통이다. 교장의 경영에 협조적이거나 불만이 없는 교사들(대부분 교무나 연구 등의 주요 보직을 맡고 있는 교사) 중에서 지명이 되고 형식적인 절차를 거쳐서 학운위의 교사위원이 된다.

학운위 장면에서 교사위원은 안건을 토의하기보다 학교에서 제출한 안건에 대한 학교의 입장을 설명하는 역할을 한다. 학교에서 제출된 안건을 교사위원이 반대하는 경우는 거의 없다. 학부모위원은 말 그대로 아이를 학교에 보내고 있는 부모이다. 세상이 아무리 바뀌었다고 해도 교사 앞에서 학교가 상정한 안건에 반하는 의견을 내기는 사실상 불가능하다. 다만 아주 조심스러운 질문으로 자신의 의사를 표현한다. 지역위원은 학교의 사정을 잘 모른다는 입장인 경우가 많다.

학운위는 보통 일 년에 4~5번의 회의를 하게 되는데, 학운위 심의를 거쳐야 하는 필수 사항과 학교 운영에 관한 기타 사항을 합해 한 회당 안건이 작게는 다섯에서 열대여섯까지 있다. 이 자리에서 학생들의 체험활동이나 예산 사용에 대한 문제를 제기하거나 설명을 요청하면 학교에 비협조적인 사람이 되고 만다. 그래서 얼른 학교가 제출한 안건을 통과시키고 예약된 식사를 하러 가는 것으로 마무리를 한다. 이 경우 학운위는 다른 설명이나 토론 없이 정해진 결정에 손만 들어 정당화시켜주는 거수기와 다름없다.

둘. 학교를 조정하는 학운위

학운위가 제대로 된 토의나 협의 없이 거수기로만 기능한다는 의견과 정반대의 의견도 있다. 학운위가 지나치게 교육과정에 관여하며, 학교는 학운위의 결정을 무조건 따라야 한다는 태도를 보여 학교의 교육과정 운영의 자율권이 침해받는다는 의견이다.

이에 대한 몇 가지 사례를 들면 다음과 같다.

- 학운위는 심의 사항 이외의 학교의 모든 일에 간섭하려고 한다. 절차에 따라 방과후 과목을 선정했는데 원칙을 파괴하는 과목 추가를 요청했고 그것이 통과되었다. 그 과정에서 교사가 조정 발언을 하자 '그래도 저희가 통과시키면 운영해야 하는 거 아시죠?' 라고 했다.
- 학부모위원은 학교 전체를 보는 것이 아니라 개인 민원을 해결하려 한다. 교육과정 전체를 보지 못하기 때문에 전시성, 일회성 이벤트 행사를 좋아한다.
- 학교마다 다르겠지만, 최근에는 감사를 받는 느낌까지 든다.
- 예년의 방식에서 벗어나 학생 주최의 운동회를 운영했는데 학운위 허락도 없이 학부모를 초청하지 않고 진행했다고 내년에는 교육과정 심의 때 프로그램도 알 수 있도록 자료를 준비해 달라고 했다.

학부모위원이나 지역위원의 입장에서는 학교가 어렵고 학교의 계획

학교의 민낯: 이런게 학교라니?

을 뒤집을 수 없어 마음에 들지 않아도 통과시킨다고 하고, 학교의 입장에서는 지나친 간섭을 받는다고 느낀다. 교사들조차 교장이 버티고 있는 학운위에서 이의를 제기하거나 제출된 안건과 다른 의견을 발표하면 학교에 불만이 있는 교사라는 낙인을 받게 된다. 교사가 이러할진대 자녀가 다니는 학교의 교장 앞에서 학부모가 안건에 이의를 제기하는 것은 웬만한 강심장이 아니고서는 어려운 일이다. 교사들도 교사대표로 학운위에 들어가는 것을 꺼린다. 어차피 민주적이지 못한 학운위에 오후의 귀한 시간을 들여가며 앉아 있는 게 여간 고통스러운 일이 아니다. 퇴근 후에 회의시간이 잡히거나 회의 마치고 식사라도 하게 되면 퇴근 시간은 더욱 늦어질 수밖에 없으니 교사대표로 학운위에 들어가는 것은 다른 교사들을 위해 희생하거나 봉사하는 마음이 아니면 힘들다.

학운위를 마치고 나온 어떤 선생님이 다음과 같이 말했다.

> 요즘 운영위원의 역할이 뭔지 심각하게 고민 중이예요. 소통하는 과정이고 적극 의견 수렴한다고 생각하는데 거수기 싫어 기권했다는 소리 듣는 것도 싫고, 회의 길어지는 거 피곤해하는 분위기도 옳지 않고…. 학교와 네 편 내 편 하는 것도 참 거시기하고…. 공부할 게 참 많네요. 일단 상처받은 건 쉬면서 좀 잊고 싶어요.

학교는 그 구성원인 교사나 학생들의 의사가 반영되어 민주적으로 운영되어야 한다. 그러나 이러한 기본적인 상식조차 허용되지 않는 곳이 학교 사회다. 바른말 몇 번으로 비협조적인 학부모가 되고 문제교사가 되는 학교에서 민주적인 교육활동이 가능할 리 만무하다.

교사에게 방학을 허하라

방학이 다가오면 교사는 몸이 먼저 반응을 한다. 심신의 피곤이 극에 달해 데드포인트를 찍어 숨이 넘어가기 일보 직전에 방학이 시작된다. 다른 직업과 비교하여 일 년 중 두 달이나 되는 방학은 교사에게는 더할 나위 없는 충전의 기회이고, 그것이 곧 교직의 매력 중 하나이기도 하다. 만일 학교에 방학이 없었다면 교사들의 질병 휴직으로 인해 기간제 교사의 채용이 늘어나거나 교사들의 명퇴 수가 급증했을 것이다.

일 년에 일주일 정도의 휴가가 전부인 일반 직장인들은 교사에게 있는 두 달의 방학을 두고 너무 많이 쉬는 것 아니냐고 묻는다. 그러면서 교사에게도 무노동 무임금의 원칙을 적용해야 한다고 말한다. 그러나 그것은 교사라는 직업의 특성과 교사의 방학 생활을 너무나 모르고 하는 소리이다.

교사는 다른 직업과 달리 사람만을 상대하는 직업이다. 어른이 아닌 각기 다른 성향과 다른 눈높이를 가진 아이들을 대상으로 한다. 누구 하나 차별 없이 똑같이 대해야 하는 감정노동의 직업이다. 가정형편이 좋

학교의 민낯: 이런게 학교라니?

은 아이, 부모가 이혼해서 한 부모와 사는 아이, 부모와 떨어져 조부모와 사는 아이, 학부모와 의사소통이 힘든 다문화 가정의 아이, 방과 후에 학원만 뺑뺑이 도는 아이, 학원 갈 형편이 안 되어 종일 학교에 있어야 하는 아이까지 매우 다양하다. 이뿐이랴. 다양한 학생만큼 다양한 성격의 학부모들도 상대해야 한다. 나를 아끼고 위해주는 동료 교사가 있는가 하면 시기하고 질투하는 동료도 있고, 여기에 앞에 서기만 해도 주눅이 들 정도로 어려운 교감, 교장 선생님까지 더한다.

몇 달을 이런 사람들을 상대하면서 웃음을 잃지 않으려고 노력하다 보면 마음에 병이 들어 정신병에 걸리지 않을까 걱정을 한다. 휴직을 할까? 명예퇴직을 할까? 고민하는 딱 그 시점에 방학이 시작된다. 그래서 방학을 단순한 휴가가 아니라 충전의 시간이라고 하는 것이다.

그렇게 기다리던 방학이 왔지만, 충전도 잠시뿐이다. 대부분 연수를 받는데 짧게는 한 주, 보통은 두 주, 길게는 한 달 내내 연수를 다니는 사람도 있다. 학기 중에 수업하면서 궁금했던 것을 해결하고 더 좋은 교수법과 교육과정을 공부하며 다음 학기를 준비한다. 전국의 유명 강사를 찾아서 학생지도에 대한 실력을 쌓고 평소의 의문을 해결할 기회로 방학을 활용하기도 한다.

연수가 아니어도 교사가 학교에 나가야 할 이유는 자주 생긴다. 방학 중에도 공문이 오면 담당 교사는 공문을 처리하러 학교에 가야 하고 학생들의 근황을 파악하고 전화를 돌리고 상담을 해야 한다. 경상남도교육청은 방학 중 근무에 대한 전교조와의 협약 사항을 각 학교로 전달하면서 학생 관리가 없는 날 교사의 근무를 가능한 한 제한하도록 했다. 그러나 많은 관리자가 방학 중 돌봄 교실이나 방과후학교 운영 관리를 목적으로 근무조를 편성하게 한다.

방학 중 학교에 오지 않는 날은 근무지 외에 각자가 필요한 연수를 하도록 하는 41조 연수를 신청한다. 그러나 관리자들은 무슨 이유에서인지 교사들이 방학 동안 며칠을 출근하여 얼굴을 비추는지를 중요하게 생각하는 것 같다. 혹시 관리자는 매일 출근해야 하는데 교사는 학교에 오지 않는 것에 대한 질투는 아닐까? 원래 관리자는 방학이 없는 직책이다. 그 사실은 누구보다 관리자들이 더 잘 안다. 누가 등 떠밀어 관리자가 된 것이 아닌 이상 방학 근무를 교사와 비교해서는 안 된다. 그럼에도 교사들이 출근하지 않는 것에 대해 싫은 내색을 하는 관리자를 교사 시절 여러 명 만났다.

막상 교사가 학교에 출근을 해도 한두 건의 공문 외에는 별로 할 일이 없다. 돌봄은 돌봄 교사가 있고 방과후는 방과후 강사가 관리하기 때문에 학생 관리라고 하는 것도 이름뿐이다. 그래서 근무 교사는 교무실에 앉아 교감의 이야기를 듣거나 전화를 받기도 한다. 방학에는 급식을 하지 않으니 출근한 다른 교직원들의 점심을 걱정하며, 빈 교실에 앉아서 시계만 바라본다. 그런 사정이라면 학생 관리는 출근하는 관리자가 하면 되고, 공문은 교감이나 교무행정원이 처리하면 되고 필요한 경우 담당 교사에게 전화 한 통 하면 그만이다.

개학 일주일 전부터는 새 학기를 준비해야 한다. 다음 학기를 위해 교재를 살펴보면서 학급교육과정을 재구성하고 업무를 추진하기 위한 계획도 수립한다. 개학 전날은 대부분의 교사가 교실을 청소하러 출근한다. 방학 동안 책상에 쌓인 먼지를 닦고 창문을 열어 환기를 시키며 아이들을 만날 준비를 한다.

교사도 사람이다. 그것도 힘든 정신적 노동에 시달리는 사람이다. 교사가 교실에서 편안하게 아이들을 가르치는 일이 노동이냐고 빈정대는 사람이 아직도 많다. 육체적인 노동과 정신적인 노동은 어느 것이 더 힘든지 비교할 수 있는 대상이 아니다. 그러나 교사는 육체적 노동뿐 아니라 어떤 직업군보다 정신적인 노동의 강도가 높다고 감히 주장할 수 있다. 교사도 쉬어야 한다. 충전하고 힐링해야 다음 학기를 준비하고 계획을 세울 수 있다. 그것이 방학 동안 교사의 충전을 가볍게 생각하면 안 되는 이유이다. 방학은 교사의 체력적 측면에서도, 학생들과 함께할 교육적 측면에서도 다음 학기를 준비하는 배터리이다.

무두일에 학교가 더 잘 돌아간다

교사 때는 정말 반가웠는데, 교감이 되고 나니 서운한 말이 있다.

무두일(無頭日): 우두머리가 없는 날, 다시 말해 교장이 하루 연가를 내거나 출장을 간 날

쌍무두일(雙無頭日): 우두머리가 둘 다 없는 날, 교장도 교감도 출장 가고 없는 날

오래전 시골의 조그만 학교에 근무할 때의 추억이다. 교장, 교감 선생님 모두 출장을 가거나 해서 학교에 관리자가 한 분도 안 계시는 날 오후가 되면 우리는 사다리 타기를 해서 교장 뽑기 놀이를 했다. 누군가 교장으로 뽑힌 기념으로 학교 앞 분식집에서 호빵을 사 한턱내면서 오후 허기를 채우는 것으로 즐거워했다. 다음 날 아침 교장 선생님은 웃으며 어제는 누가 교장이었느냐고 묻기도 하고 다음에는 교장 자리 만 원에 팔고 출장 가야겠다고 농담을 하기도 했다.

돌이켜 보면 그 학교에서 근무할 때는 무두일이건 아니건 큰 차이가 없었던 것 같다. 그러니 교장 자리를 갖겠다고 서로 아우성을 쳤다는 이야기를 교장 선생님 앞에서도 즐겁게 할 수 있지 않았겠는가? 그런데 그렇지 않은 학교가 더 많았다. 무두일이라는 것을 알고 출근을 하는 날은 모두가 한결 가벼운 마음이 든다. 그리고 무두일이 끝나면 모두 한마디씩 한다. 무두일에 학교가 더 잘 돌아가더라고. 그래서 가만히 있어만 주는 교장이 최고라 여겨진다. 정말로 슬픈 말이다. 가만히 있어 주는 것이 최고라고 하는 말이 꼭 필요 없다는 말로 들리기 때문이다. 무두일에 학교가 더 잘 돌아간다는 말은 정상적인 수업이 이루어지고 있다는 말이다. 다른 일을 하라는 관리자가 없으니 그날만이라도 차분하게 수업에 전념할 수 있는 것이다.

성열관(2013)은 '교장제도 개혁의 중요성과 그 방향'에서 교장이 없는 학교가 좋은 학교라기보다 훌륭한 교장이 있는 학교가 좋은 학교라고 했다. 그럼 나쁜 교장이 있는 학교는 어떤 학교인가? 대표적으로 나쁜 교장은 욕심이 많은 교장이다. 나쁜 교장의 욕심은 크게 두 가지인데, 돈에 대한 욕심과 지위에 대한 욕심이다. 돈에 대한 욕심은 옛날처럼 교장이 전횡을 휘두를 수 없도록 정비되어 많이 줄어들었으나 아직도 교사 모르게 돈에 대한 욕심으로 횡포를 부리는 교장도 종종 있다.

문제는 지위에 대한 욕심이 많은 교장이다. 교육청 과장이나 지역의 교육장이라도 되려고 욕심을 부리는 교장은 학교와 교사를 절대로 가만히 두지 않는다. 다른 학교와는 뭐가 달라도 달라야 한다. 가장 티를 낼 수 있는 것이 각종 연구시범학교와 공모사업이다. 그리고 죽으라고 홍보에 목숨을 건다.

혁신연구학교라는 말도 있다. 진보교육감이 선출된 많은 지역의 학교 장들이 너도나도 혁신학교를 흉내 내어 교육감에게 자랑을 하려고 하는 데, 그러다 보니 점수도 없는 혁신학교를 신청하여 연구학교처럼 운영하는 학교를 두고 하는 말이다. 죽으라고 사업을 하고 죽으라고 홍보를 하는 것은 다 교장의 욕심 때문이다. 그러나 이 일을 욕심을 내는 관리자가 아닌 교사가 도맡아 하는 것은 아이러니다. 그러니 교사들에게는 관리자가 없는 것이 학교가 더 잘 돌아가는 것으로 보일 수밖에 없다.

만일 무두일에 교사들의 마음이 홀가분해지는 것이 단순한 심리적 안도감이라면 간혹 자리를 비워주는 것도 좋다고 생각한다. 그러나 없는 것이 더 낫다는 평가가 내재된 기쁨이라면 관리자의 욕심이 교사에게 얼마나 스트레스를 주고 있는지를 돌아보아야 한다.

"교장, 교감 선생님, 학교 좀 비우지 마세요. 학교가 안 돌아갑니다."

이런 말을 듣는 장면을 상상해보니 기분이 좋아져서 절로 웃음이 난다.

학교 공간은 비민주적이다

민주주의는 이념 너머의 것이다. 사람과 사람이 만나 사회를 이루고 사회 속에서 가치가 충돌하고 그 문제를 해결해 나가는 논의의 과정이 민주주의다. 즉 민주주의는 곧 삶이다. 학교를 삶의 공간이라고 한다면 민주주의의 공간이라고 바꾸어 말할 수 있다. 그러나 민주주의의 공간이라고 말하기에는 학교가 가진 역사가 그렇지 못하다. 특정 이데올로기를 재생산하고 지식을 주입하며 경쟁을 부추겨 그것이 성공이라고 가르쳐 왔던 학교의 기능을 민주적이라고 할 수는 없다.

아이러니하게도 학생들의 삶과 미래 시민의 민주성을 담아내어야 하는 학교는 가장 비민주적 공간이다. 소통과 합의를 통해 갈등을 해결해야 하는 민주적 방식을 실현하기에 학교 공간은 비민주성의 극치를 보여준다.

일직선으로 있는 학교 건물과 그 앞 운동장은 연병장을 연상케 한다. 더하여 그것이 학생을 통제하고 감시하기에 유용하다는 이유로 백여 년간 그 형태가 유지되고 있다. 그런 비판에서 최근 학교 건축물에 대한 논

의가 많아지고 있다. 모 방송에 나왔던 핀란드의 파이반케라 학교 편에
서 교육을 고민한 후 학교 건물을 만든다는 설명을 들었다. 학교의 공간
이 어떤 철학 위에 만들어지고 구성되어야 하는지는 매우 중요하다. 우
리나라 학교는 수업을 고민하여 만들어지지 않았다. 반듯한 건물에 똑
같은 크기의 방을 만들고 나중에 칸마다 이름을 붙여 기능을 부여한 것
이다.

우리나라 학교의 구조는 천편일률적이다. 단적인 예로 교무실 찾기를
해 보자. 교문을 들어서면 중앙 현관을 찾는 것은 시간문제다. 중앙 현관
은 깔끔한 신발장과 학교 역사, 학교 상징물들을 포함한 액자로 잘 정리
정돈 되어 있다. 중앙 현관을 찾았다면 교무실은 금방 찾을 수 있다. 그리
고 교장실과 행정실도 그 근처 어딘가에서 쉽게 발견할 수 있을 것이다.

학교 건물 내 공간의 배치는 매우 수직적이고 위계적이다. 교사의 공
간인 교무실은 학생들의 공간인 교실과 거리가 멀고 학생들이 접근하기
가 어려운 공간이다. 학생들은 중앙 현관을 이용하지 못하며, 교무실 앞
복도를 여느 복도처럼 편하게 지나다닐 수 없다. 교사들은 등교 후 가장
이동하기 편한 중앙 현관으로 들어와 계단을 오르지 않아도 되는 중앙에
있는 공간을 사용하고 학생들은 신발을 들고 2층, 3층으로 올라가 각자
의 교실로 들어가야 한다. 교사들의 공간이 1층에, 가장 중앙에 위치하고
있는 것은 권위주의의 표상이다.

교사들의 공간이라고 하는 교무실도 비민주적인 구조로 되어 있다. 교
장, 교감의 자리는 정면을 향해 있고 나머지 교사의 자리는 ㅁ자 형태이
거나 교사끼리 마주 보도록 배치되어 있다. 어느 모로 보나 관리자와 교
사의 위계는 분명하게 드러나며, 협의보다는 전달이 이루어지기에 유용

하다. 한술 더 떠서 교장실은 별도의 공간이다. 물론 교장실은 교장 개인의 집무실임과 동시에 그 외 다른 다양한 기능을 하겠지만, 닫힌 구조의 교장실은 학생들은 물론 교직원 간의 소통을 막는 상징적 공간이 되고 있다. 의논이나 보고할 일이 있으면 아주 어려운 마음으로 교장실을 노크해야 하며 학생들은 절대로 범접할 수 없는 공간이다. 교장은 외로운 자리라고 푸념하는 교장 선생님들은 자신이 어떤 공간에 있는지 돌아보면 된다.

교실에서 학생의 자리 배치도 다르지 않다. 최근 다양한 수업 방법이 도입되면서 학생들의 책상 배치도 매우 다양하게 적용되고 있는 예를 본다. 그러나 교사와 교사의 책상은 항상 학생의 정면에 위치하여 교실 내 또 다른 위계를 만들고 있다. 관리자와 교사, 교사와 학생 간의 비민주적 위계는 서로 닮아 있다.

모든 교실이 중앙의 도서관을 향하여 배치된 학교가 있다. 모든 교실이 문을 열면 운동장과 이어지도록 둥글게 만들어진 학교도 있다. 학생을 중심으로 고민한 공간은 통제와 감독을 목적으로 하지 않았음을 알 수 있다. 그러나 건물을 이와 같이 모두 재구성하는 것은 현실적으로 불가능하다. 그렇다면 지금의 모습에서 공간을 재구성할 방안을 찾아야 한다. 학생들의 공간은 가능한 낮은 층에 위치해야 하며, 운동장이나 놀이터로 나가기에 용이한 곳이어야 한다. 저학년 교실일수록 화장실과 가까워야 하며, 중앙 현관을 비롯한 모든 공간이 특정한 사람들의 공간이어서는 안 된다. 민원을 담당하는 특정 사무실(교무실 또는 행정실) 하나를 제외하고 지금의 자리를 학생들의 교실로 양보해야 한다. 교장실 위층 교실의 담임교사가 학생들에게 뛰지 말라고 신신당부할 일이 저절로 없어지지 않겠는가?

비민주적 그릇 안에서 민주적인 시민이 성장하기를 바라는가? 항상 형식보다는 내용에 충실해야 한다고 주장해 왔지만, 학교의 공간은 형식 이상의 의미를 지닌다. 학교 공간 구성은 민주적 교육 철학을 반영하며, 교육과정의 민주화라는 내용을 담기 위해서도 반듯하게 빚어내야 할 교육의 또 다른 그릇이다.

3장

지원하는 교육청인가, 지시하는 교육청인가

장학지도의 또 다른 이름, 컨설팅

　가장 민주적이어야 할 학교가 가장 비민주적이라는 것은 이미 언급했다. 민주적인 학교 문화 추진방안에 관한 TF팀의 구성원이 되어 도교육청 회의에 참석한 적이 있다. 토론 끝에 학교 문화의 방향을 잡고자 도교육청 장학사에게 질문을 했다.

　"장학사님이 생각할 때 도교육청은 얼마나 민주적인가요?"

　상중하 중에서 말해 달라고 하니 '하'라고 했다. 정권도 바뀌었고 세상도 달라졌으니 교육청도 많이 달라졌을 거라고 생각하여 한 질문이어서 답을 듣고 놀라지 않을 수 없었다. '상부 조직인 도교육청이 하라면 그대로 영향을 받는 지역교육청은 최하겠구나'라는 생각이 들었다.

　2010년 9월 1일부터 전국의 180개 지역 '교육청'의 이름이 '교육지원청'으로 바뀌었다. 학교 교육을 보다 효과적으로 지원하고 다양한 교육 수요에 대응하기 위함과 동시에 지역교육청의 기능을 관리·감독 위주에서 현장지원 위주로 새롭게 정립한다는 목적이었다. 그렇게 교육청은 지원청이 되었다. 그러나 교육지원청으로 이름을 바꾼 후 지원청의 역할이 긍정적으로 변화했다고 체감하는 교사는 그리 많지 않다. 지원청이 역할을 제대로 하기 위해서는 관료적이었던 교육청이 민주성을 띠어야 하겠지만, 그런 문화적 변화는 체감할 수 없다. 지원청이면 지원만 하면 되는데 아직도 지시나 관리, 점검의 역할을 하고 있다.

명칭 변경과 함께했던 기능 개편으로 달라진 것도 있다. 그동안 학교에 의무적으로 실시하던 점검 위주의 장학 대신, 교사와 학교에서 요청할 때 컨설팅을 제공하거나 전문가를 연결해주는 컨설팅 장학이 그것이다. 학교에는 오랜 세월 장학지도와 관련하여 모두가 다 아는 우스갯소리가 있다. '장학이 뜬다'는 그 날은 학교가 대청소를 하는 날이었다. 관리·감독의 개념이 강했던 시절(교사가 재정 관리를 했다)에는 장학이가 돌면 학교회계에서 이중장부를 만들어 돈 봉투를 준비해야 하는 경우도 있었다. 장학지도가 본연의 기능을 하지 못하자 장학지도보다는 컨설팅이 맞다는 취지하에 교육청에서 수많은 컨설턴트를 양성했다.

거기서 멈추어야 했다. 왜냐하면 컨설팅을 하고 실적을 요구하는 장학지도보다 더 개탄스러운 지경에 이르렀기 때문이다. 컨설팅은 고객이 요구해야 이루어지는데, 별다른 이유도 없이 교육청이나 학교의 컨설팅 실적을 위해 학교가 일부러 컨설팅을 받으려고 장학사를 부르는 경우도 보았다. 그리고 교육청은 각종 실적과 경쟁에 컨설팅 횟수를 집어넣어 학교로 하여금 반강제로 컨설팅 요청을 요구하기도 했다.

근래에는 학교에서 요구하지도 않았는데, 지원청에서 컨설팅을 한다고 담당자를 출장 보내라는 공문이 온다. 그렇게 교사들을 지원청에 반강제로 모아서 하는 컨설팅이 많아졌다. 장학지도의 이름만 컨설팅으로 바뀌고 찾아가는 컨설팅이 아닌 모으는 컨설팅이며, 컨설팅에 필요한 자료는 자발적 자료가 아니라 지원청에서 요구하는 자료를 시기에 맞추어 제출해야 하는 형태가 된 것이다. 오히려 찾아가는 장학지도보다 못한 일이 벌어진다. 지원청 입장에서는 손 안 대고 코 푸는 격이다.

지원청의 지원과 컨설팅은 어느 것도 현장을 만족시키지 못하고 있다. 다음은 실제 있었던 일이다.

교장 선생님이 선생님이 교육청 회의에 참석할 수 없는 사정을 이야기하고자 지원청에 전화를 해서 전 직원 워크숍과 회의날짜가 겹쳐서 아무도 갈 수 없다고 이야기를 했다고 한다. 한 장학사가 그럼 학교는 누가 지키느냐고 묻더란다. 교장 선생님의 답은 이랬다. "학교를 꼭 지켜야 하는 거라면 그날 지원청에서 한 사람을 보내어 지키게 하는 지원 좀 해 달라."고 했단다. 지원청이 무엇을 지원해야 하는지 모르겠다면 그런 지원이라도 좀 하면 어떻겠냐고.

장학사는 교육과정, 수업 전문가가 아닌 지원 전문가를 선발해야 한다. 그리고 지원 전문가로 구성된 교육지원청이 먼저 민주적인 모습을 갖추어야 한다. 지원청의 지시와 통제, 감독을 직접 받으며 비민주적인 제도에 교장과 교감이 익숙해지면 학교의 민주적 운영도 기대할 수가 없다. 교육청과 지원청이 먼저 민주적 운영의 본보기를 보여주기를 바란다.

학교의 민낯: 이런게 학교라니?

보여주기식 수업 대회,
이제 끝낼 때도 되었다

경상남도에는 수업명사제라는 제도가 있었다. 각종 수업연구 대회에서 다수의 등급을 수상하면 수업의 전문성을 인정한다는 의미로 '수업명사'라는 타이틀을 부여했다. 그러나 대회가 대부분 그러하듯이 수업 대회도 보여주기식이라는 비판으로 폐지를 주장하는 목소리가 크다. 물론 수업 대회의 순기능도 있다. 단위 수업을 깊이 있게 연구하는 과정에서 수업자의 수업 역량이 향상되고 참관 교사들에게는 다양한 수업기법의 사례를 보여줌으로써 연수의 기회가 되기도 한다. 그러나 많은 시도에서 보여주기식 수업 대회가 배움은 적고 현장에 일반화하기에도 어려움이 많아 대회 자체를 폐지하고 있으나 아직도 유지하는 교육청이 있다.

교사와 학생의 삶에서 배움을 나누는 수업 패러다임의 변화 속에서 수업의 혁신을 지원해야 할 교육청이 여전히 일부 교사의 목적을 위해 잘 짜인 각본대로만 진행하는 수업 대회를 폐지하지 못하는 것이 참으로 안타깝다.

수업 대회는 모든 교사의 수업을 표준화시킨다. 수업의 목표를 먼저 제시하지 않거나 수업 말미에 정리를 하지 않아 감점을 받는 일이 생기자 그다음 수업 대회에 나온 교사들은 불안 요인을 모두 제거하고 시나리오에 맞춘 수업을 하면서 정형화된 틀에 갇히고 만다. 여기에 수업 대회를 준비시키는 관리자의 간섭이 더해지면 교사의 사고는 중지되고 마치 숙련된 배우처럼 동작과 대사를 익히는 교사로 변해간다. 교육청에서 실시하는 학생들의 각종 대회가 입상을 위한 경쟁 속에 반복된 연습으로 기능만을 숙달시키는 것처럼 수업 대회도 교사의 창의력과 사고력을 마비시킨다. 배움은 그 자체로 즐거워야 하는데, 수업으로 대회를 열고 그 수업을 모방해서 배우라고 하는 것 자체가 우스운 일이다.

이러한 무의미한 수업 대회에 나가는 교사들이 자신만의 수업 방식을 발표하는 것을 좋아해서 대회에 나가는 경우는 드물다. 연구점수를 부여하지 않는 조건으로 수업을 연구하여 공개하라고 하면 희망하는 교사가 몇이나 될지 추측해보면 알 수 있다. 보통은 다음의 3가지 이유 때문에 수업연구 대회에 나간다.

첫째, 교사로서의 명예를 얻고자 하는 경우인데, 드물다.

둘째, 수석교사 선발에 유리하게 작용하기 때문이다.

셋째, 승진을 위해 벽지학교에 전보희망을 할 때 수업연구실적은 다른 연구실적보다 더 많은 전보 가산점을 받을 수 있고 여기에 연구대회 승진점수도 보너스로 더해지니 금상첨화이다.

경남에서는 승진을 하여 관리자가 되어도 수업명사의 자격이 유지되는데, 정년이 되어서 교직을 떠날 때까지 수업의 달인이라는 의미의 타이틀을 가진다. 수업명사는 수업을 아주 잘하는 교사라는 의미이지만, 반대로 생각하면 나머지 교사들은 수업도 잘 못 하는 무능한 교사로 여겨질 소지가 크다. 수업을 잘한다고 인정받기 위해서는 보여주는 수업을 잘하는 교사가 되지 않고는 방법이 없다는 뜻이다. 그러나 대회에 나가지 않아도 수업을 연구하고 잘하는 교사가 얼마나 많은가?

수업명사는 수업을 컨설팅할 의무가 있다. 그래서 수업 대회를 준비하는 교사를 수업명사 출신의 관리자가 컨설팅하는 경우가 생긴다. 교실 수업과 멀어진 지 몇 년이 지나 수업에 대한 감각이 떨어질 대로 떨어진 관리자들이 날마다 수업을 하는 교사를 지도하는 어이없는 상황이 벌어지기도 했었다.

오래전에 수업명사인 교감 선생님이 저경력 교사의 수업 대회 준비를 지도하는 것을 본 적이 있었다. 대회를 준비하는 그 교사는 교감이 통제하는 수업연구 대회에 특화된 대본과 발문, 움직임을 연습했는데 마치 무대 위의 연극배우처럼 보였다. 수업명사의 타이틀을 가진 교감의 권력은 교사를 로봇처럼 프로그래밍된 대로 수업을 하도록 했는데 그러는 사이 수업에 대한 교사 본인의 열정과 창의성, 동료 교사들의 조언은 모두가 맥없이 무너져 버렸다.

더 우스운 일은 심사위원의 대부분이 실제 현장에서 수업하지 않는 수업연구 대회 입상 경력의 장학사나 교감, 교장들이라는 점이었다. 수업에서 멀어진 그들이 과연 올바른 심사를 할 수 있을까? 직접 학생을 지도하지 않는 사람들이 현직의 교사만큼 정확하게 현재 학생들의 학습목표 도달도와 참여도를 꿰뚫어 볼 수 있을까? 차라리 학년 담임을 맡은 교사들로 심사위원을 구성한다면 호응을 얻을지도 모르겠다.

언젠가 이런 내 생각을 다른 관리자에게 말했더니, "요리는 못해도 음식 맛은 볼 줄 안다. 수업은 안 해도 수업을 볼 줄은 안다."라고 했다. 나는 그렇게 생각하지 않는다. 수업을 하지 않으면 보는 눈도 없어진다.

수업명사제도를 유지하더라도 수업명사는 교사에 한정해야 한다. 장학사가 되고 교감이 되고 교장이 되어 더 이상 교실 수업을 하지 않게 되면 수업명사의 타이틀을 회수해야 한다. 더 이상 수업을 하지도 않을뿐더러 해가 갈수록 수업에 대한 감각도 떨어지고 전문성도 결여되기 때문이다. 단지 관리자라는 지위에 수업명사라는 타이틀이 더해져 교사를 앵무새처럼 옭아매는 도구로 사용될 뿐이다. 다시 말하지만, 수업이 대회가 되고 그 대회로 교사에게 등급을 매기고 줄을 세우는 순간 수업은 연극이 될 것이며 수업에서 배움은 사라지고 가르침만 남을 것이다.

많은 교사가 수업이 교사의 정체성이라고 하며, 수업을 더 잘하고 싶고 수업으로 성장하기를 원한다. 수업을 잘하는 교사 중에는 수업 대회나 수업명사라는 타이틀에 관심이 없는 경우가 많다. 동료 교사와 수업을 고민하고 그 속에서 배움을 얻는 기회를 좀 더 가지는 것을 기쁨으로 여긴다.

더 이상 수업으로 대회를 열고 교사에게 등급을 매겨 자존심에 상처를 입히지 말아야 한다. 교육청이 평가 기준을 만들어 수업 대회를 열고 관리자가 해당 학교 교사의 수업 대회 결과에 관심을 가지는 순간 교사 스스로의 수업에 대한 진짜 고민은 멈춰버리고 만다.

학교의 민낯: 이런게 학교라니?

주말에는 교사도 좀 쉬자

　얼마 전 돌봄전담사를 대상으로 한 연수가 평일 오전 교육지원청에서 있었다. 돌봄전담사는 오후에는 학교 돌봄교실을 운영해야 하니 부득이하게 오전에 연수를 할 수밖에 없다. 지원청의 연수 안내 공문에는 돌봄전담사는 평일 오전은 근무 시간이 아니니 출장과 초과근무를 동시에 복무 신청해서 올 수 있게 하라는 내용이 명시되어 있었다. 만약 돌봄전담사 연수가 평일 오전이 아닌 주말에 실시된다고 가정해 보자. 그 경우에도 당연히 근무 시간이 아니니 출장과 초과근무를 신청해야 한다. 만약 평일 오전이나 주말에 초과근무는 달지 말고 출장만 내고 오라고 하면, 과연 참석하는 돌봄전담사가 몇 명이나 될지 의문이 들었다.

　돌봄전담사의 연수 참가 공문을 보면서 교사들도 교육지원청에서 주말에 연수를 실시하거나 학생 대회로 초과근무를 시킬 때는 출장과 초과근무를 병행지급 하라는 행정 사항을 공문에 명시해 주었으면 하는 바람이 생겼다. 지금까지 교사의 초과근무를 명시한 공문을 받아 본 적이 한 번도 없다. 교육청에 문의하면 항상 똑같은 대답이 오는데 당해 학교의 교장이 판단할 문제라고 한다. 돌봄전담사는 교장이 판단 안 해도 지원청이 알아서 공문에 명시해서 보내주고 교사는 교장의 판단에만 의존해야 하는 이유를 모르겠다.

학교에서 교사의 출장여비와 초과근무수당의 병행지급에 대한 논의는 해마다 뜨거운 감자이다. '교육공무원 국내출장 기간 중 초과근무수당 처리지침 안내'를 보면 원칙적으로 병행지급은 불가능하나 수업시수에 직접적 영향을 주는 교육과정 운영상 불가피한 '수학여행 기간 중 야간학생지도 담당 교원', '주말 체육특기자 등 전국 규모 대회 등의 학생 인솔 담당 교원' 등에 대해서는 학교장의 판단하에 관계 법령 및 지침에 의거 실제로 당일 총 근무한 시간이 드러나는 객관적인 증빙이 있는 경우 출장여비 외에 초과근무수당 지급이 가능하다고 명시해 두었다.

- 객관적인 증빙 예시 : 교장, 교감 등 초과근무명령권자의 현지 확인서, 대회주관 협회 등의 해당 학교 학생들의 대회 일정 및 출전시간 확인공문 등
- 수당지급 불가 예시 : 수업시수에 직접적인 영향이 없는 보이스카우트, 문화유적지 답사, 소년 또는 전국체전참관, 현장체험, 각종 연수 등

이 지침에 의거하여 대부분의 학교에서는 주말에 잡힌 교사연수나 각종 대회의 학생 인솔이나 참관은 출장여비와 초과근무수당의 병행지급을 금지하고 있다. 주말에 출장비와 초과근무수당을 병행 지급할 시에는 반드시 사전계획을 세워 학생의 지도가 동반됨을 사전에 결재를 받아야만 한다. 혹시 감사에서 학생지도와 상관없는 경우에 출장여비와 초과근

무수당을 병행 지급한 사례가 있으면 주의나 경고를 받거나 이미 지급받은 초과근무수당을 전부 반납하는 경우도 종종 발생했다.

엄밀히 보면 출장비는 출장지까지 가는 데 소요되는 여비이다. 근무 시간 중의 출장이면 무리가 없으나 근무 시간 외에 출장을 가야 하는 경우 초과근무수당은 휴식을 할 수 있는 권리의 침해를 금전적으로 보상해 주는 개념으로 접근해야 한다. 학생의 지도 여부와 관계없이 기관장 또는 상부 기관의 지시로 교사가 휴식할 수 있는 권리를 강제로 침해당하면서까지 근무를 하게 했다면 그에 대한 보상을 반드시 해 주어야 한다. 그런데 출장비와 초과근무수당을 병행 지급할 수 없다는 것을 원칙으로 하여 학생을 지도하는 경우 그것을 증명하는 별도 계획이 수립되어야 초과근무수당을 줄 수 있다는 규정을 들어 불가함을 이야기한다. 이것을 다르게 해석하면 학생지도와 관련이 없으면 초과근무를 안 해도 된다는 말이 된다. 분명 주중이나 주말에 당해 학교에서 계획서나 보고서를 만드느라고 늦은 시간까지 근무를 하면 학생지도와 상관이 없어도 초과근무 신청을 할 수 있는데 학교 밖으로 나가서 업무를 보는 것은 인정할 수 없다는 것은 적용의 기준이 불명확하거나 형평성에 어긋난다고 볼 수 있다. 근무 시간 중의 출장은 여비 외에는 다른 보상이 필요 없다. 왜냐하면 근무 시간은 이미 월급으로 보상을 받기 때문이다. 하지만 주중 근무 시간 외의 시간이나 주말에 명령권자나 상부 기관의 필요에 의해서 교사에게 초과근무를 명하고 지시한 경우라면 그에 맞는 적절한 보상이 있어야 한다. 교사도 퇴근 후나 주말에는 충분히 휴식할 권리가 있다.

수학여행 답사를 예로 들어 보자. 수학여행은 명백한 교육과정의 일환이며, 교육과정 수행을 위해서 반드시 답사를 하도록 규정되어 있다. 수학여행 답사는 원격지에서 일어날 가능성이 크기에 1박 2일 출장을 내고 가지만, 받는 출장비로 교통비나 기타 경비를 제하고 나면 오히려 마이너스가 되는 경우가 허다하다. 그런데 수학여행 답사는 직접적인 수학여행과 달리 학생을 인솔하지 않아 학생지도와 직접 관련이 없는 일이다. 출장비와 초과근무수당 병행지급 지침에 따르면 수학여행 답사 출장 시 초과근무는 학생지도가 동반되지 않기에 답사는 수당지급 불가 항목이다. 그러면 초과근무를 신청할 수 없다는 말이 된다. 주말에 초과근무를 할 수 없다면 주중 근무 시간에 출장을 신청하고 교실의 아이들을 다른 교사에게 맡기고 답사를 다녀와야만 하는가? 쉴 수 있는 주말의 시간을 할애하지 않아도 되니 주중에 아이들을 팽개치고 답사를 떠나는 것이 더 현명한 일이라고 교사들이 담합이라도 해야 하는가? 주말에 수학여행 1박 2일 답사를 떠나면 토요일, 일요일 이틀을 꼬박 할애해야 한다. 그래도 하루 4시간밖에 못 다는 초과근무조차 달 수 없다면 누가 교사의 휴식권에 대한 보상을 해 줄 수 있는가? 오로지 교사의 도덕성과 봉사심에 맡기면서 교사가 정당한 권리를 주장하면 돈만 밝히는 속물 교사로 몰아가는 것이 과연 옳은가?

또 한 가지 예가 있다. 교육지원청에서 주말에 연수를 잡았는데 각 학교의 교감, 연구부장을 의무 참석토록 하여 경주까지 가서 실시하는 1박 2일 워크숍이었다. 교육청에 전화를 해서 주말에 가족과 약속도 있고 중요한 결혼식에 참석을 해야 해서 연수에 참가할 수 없다고 했다. 그래도 중요한 연수라서 꼭 와야 한다고 해서 복무 신청은 어떻게 하느냐고 질의했다. 학생지도가 아니니 원칙적으로 출장만 낼 수 있고 초과근무는 교육지원청 담당자의 소관이 아니라 학교장이 알아서 판단할 문제라는 답이 돌아왔다. 교육청이 일괄 공문을 낸 것을 각 학교 교장이 알아서 판단하면 교장에 따라 어떤 교사는 초과근무 신청을 하고 오고 어떤 교사는 그렇지 못하고 출장만 신청해서 가게 된다. 책임을 떠넘기는 전형적인 사례다.

교사의 연수나 주말에 실시하는 각종 대회에 참여를 누가 지시했느냐를 살펴볼 필요가 있다. 교육청이나 학교장이 필요에 의해 교사를 강제 동원한다면, 그 교사의 주말 휴식권은 강제 동원자가 보상하는 것이 마땅하다. 교육지원청에서 보낸 연수 공문에 대한 복무 기준이 교장의 판단에 따라 교사마다 다르게 적용되는 것은 타당하지 않다. 교사의 복무는 합리적인 판단이나 규정보다 관리자와 교육청의 지시에만 따라야 하는 것인가?

문득 학생지도를 하지 않는 시청과 같은 일반 공무원의 출장과 시간 외 근무에 대해 궁금해졌다. 예를 들어, 금요일 저녁에 발생한 태풍 피해로 인해 주말 긴급히 대민지원 및 시설복구에 동원이 된다고 하자. 관내 어느 지점까지 모여야 할 때는 교통여비가 발생하니 출장을 신청할 수밖에 없다. 하루 종일 대민지원 및 시설복구를 위해 괭이와 삽을 들고 주말 내내 동원되지만, 출장비와 병행 지급할 수가 없으니 하루 4시간의 초과근무도 달지 말고 일을 해야 하는 상황이 발생한다. 초과근무는 시간 외에 일어나는 학생지도와 상관없이 모든 종류의 근무를 포함해야 한다. 교사에게만 유독 학생지도를 하는 경우라고 제한하는 것은 적용의 형평성에 어긋난다.

나는 교사 시절부터 웬만하면 주말에는 연수를 가지 않는 원칙을 가지고 있다. 출장과 초과근무를 동시에 달아도 가족과 함께 시간을 보낼 수 있는 주말 휴식권이 나에게 더 중요하기 때문이다. 그래도 교육청에서 안내하는 행사나 연수 중에서 꼭 가보고 싶고 듣고 싶은 것이 있으면 출장만 달고 간다. 내가 원해서 가는 연수이고 공문에도 희망하는 사람만 오라고 되어 있으니 초과근무까지 다는 것은 무리라는 생각이 들어서이다.

그렇지만 내 희망 여부와 상관없이 반드시 행사에 가야 하거나 연수에 강제 동원되는 경우라면 상황이 달라진다. 교장에게 출장과 초과근무를 신청하고 결재가 나면 주말 휴식권을 포기하고 가지만, 만약 초과근무를 허락해 주지 않으면 나는 절대로 출장을 가지 않는다. 어차피 교육청에 문의해 봤자 당해 학교 교장이 판단할 상황이라고 돌아올 답변은 뻔하니까. 왜 출장을 오지 않느냐고 담당자에게 전화가 오면 당당하게 이야기한다. 누가 나의 주말 휴식권을 침해할 권리가 있는지 반문한다. 만약 그런 권리가 있다면 주말 휴식권을 빼앗아간 정당한 보상을 해 달라고 요구한다. 나는 학교와 학생들도 소중하지만, 가족과 함께하는 나의 주말도 소중하다.

많은 교사는 주말에 출장을 가면서 관리자와 싸워가며 초과근무까지 신청하는 패기를 보이지 않는다. 돈 문제로 갑론을박하여 속물 교사처럼 보이기 싫기 때문이다. 그러나 원하는 것은 있다. 출장비를 안 줘도 되고 초과근무수당을 안 줘도 되니 제발 주말에는 충분히 쉴 수 있게 해 달라는 것이다. 초과근무에 대한 보상도 제대로 해 줄 수 없다면 교육청은 주말 연수나 대회를 만들지 말아야 하며, 학교장은 주말에 초과근무를 명하지 말아야 한다. 주말에는 교사도 각자의 집안도 돌보고 자녀와 놀아주기도 하면서 충분히 휴식해야 한다. 그래야 가뿐한 마음으로 월요일 출근하여 교실의 아이들과 만날 수 있다. 충분히 쉬어야만 수업도 즐거운 것이다. 이런 교사들의 마음을 잘 읽어주는 것도 관리자와 지원청의 중요한 역할이다.

교육청의 권력은
어디에서 나오는가?

교육지원청은 여전히 권력기관이다. 교육청에서 교육지원청으로 이름표를 바꾸어 달면서 옛날 장학사가 위용을 떨치던 시절에 비해 힘이 많이 빠져 보이는 것도 사실이다. 그렇지만 이름만 지원청이지 여전히 학교를 대상으로 엄청난 권력을 행사할 수 있는 위치라는 것을 교사보다 관리자들은 더 잘 안다.

바로 교육지원청이 교장자격연수 대상자 선발을 위해 교감들에게 부여하는 50%의 근무평정 점수의 위력 때문이다. 교감의 근무평정 100% 중에서 본교의 교장이 50%, 교육청의 상대평가 점수 50%를 합산하여 근무평정 순위를 낸다. 대부분의 교장은 교감에게 50%를 만점으로 하여 교육청으로 보내니 어쩔 수 없이 교육청에서 등수를 정해야만 하는 상황이 발생하고, 그렇기 때문에 지원청이 쥐고 있는 50% 근무평정은 절대적인 영향력이 있다. 교장자격연수 대상자로 차출되기 위해서는 최근 3년 동안 지원청의 근무평정에서 상위권을 유지해야 하기 때문에 지원청의 요구에 교감 선생님들이 절대적으로 순응할 수밖에 없는 시스템이라

할 수 있다.

교감이 교육지원청에 절대복종하는 시스템은 필연적으로 교사들에게도 영향을 미친다. 이는 먹이 피라미드와 같다. 지원청 장학사는 교감에게 다양한 영역에서 '협조'를 요청한다. 협조 요청을 받은 교감은 장학사의 요구를 거절할 수 없으며, 학교 구성원의 합의를 거치지 않고 일단 협조하겠다는 답부터 하는 경우가 많았다. 그렇게 받아들여진 협조 요청은 결국 교사들이 해결하게 되는데, 교감의 근무평정을 매기는 교육지원청에 자기 학교의 교감이 잘 보이도록 해야 하기 때문이다. 물론 교사 역시 관리자의 명령에 복종하지 않고는 근무평정을 잘 받을 수밖에 없기 때문이기도 하다. 교장으로의 승진을 꿈꾸는 교사들은 반드시 교감이라는 직책을 거쳐야 하고 교감자격 대상자로 차출 받기 위해서는 본교의 관리자에게 좋은 근무평정을 받아야 하기 때문에 내키지 않아도 협조를 할 수밖에 없다.

근무평정의 먹이 피라미드 구조를 무너뜨려야 하는 이유는 교육지원청의 요구가 많은 영역에서 학교의 교육과정 정상화를 방해하기 때문이다. 지원청의 역할과 관련하여 초·중등교육법 제7조는 관할구역의 학교를 대상으로 교육과정 운영과 교수·학습방법 등에 대한 장학지도를 할 수 있다고 명시하고 있으나 이보다는 각종 실적용 사업과 우수사례 발굴을 위한 요구가 더 주를 이룬다. 학교가 민주적일 수 없고 교육과정의 자율적 운영이 말뿐인 허상이 되는 상황이 눈 앞에 펼쳐지는 시스템에서 교감들에게 교육지원청을 향하여 'NO'라고 용기 내어 말하라고 하는 것은 어쩌면 잔인한 일이다.

근본적 해결책은 교육지원청이 부여하는 교감의 50% 근무평정 점수

학교의 민낯: 이런게 학교라니?

를 없애는 것이다. 50%의 근무평정을 없애면 학교 전체가 지원청에 좌지우지되는 상황이 많이 줄어들 것이다. 지원청에서 부여하는 50%의 교감 근무평정 상대평가 점수를 없애고 나면 교장자격연수 대상자의 순위를 어떻게 선발할 것인가 하는 문제가 남는다. 그 문제는 교감으로 재직하는 동안 큰 물의를 일으키거나 징계를 받지 않았다면, 일정한 기간이 지나면 경력순으로 교장자격연수 대상자로 차출하는 방법으로 해결할 수 있다. 교감은 분명히 교장으로 가기 전의 인턴과정이다. 인턴과정을 교육지원청에서 서로 경쟁을 시켜 줄 세우기 하는 것은 누가 더 교육지원청에 협조적인가를 평가의 기준으로 삼겠다는 선언과 같다. 교육지원청은 그것마저도 없으면 학교의 협조를 받을 수 없고 지원청의 일이 잘 돌아가지 않는다고 할지 모르겠다.

분명한 것은 교육지원청이 하는 일은 지원청의 일을 돌리는 것이 아니라 학교를 지원하는 일이다. 학교를 비민주적으로 만들고 교사의 자발적인 능력을 무능하게 만드는 제도라면 하루빨리 바꾸어야 한다. 교감에서 교장으로 가는 구조가 일대일의 맞대응이 되는 것이 보편적인 상황이라면 굳이 교육지원청과 학교를 종속구조로 두는 시스템을 계속해서 구축하고 지속시킬 필요는 없을 것이다.

할당되는 연수,
의무참가 대회 불참 선언

교사의 하루를 더 바쁘게 하는 데는 갑자기 생기는 출장과 연수, 교육 지원청 대회 참여를 위한 학생지도가 큰 몫을 한다. 출장은 업무와 관련이 있다지만, 연수와 대회는 그렇지도 않다. 교육지원청에서 개설하는 연수와 대회는 대부분 희망자를 대상으로 하지 않고 학교별로 할당 인원을 배정한다. 연수 참가 신청 공문을 공람하게 하고 소개를 해도 희망하는 교사가 거의 없기 때문이다. 어쩔 수 없이 교육청에서 학교의 규모와 전체 교원 수에 비례시켜 6학급은 1~2명, 12학급 이상은 4~6명 이런 식으로 강제 배정을 한다. 교사들이 열정이 없어 연수에 적극적이지 않다는 장학사의 말을 들은 적이 있지만, 사실은 교육지원청에서 개설한 연수가 교사들로 하여금 듣고 싶은 매력이 없기 때문이다.

요즘 교사들을 보고 '연수 중독'이라고 하는 사람도 있다. 그런 말이 생길 정도로 전국 단위의 집합 연수를 방학이나 주말에 몇 시간을 달려가서 듣는 사람도 있고 소문난 원격연수도 꾸준히 찾아서 듣는다. 연수를 지나치게 많이 듣는다는 뜻이겠지만, 이런 연수들은 누가 강제한 것이 아니라 직접 선택한 것이고 자발적으로 공부하는 것이다. 그런데 연수 중독이라는 말을 듣는 교사도 교육지원청 연수는 듣고 싶어 하지 않는다. 지원청 연수에 뭐가 묻은 것도 아닌데 뭐가 그리 싫은 것일까?

먼저 교육지원청의 연수는 시도교육청의 정책을 홍보하거나 수행하기 위한 연수가 대부분이다. 무엇보다 콘텐츠가 교사들이 바라거나 듣고 싶은 것이 아니기 때문일 것이다. 해마다 반복되는 주제와 지역 단위의 강사로 시간을 땜질하는 수준이라는 것 또한 문제다. 그런 연수를 학교마다 인원수를 강제하여 참여하라고 한다. 아무도 갈 사람이 없으면 연수 담당 교사나 교무부장, 연구부장이 인원수를 채우는 비극이 발생한다.

강제성에 있어서 교육지원청 대회는 더 심하다. 지원청 대회 출전을 위해서 학생지도는 수업과 학교교육과정 운영과는 별도로 이루어진다. 학생을 선발하고 시간을 확보해 스파르타식으로 훈련을 시켜야 한다. 학생지도 실적이나 표창이라도 필요한 교사가 있으면 학교 입장에서는 그나마 다행이지만, 그렇지 않으면 굳이 교육과정과도 맞지 않는 영역을 지도할 이유가 없으니 담당할 교사도 없다. 그래도 배정된 참가 인원이 있어 업무 담당 교사는 학생들을 대회에 참가시켜야 한다. 대회 참가 실적이나 입상이 관리자의 성과급 지표 점수에 포함되어 있는 교육지원청의 경우에는 관리자들이 교사에게 대회 참가와 입상을 독려하는 경우도 있다. 그러다 최근 일부 혁신학교에서 교육지원청 대회로 인한 학교교육과정의 파행 운영과 희망 학생이 없음을 이유로 불참을 선언하자 교육지원청이 해당 학교의 교감에게 직접 협조 전화를 하기도 했다. 교감은 중간에서 입장이 난처해지고 그 학교는 교육지원청에 비협조적인 학교라고 미운털이 박힌다.

인원수를 할당까지 해 가면서 연수를 개설하고 교육청 대회를 실시하는 이유는 무엇인가? 하지 않으면 안 되는 이유가 있는가? 다양한 이유가 있겠지만, 왜 그런지 물어볼 수도 없고 또한 직접 답을 들은 바도 없기 때문에 아래 내용은 개인적인 유추에 불과함을 먼저 밝혀 둔다.

유력한 이유는 실적에 있다. 연수 개설이나 대회 실시가 교육지원청의 실적이 되고 도교육청은 이런 실적을 보고 지원청을 평가할 가능성이 크기 때문이다. 또 다르게 생각할 수 있는 한 가지 이유는 전년도 계획을 넘겨받은 장학사가 수요 희망이나 전년도 평가 사항을 반영하지 않고 아무런 변화 없이 작년의 방식대로 그대로 추진하는 것도 한 몫을 차지할 것이다.

도교육청에서 연수 안내 공문이 왔다. 황금 같은 열흘의 추석 연휴 기간에 있는 연수였는데도 불구하고 신청 인원이 많을 것이 예상되어 조기 마감될 수 있으니 선착순으로 빨리 신청해야 한다는 안내가 있었다. 그만큼 도교육청에서는 연수프로그램에 대한 강한 자신감이 있었나 보다. 교육청의 예상대로 신청은 조기 마감되었고 많은 교사가 아쉽게도 연수 참가신청을 하지 못했다.

교육청에서 개설하는 연수는 이래야 한다. 참가 신청을 할 수도 있고 안 할 수도 있어야 한다. 연휴 기간이나 방학 중이라도 연수가 좋으면 강제하지 않아도 교사들은 찾아오게 되어 있다. 교육청에서 혹은 연수원에서 단 한 번의 연수를 기획하더라도 해마다 답습하는 연수가 아닌 교사 스스로 참여하도록 듣고 싶은 연수를 만들어주어야 한다. 그러기 위해서는 장학사나 연구사는 한 발이라도 더 뛰어서 좋은 연수를 기획하고 안내할 수 있도록 정보를 구해야 한다. 해마다 반복되는 연수기획, 그래서

학교의 민낯: 이런게 학교라니?

참석 희망자가 없을 것 같은 걱정 때문에 학교로 연수 배정 인원을 할당하는 폐습은 이제 끝내야 한다.

교육지원청 대회도 마찬가지다. 학생들이 희망하지 않으면 교사는 종용할 수 없고 그런 교사에게 아이들을 지도하기 싫어서 대회에 참가하지 않는다는 누명을 씌우지 않아야 한다. 지원청의 대회는 합의하에 추진되어야 한다. 합의가 되지 않았는데 지원청의 실적을 위해 대회를 강행하거나 밀어붙인다면 수상 실적이나 표창이 필요한 교사들, 혹은 관리자의 성과급에 좋은 등급을 받게 해 주고 싶은 교사처럼 답답한 사람이 지도하면 된다. 대회 의무 참가로 동의도 받지 않고 힘으로 밀어붙이면 대회에 참가하고 싶지 않은 교사는 그냥 지도하는 흉내만 내면 된다. 물론 그것도 피곤하겠지만….

의원 요구 자료에 대한 신념

국회의 국정감사 기간이나 도의회 행정사무감사 기간이 되면 학교는 의원들의 요구 자료 때문에 수업에 지장을 받을 정도로 교사들이 업무에 시달린다.

아마 의원들은 모를 것이다. 자신들이 보내는 요구 자료를 교육부나 교육청, 행정실과 교무실이 아닌 수업하는 교사들이 대부분 처리한다는 사실을 말이다. 그리고 공문이 학교에 도착하는 순간 학생들의 자습 시간이 늘어난다는 것 또한 의원들은 알지 못할 것이다. 그렇지 않고서야 그 많은 요구 자료를 이처럼 거침없이 '요구'할 리가 없다. 그래도 '긴급'을 달지 않은 요구 자료는 양반이다. 당해 학년도 것만 요구하는 경우도 다행이다. 최근 3년 또는 5년 치의 자료를 취합하여 보고하라는 경우도 비일비재하고 오전에 접수되었는데 당일 오후까지 발송하라는 요구 자료도 적지 않다.

사실 학교에 근무한 경험이 없는 의원들의 요구 자료 내용을 보면, 대부분은 통계 자료를 얻기 위한 것인데 학교 현실을 몰라도 그렇게 모를

학교의 민낯: 이런게 학교라니?

수 있나 싶다. 어떻게 조사해야 정확한 자료가 되는지에 대한 고민이 부족해 보인다. 그리고 그 통계 자료를 교육적으로 어떤 효과를 기대하고 조사하는 것인지 오랜 교육경력을 가지고 있는 나로서도 도저히 짐작할 수 없는 경우도 허다하다.

의원들의 요구 자료는 두 가지의 문제를 가지고 있다.

첫째는 개인적인 견해이긴 하지만, 학교에서 접수하는 공문 중 가장 성의 없이 처리하는 게 국회나 도의회 요구 자료이다. 왜냐하면 정확하게 자료를 조사하기에는 너무 생산성이 없고 가치 없는 것이 의외로 많기 때문이다. 나름 조사를 해서 보내지만, 나도 그것이 정확한지 모르는 경우가 많았다. 예를 들면, 최근 3년간 계기교육 실적을 시간으로 조사하여 보내라는 것이 있었다. 학교에서 계기교육은 법적으로 시수를 정해서 이루어지지 않는다. 그러나 계기교육은 아주 중요한 영역이기도 하여 수시로 짬을 내어 실시하기도 한다. 그런 일을 달랑 공문 한 장으로 보내 취합하게 하면, 그 통계가 정확한 내용이라 여기는 모양이다. 의원들이 학교 통계 자료의 정확성을 진실로 믿고 있는 건지 아니면 통계에 의문을 갖고 조사를 하는 건지 알다가도 모르겠다.

두 번째 문제는 학교까지 전달되는 공문 내용이 해마다 이미 여러 차례 교육청으로 보낸 경우가 많다는 점이다. 공문을 받고 보면 '이거 어느 때쯤 제출한 것인데' 하는 것이 생각보다 많았다. 그런 경우 업무포털에 접속해서 몇 번 클릭해서 찾아보면 이미 제출한 적이 있는 자료와 비슷했다. 그러면 한숨부터 나온다. 의원 요구 자료의 가장 큰 문제가 취합되어 있는 자료에 대한 요구 자료 공문이 시도교육청이나 지원청에서 멈추지 않고 학교 현장까지 전달되어 다시 제출하게 한다는 점이다. 그렇게 많은 공문을 보고했고 그렇게 많은 통계 자료를 제출했는데도 왜 아직까지 통계시스템으로 취합하여 정리하지 못하고 사안이 있을 때마다 학교로 공문을 다 내려 보내는지 모르겠다.

의원들의 요구 자료에 대한 나의 태도는 한 가지다. 의원 요구 자료는 이미 제출한 것이거나 다시 조사하고 취합하는 데 까다로움을 요구하는 것, 이 두 종류를 벗어나지 않는다. 따라서 절대로 담임교사들에게는 의원 요구 자료의 처리를 넘기지 않겠다는 신념을 가지고 있다. 국회나 도의회 요구 자료를 접수하면 교감 선에서 대충 자료를 찾아보고 통계 내어서 보고하면 된다는 태도를 견지하고 있다. 적어도 나는 그렇게 한다.

학교의 민낯: 이런게 학교라니?

교사에게 떠넘겨지는
CCTV 공문

　내가 초임교감으로 근무했던 학교는 전교생이 50명도 되지 않는 6학급의 작은 시골 학교였다. 학생 수가 많지 않아 보건교사도 영양교사도 없다. 그런데 보건 관련 공문은 보건교사가 있는 학교와 똑같이 온다. 교사에게 이 일을 분장할 수 없어 교감인 내가 맡았었다. 보건 관련 업무를 맡아 처리하면서 놀라운 사실을 몇 가지 알게 되었다. 하나는 보건 관련 일들은 보건교육 전공자가 아니면 도저히 처리할 수 없다는 점이고, 다른 하나는 보건업무들은 교육학과 교수법과는 전혀 관련이 없는 새로운 영역이라는 것이다.

　교육 행정직이나 담임교사가 이 일을 맡든 교감이 맡든 전공자가 아닌 이상은 누구에게나 똑같이 생소한 일이다. 그러나 보건교사가 없는 많은 학교에서 보건교사가 원래 교무실 소속이라는 이유로 행정실에서 처리할 수 있는 일도 교무실로 넘어온다. 학교 환경과 시설에 관련된 일(공기질, 먹는 물, 유해환경 등)은 학생 교육과 큰 관련이 없지만, 보건교사의 일이라고 또 교무실로 업무가 넘어온다. 보건 관련 공문 외에 국회 요구 자료

중 예산과 관련성이 깊어 행정실에서 해야 할 자료도 교육지원과에서 발송된 공문이면 교무실로 넘어온다.

어떤 때는 행정지원과에서 온 공문이지만, 학생 교육과 관련된 공문이라고 또 교무실로 넘어온다. 행정실과 껄끄러운 일을 만들기 싫은 관리자들은 교사의 입장에서 생각하지 않으니 학교의 팀워크를 위해 그냥 만만한 교사가 처리해 주기를 원한다. 힘없는 교사들은 붙임 파일의 예산 관련 항목들을 채우기 위해 몇 번을 행정실로 찾아가 부탁을 하고 그리고 그것을 받아 말없이 기안을 한다.

어느 날 CCTV 관련 공문을 접수했다. 관련 공문에는 교감인 내가 할 수 있는 것도 있고 행정실이 했으면 하는 것도 있었다. 그러나 행정실에서는 교무실 업무라고 했다. 이유는 ① 학생안전과 관련이 있고, ② 학생폭력과 관련이 있고, ③ 정보보호와 관련이 있고, ④ 작년까지는 아무 문제 없이 교사들이 다 해 왔던 업무이니 지금 담당 교사가 있건 없건 CCTV 관련 업무는 교무실에서 해야 한다는 것이었다.

이 문제를 교육청에 문의해 봤지만, 본인들의 소관이 아니라 학교에서 교장 선생님이 잘 조정할 문제라고 했다. 조정이 잘 안 되어서 문의를 드린다고 하니 그 정도도 조정 못 하는 교장이라고 한순간에 무능한 교장으로 만들어 버린다.

나는 이렇게 문제 제기라도 한다. 교육청에 물어서 해결이 안 되니 SNS에 올려 의견을 묻기도 했다. 그러나 많은 학교에서 시끄러워지는 것이 싫어서 말없이 어느 교사의 업무로 진행되고 있을 것이다.

이제 교무실과 행정실의 업무에 대한 명확한 구분을 공론화할 시점이 온 것 같다. 초·중등교육법 제20조(교직원의 임무)에 다음과 같이 되어 있다.

학교의 민낯: 이런게 학교라니?

④ 교사는 법령에서 정하는 바에 따라 학생을 교육한다.

⑤ 행정직원 등 직원은 법령에서 정하는 바에 따라 학교의 행정사무와
그 밖의 사무를 담당한다.

위 법률을 보면 교사와 일반행정직의 임무를 명확하게 구분하고 있다.
초·중등교육법 제20조 제4항에서 말하는 '법령'에서 학생을 어떻게 교
육해야 하는지 살펴보기 위해 다시 초·중등교육법 시행령을 찾아보았다.

초·중등교육법 시행령 제36조의5(학급담당교원)

③ 학급담당교원은 학급을 운영하고 학급에 속한 학생에 대한 교육활
동과 그와 관련된 상담 및 생활지도 등을 담당한다.

초·중등교육법과 시행령에도 교사의 행정업무 수행과 관련한 법 조항
은 없었으며, 특히 담임교사는 시행령에서도 학급담당교원으로서 학생
의 교육활동과 생활지도에만 전념할 것을 한 번 더 명시하고 있다.

많은 학교에서 학생안전과 관련이 있다는 이유로 CCTV와 관련된 업
무를 담임교사가 처리하고 있다. 만약 이 논리가 정당하다면 철봉이나 시
소, 미끄럼틀, 체육관이나 학교 시설의 모든 것도 교사들이 관리해야 하는
지 되묻고 싶다. 학교의 많은 업무나 시설 중에서 학생의 교육과 안전에
관련되어 있지 않은 업무나 시설을 찾아내는 것이 더 쉬울지도 모른다.

물론 행정실이 처리하는 행정업무의 총량이 소수의 교직원으로 감당
하기에는 결코 적지 않음을 누구나 잘 알고 있다. 그래서인지 많은 관리
자가 학교의 행정업무를 인원수에 따른 규모의 경제 논리로 접근하는 경

우를 많이 보아왔다. 학교에서 교사가 다수이고 행정직원이 소수이니 다수인 쪽에서 소수의 일을 나누는 것이 더 효율적이라는 논리다. 하지만 이러한 논리는 각자 자리에서 해야 할 본연의 역할을 등한시하는 것이다. 간호사보다 의사의 수가 적다고 하여 환자를 치료하고 수술하고 처방해야 할 의사의 역할을 다수인 간호사와 나누면 더 효율적이라는 이유로 간호사에게 넘길 수는 없다. 의사도 간호사도 법에서 정한 각자의 역할에 충실해야 할 의무가 있는 것이다. 마찬가지로 법령에서 정한 교사와 행정직원의 역할은 각자의 영역에서 충실히 수행해야 한다.

앞서 언급한 것처럼 안타깝게도 교사들은 대학 시절 행정업무를 배우지 못했다. 어떻게 하면 학생들을 잘 가르칠 수 있고 올바른 민주시민으로 키울 수 있는지에 관해서만 공부했다. 그래서 누군가는 쉽게 처리할 수 있는 행정업무들을 방과 후에도 끝내지를 못한다. 특히 긴급을 요하는 공문이 교실로 토스가 되면 아이들을 자습시키고 쉴 새 없이 교무실과 행정실을 드나들어야 한다. 교사가 행정업무를 위해 교무실이나 행정실에 와 있는 동안 교실에서 학생의 안전사고 문제가 발생한다면, 징계나 처벌은 온전히 교사의 몫이다. 이러한 징계나 처벌에서 행정업무를 수행한다고 시간에 쫓겨 학생을 방치한 것은 법령에서 정한 교사의 학생지도와 수업의 임무를 충실히 수행하지 못한 것이기에 어떠한 감경 사유도 될 수가 없다.

CCTV는 분명히 철봉이나 미끄럼틀처럼 학교에서 관리를 해야 하는 시설물이다. 학교의 시설물을 교사가 관리해야 하는 경우는 없다. 만약 철봉에 대한 안전점검 분기보고 공문을 교사에게 지정한다고 가정해보자. 절대 교사들은 이것을 받아들이지 않을 것이다. CCTV는 오랫동안 학교에서 교사들이 처리해야 하는 행정업무의 전형적인 아킬레스건이 었다. 그래서 많은 교사가 분노하고 이에 대한 해결책을 관리자와 교육 청에 요구했지만, 소리 없는 메아리일 뿐이었다.

그러나 이 책을 읽는 독자들은 분명히 깨달아야 한다. 교사에게 학교시 설물을 관리하게 하고 업무를 전가한다면, 학생을 가르치고 교육해야 할 교사의 임무를 명시한 법령을 무시하는 처사이다. 학교폭력이 발생하여 CCTV를 돌려보고 진위를 파악하는 것이 교사의 일이지 평소에 CCTV 를 관리하는 것은 교사의 임무일 수 없다. 그동안 전국의 선출직 교육감 중 어느 누구도 CCTV 곁에 있는 교사들을 속 시원하게 해방시켜 주지 못했다. 이제 모든 교원단체가 나서야 할 때이다. 교사노조도 전교조도 교총도 거시적인 교육정책에 대한 접근보다 교사들이 직접 피부로 느끼 고 힘들어하는 일부터 관심을 가져야 한다. 그래서 교사에게 전가하면 안 되는 CCTV와 같은 행정업무부터 파악하고 살펴서 학교 현장에서 바로 잡아 나가는 일에 교원단체들이 힘을 모아야 한다. 행정실이 교사의 수업 과 교육을 지원하는 게 아니라 교사가 행정실의 업무를 지원하고 있는 학 교 현장의 잘못된 모습을 이제는 바로 잡아 나갈 때가 되었다.

상식적으로 업무는 일주일 치를 하루 만에 할 수 있지만, 학생을 가르 치는 일은 하루 만에 할 수가 없다. CCTV와 같은 업무가 교사들에게 계 속 떠넘겨진다면, 교사들은 초인적인 힘을 발휘할지도 모른다. 일주일의 수업을 하루 만에 하고 나머지 요일에는 학생들을 자습시킨 채 업무를 계속하고 있을 것이다. 어쩌면 선생님을 학생들 곁으로 보내겠다는 교육 청의 야심 찬 구호는 허공에 맴돌게 될지도 모른다. 왜냐하면 선생님들 이 늘 CCTV 곁에 있어야 하기 때문이다.

교감이 되면
의전부터 알아야 하는가?

　교감자격연수 대상자에 선정이 되고 첫 연수를 받던 날의 흥분을 잊을
수가 없다. 그런데 막상 연수를 마치고 나니 뭘 배웠는지 느낌이 오지 않
아 나 자신에게 곰곰이 되물어 봤던 기억이 있다. 많은 강의를 들었지만,
그중에서도 다음 3가지 내용이 오랫동안 기억에 남았다.

　첫째, 무조건 참아야 한다.
　둘째, 입은 닫고 지갑은 열어야 한다.
　셋째, 교장보다 똑똑하면 안 된다.

　교사에서 교감이 되는 연수가 교감을 만드는 것인지 할 일 없이 자리
만 보전하는 바보를 만드는 것인지 헷갈린다. 학교 문화는 어떻게 변해
야 하는지, 왜 학교는 민주적이어야 하는지, 교사의 자발성을 형성하기
위한 관리자의 역할은 무엇인지 등에 대한 심도 있는 논의와 토론의 시
간이 부족했다. 강의도 그렇지만 연수에 참석한 사람들의 관심도 자격연

수 시험 성적이었고 얼마나 빨리 발령이 나는지, 교장과는 어떤 관계를 유지해야 하는지에 더 집중하는 듯했다.

　교감자격연수에서 나를 충격에 빠트린 연수 과목이 하나 있었다. 바로 의전이었다. 수업만 하는 교사와 달리 방문객을 맞을 일이 많아질 교감에게 쓸모없는 영역은 아니겠으나 교사의 업무를 덜어내고 지원하는 역할에 대한 연수도 모자라는 판에 의전을 연수프로그램으로 넣은 이유가 궁금했다.

　의전의 사전적 의미는 '정해진 격식에 따라 치르는 행사'이다. 격식은 또 무엇인가? '격에 맞는 일정한 방식'이라고 하니 의전은 '격에 맞는 일정한 방식으로 치르는 행사'라고 하면 맞을 것이다.

　학교에서 격에 맞는 일정한 방식으로 치르는 행사가 얼마나 되는가? 학부모를 포함한 외부 손님을 초대하는 경우라면 입학식, 교육과정 설명회, 학예회, 졸업식 정도가 있을 것이다. 그러나 이 행사 중에서 의전을 배운 교감이 행사를 추진하거나 당일 진행을 하는 경우는 얼마나 될까? 대부분은 의전을 배우지 않은 교무부장이나 업무담당자가 행사 기획과 진행을 하고 교감은 기획안에 대해 결재만 한다. 그런데도 교감자격연수에서 의전을 배운다는 것은 부장이 격에 맞게 행사를 잘 추진하고 있는지 확인하기 위함이라는 말이 된다.

　그러나 연수에서 배우는 의전은 정해진 격식에 따라 행사를 치르는 방법이 아니라는 것을 연수를 받는 모두는 잘 안다. 교감자격연수에서 말하는 의전은 외부 손님이 학교로 왔을 때, 특히 교육장이나 교육감, 장학관이나 장학사들이 왔을 때, 어떻게 접대해야 하는지를 교감쯤 되면 알고 있어야 한다는 것이었다. 교무부장 시절부터 교감이 되기까지 귀에 못이 박이도록 들었던 의전의 중요성과 내용은 학교에 높은 분이 오면 누가 어디까지 마중을 나가야 하는지, 현관에 실내화는 어떻게 놓는지, 교장실 좌석 배치는 어떻게 해야 하는지, 차를 놓는 순서는 어떠한지 등 매우 섬세하게 손님맞이를 해야 한다는 내용이었다.

이러한 의전의 바탕에는 매우 권위주의적이고 계급주의적인 발상이 깔려있다. 권위주의적 의전문화를 교감자격연수에서 배우고 나면 승진 후 교사들로부터 교감지위에 상응하는 대우를 당연히 받아야 한다는 마음이 생기지 않을까 걱정이다.

손님을 맞이하는 예의와 범절을 무시하라는 것이 아니다. 그러나 교감 연수에서의 의전과 예의를 근간으로 하는 의전은 분명히 다르다. 학교에서의 의전이 예의라고 규정한다면 교감연수에서 당연히 필요하다고 할 수 있다. 정성을 다해 학교를 방문하는 손님을 맞이하기 위해서 그리고 행사 진행의 효율성과 혼란을 막기 위한 목적으로 의전을 적용해야 하기 때문이다. 그것을 전제로 할 때 학교에서의 의전 대상도 바뀌거나 확대되어야 한다. 학교는 학교만의 특수성이 있다. 방문자에 대한 의전을 꼭 해야 한다면 상부 기관에서 방문하는 분들뿐 아니라 학교를 방문하는 모든 손님들에게 이에 준하는 관리자의 의전이 필요하다.

윗사람만 고려한 의전 연수가 아니라 학교의 특수성을 고려한 의전 연수였다면, 연수를 듣는 동안 마음이 이렇게 힘들지는 않았을 것이다.

학교의 민낯: 이런게 학교라니?

학교의 본모습: 이런 게 학교다!

4장

관리자의
역할

적극적으로 격려하고
아낌없이 지원하자

    2015 개정 교육과정은 미래 사회 역량을 갖춘 능동적이고 창조적인 인재를 육성하기 위해 학생의 참여 활동을 강화하여 배움의 즐거움을 알게 하고, 학습의 흥미와 동기를 높여 꿈과 끼를 발휘할 수 있도록 하는데 있었다. 2022 개정 교육과정은 더불어 살아가는 공동체적 소양이나 서로를 존중하고 배려하는 성숙한 인격의 신장을 위한 포용성을 갖추게 하고, 미래 사회가 요구하는 다양한 역량과 국제적으로 경쟁력 있는 창의성을 갖춘 인재 육성에 교육의 방향성을 설정하고 있다. 교육과정이 개정될 때마다 시도교육청은 교육부의 개정 교육과정에 발빠르게 대처하며 미래 인재 양성에 맞추어 각종 교육정책을 쏟아낸다. 국가와 교육청 수준의 교육과정에 맞춘 교육정책의 핵심은 대부분 교실 수업의 변화와 개선을 통해 미래가 추구하는 인재를 양성하겠다는 명제의 큰 틀을 벗어나지 못한다. 많은 시도교육청이 배움중심수업과 교사들의 전문적 학습 공동체를 활성화하도록 하여 교실 수업의 변화를 이끌어내고자 한다. 이를 위하여 교사들의 자생적 연구회와 관주도의 연구회를 활성화시키고

예산을 지원하면서 교실 수업 변화와 개선에 대한 교사들의 의지를 끌어올리고자 하는 각종 정책들도 쏟아낸다. 그렇다면, 교실 수업 개선을 위한 교육지원청의 노력은 어떠한가? 지원청은 도교육청에서 전달되는 행정적인 지시와 업무를 처리함과 동시에 수업의 변화도 모색해야 하는 이중고에 놓여있는 실정이다. 행정업무의 양이 적지 않은 상황에서 현장의 배움중심 수업의 지원까지 숨이 턱까지 차는 형편이다.

한 발 더 현장으로 가까이 가서 학교는 어떠한지 살펴보자. 수업이 변화를 논하기 전에 학교의 관리자는 어떤 교사를 선호할까? 수업보다는 아무래도 교육청의 지시사항을 잘 처리하고 보고를 빠뜨리지 않으며 정책의 실적도 잘 정리하는 등 행정업무를 잘 처리하는 교사를 선호할 것이다. 교사가 수업을 잘해야 하는 것은 당연하니 말할 것도 없다는 것을 전제로 하면서 말이다. 교사가 수업을 열심히 하고 학생들에게 최선을 다해도 수업의 결과는 당장 표가 나지 않는다. 그렇다 보니 교사에게 수업은 업무처리보다 뒷전이 된다. 수업을 게을리해도 학부모에게서 민원 전화가 오지 않는 한 교육청으로부터 수업을 제대로 하라는 전화를 받는 것을 본 적이 없다. 하지만 공문 하나 잘못 발송하거나 시기를 놓치면 바로 교육청에서 독촉 전화가 오고 교육청의 전화를 받은 교감은 수업시간, 쉬는 시간 구분 없이 교사에게 전화를 하거나 메신저를 통해 당장 일을 처리하라고 지시한다. 교육과정이 개정되고 교육감이 교실 수업 개선과 혁신을 강조해도 그것이 현장의 교사에게까지 잘 전달되지 않는 이유 중 하나이다. 동상이몽의 전형이다.

도교육청의 교육정책은 교육감의 의지만으로 실현되지 않는다. 결국 이를 실현해 낼 수 있는 사람은 현장의 교사이다. 교사가 실천하지 않으면 아무 소용이 없는 것이다. 따라서 다양한 정책을 만들어내기보다 교사의 실천을 견인할 방법을 모색하는 것이 선행되어야 한다. 교사를 격려하고 움직이게 하는 것은 교육감도 교육장도 아니다. 교사 가까이에 있는 교장과 교감이다. 교육활동을 지원하고 격려해줄 수 있는 거리에 있으며, 교사에게 닥친 시련도 가장 먼저 알아낼 수 있기 때문이다.

　관리자는 현장의 최전선에 서 있는 최고의 지원자여야 한다. 교육감이 아무리 교육을 강조해도 교육의 현장감을 알 리 없으며, 설령 안다고 해도 교사 개개인의 어려움을 직접 지원할 수 있는 자리도 아니다. 단위 학교의 관리자는 교육감이 하지 못하는 학교 혁신을 실제로 지원할 수 있는 최적의 자리에 있다. 교감이 되고 보니 교사들을 위해 할 수 있는 일을 찾아 둘러 볼 수 있는 여력이 생긴다. 교사였던 시간이 더 멀어지기 전에, 내 몸이 교사였음을 기억하고 있을 때 조금이라도 교사의 입장에서 필요로 하는 지원을 생각하고 실행해야 한다. 교감승진 인사로 친구들이 보낸 메시지 중 '교감이 되면 입은 다물고 지갑은 열어라'는 말이 있었다. 입을 다물라는 말은 입만 가지고 지시하고 통제하지 말라는 뜻으로, 지갑을 열라는 말(밥이나 술을 사라는 말에 한정되는 것은 아닐 것이다)은 아낌없이 지원하라는 뜻으로 해석했다. 허물없는 친구들이 교감 똑바로 하라고 보내는 메시지인 만큼 나는 이를 더욱 무겁게 받아들인다.

　업무보다는 수업을 더 중시하는 것이 학교의 본질임을 알고 그 본질을 교사들이 잘 지켜낼 수 있도록 최일선에 있는 교감의 적극적인 지원과 격려가 필요하다. 그것이 전제로 되었을 때 비로소 교사를 학생 곁으로 보낼 준비가 되었다고 본다. 그런 후에야 마음속으로나마 내가 교사를 학생 곁으로 보냈다는 잘난 척도 한번 해 볼만 하지 않겠는가?

교감도 힘들지만,
교사도 힘들다

교감으로 발령받은 지 8년이 지났다. 교감을 해 보니 힘이 참 많이 든다. 많은 관리자가 교감을 할 때 제일 힘든 일이 사람 관리라고 한다. 교감으로서 사람 관리가 힘든 건 상대해야 할 대상이 너무 다양하고 그들에 따라 대응하는 방법이 달라져야 하기 때문이다. 교장 선생님, 행정실의 교육행정직, 교사, 비정규 공무직원, 학부모, 학생, 교육청 장학사 등···. 그래서 나도 사람 관리가 제일 힘들다는 말에 동의한다.

교감이 사람과의 관계에서 가장 힘들어하는 대상은 만나는 횟수로 볼 때 교사일 가능성이 가장 크다. 그런데 아이러니하게도 교감의 사람 관리(물론 사람이 사람을 관리한다는 말도 우스운 이야기지만) 중 가장 힘든 상대는 교사가 아니었다. 나는 대부분의 교육과정을 선생님들께 믿고 맡기니 교사를 대하는 것은 별로 힘들지가 않다. 선생님들이 원하는 것을 들어주고 선생님들의 의견이 교육과정에 직접 녹아날 수 있도록 민주적인 문화 속에서 지원만 하면 되니 선생님을 관리한다는 말 자체가 어불성설이다.

솔직히 가장 관리하기 힘든 사람은 교장 선생님이다. 교사를 대하는 어려움이 열이라면 교장 선생님 한 분을 상대하는 것은 백이고 천이었던 것 같다. 교감이 되고 나서 여섯 분의 교장 선생님을 모셨다. 여섯 분의 성향들이 극과 극이어서 교감인 나에게 요구하는 것도 달랐고 교육관 또한 확연한 차이를 보였다. 누가 더 옳다 그르다는 문제를 떠나 교감으로서 교장을 대하는 태도가 완전히 달라져야 했는데 그것은 작지 않은 심적 부담이었다. 물론 현재 내부형 공모교장으로 만난 교장선생님은 평생에 한 번 만날 수 있을까 싶을 정도로 궁합도 잘 맞아 마음이 참 편하다. 그러면서도 또 이분을 떠나보내고 나면 새로운 교장 선생님과 잘 맞추어야 한다는 두려움에 사로잡혀 있다.

교감도 엄연한 관리자의 한 축인데도 불구하고 자기 소신을 접고 교장의 지시만 따라야 하는, 어떤 때는 교사였을 때보다 더 자신의 교육적 철학을 펼치지 못하는 경우도 있다. 자신들이 교감일 때 그랬던 것처럼 현재의 교감도 교장을 모시기만 해야지 자기의 의견을 내세우거나 반대하는 것을 원하지 않는 교장이 많기 때문이다. 맹목적으로 지시에 따르기만을 요구하기 때문에 교감들은 교장을 가장 상대하기 힘들어한다.

두 번째로 교감에게 힘든 것은 업무인데 이것은 마음먹기 나름인 것 같다. 교감의 본연의 업무인 인사업무를 빼고 나면 나머지 업무는 교사들에게 골고루 배분하면 되니 수업하지 않는 교감으로서는 그렇게 업무가 힘들다고 할 수 없다. 그러나 마음먹기에 따라 업무가 훨씬 많아질 수도 있다. 선생님들을 업무에서 벗어나게 하여 학생 교육에 충실하게 매진할 수 있게 해 드리고자 마음을 먹는 순간 학교의 모든 업무에 매달리게 된다. 이 순간부터 교감은 보람을 먹고 살아야 한다. 많은 초임 교감 선생님이 첫 출근 후 책상 밑에서 웃음을 흘린다는 이야기가 있다. 20년 넘게 해오

학교의 본모습: 이런 게 학교다!

던 수업을 갑자기 하지 않아도 되는 홀가분함 때문이라고 한다.

나의 교감으로서의 첫 출근 아침을 기억한다. 선생님들이 교실로 들어가고 나면 홀가분할까 하는 생각이 들었지만, 막상 1교시가 시작되자 교실에 들어가지 않는 미안함에 어쩔 줄 몰라 했다.

수업을 안 하니 교감이 정말 편하다. 교감의 노고를 두 가지로 정리했지만, 교감이 힘들다는 말은 비교 대상을 정확히 한 다음 해야 한다. 교감 8년을 포함하여 나의 교직 생활을 돌아보아 제일 힘들었던 것은 분명히 수업과 학생들 생활지도이다. 요즘 선생님들의 노고는 하나가 더 늘었는데 학부모도 상대해야 한다는 것이다. 내 경험에 비추어 볼 때 학생들을 가르치고 상대하며 날마다 쏟아지는 업무에 시달리는, 그리고 학부모의 온갖 요구에 대응해야 하는 교사가 훨씬 힘들다. 수업에 대한 부담은 교장 선생님, 행정실의 교육행정직, 교사, 비정규 공무직원, 학부모, 학생, 교육청 장학사 등 모든 사람을 홀로 상대해야 하는 부담보다도 훨씬 더 큰 것 같다.

정말 수업하는 교사보다 교감의 일이 더 힘든지 진심을 말해 달라고 부탁하고 싶다. 교사는 교감이 힘들다고 하는 사람을 대하는 일과 업무를 처리하는 일 두 가지 모두를 수업과 병행해야 한다. 나는 그런 교사들 앞에서 교감이 더 힘들다고 말할 염치는 없다. 교사 시절을 지나온 교감 선생님들도 그 시절의 기억을 리셋하지 않기를 바란다. 그리고 선생님들께 가끔 마음을 전하시기를 부탁드린다.

"선생님 힘드시지요. 제가 도울 일은 없나요?"

교무실에서 차를 한 잔 마시다가도 수업시간에 맞춰 교실로 들어가는 선생님들을 보면서 무엇을 하나라도 더 도울 수 있지를 고민하는 일이 교감의 진짜 업무다.

학교 행사의 진행은
교감이 하자

　신입생을 맞이하는 입학식은 해마다 학교의 첫 행사이자 어쩌면 가장 중요한 행사이다. 아무리 규모가 작은 학교라도 새 가족을 맞이한다는 의미에 학생 중심의 학교 문화, 학부모의 참석이 더해져 입학식은 격식을 갖추어 진행된다. 이처럼 격식을 갖추는 학교의 행사는 입학식을 포함하여 교육과정 설명회, 졸업식 정도로 정리된다.

　여러 행사에서 식을 주관하고 진행하는 사람은 일과운영의 업무를 맡고 있는 교무부장이다. 그런데 교무부장이 식을 진행하는 것은 초등학교에서는 몇 가지 면에서 보기가 불편하다. 교무부장이 다행히 비담임이나 전담교사이면 무리가 없으나 담임교사인 경우 식을 준비하는 시간과 진행되는 시간 동안 교무부장 학급의 학생들은 지도 교사가 없는 상황에 놓인다.

　식이 진행되는 동안 교감은 아무런 역할이 없다. 교장은 인사말이나 훈화라도 하지만, 교감은 졸업식의 학사보고 이외에 마이크를 잡는 일도, 행사에 직접 참여하는 일도 없다. 이뿐만 아니라 대부분의 행사에서 아무 역할이 없는 교감의 포지션은 어정쩡하다. 그럼에도 불구하고 지금까지 한 번도 교무부장을 대신해 교감이 행사의 사회를 보는 경우를 보지 못했다. 그래서 각종 행사에서 내빈석에 앉아 식이 진행되는 것을 바라보기만 하는 마치 외부 손님 같기도 한 교감이 사회를 보면 안 될까 하는 의문이 들었다. 교감이 사회를 보면 담임교사가 행사를 진행하는 동안 그 반의 학생들을 내버려 두는 일도 없고, 무엇보다 교감이 내빈석에 앉아 있는 것보다 역할이 있는 것이 모양새도 좋을 것이다. 또한 경륜이 있으니 누구보다 깔끔하게 식을 진행할 수 있을 것이다.

마찬가지로 3월과 9월 즈음에 이루어지는 교육과정 설명회에서 한 해 교육과정의 안내는 교장 선생님이 하면 좋겠다고 생각한다. 대부분의 학교에서 교육과정 설명은 연구부장이 맡는다. 그러나 일 년 중 가장 많은 학부모가 학교를 찾는 교육과정 설명회는 학교를 대표하여 교장 선생님이 설명을 했으면 한다.

도교육청에서 실시한 혁신학교 추진 유공자 해외연수에서 독일의 학교를 방문한 적이 있었다. 외국에서 온 우리에게 본교의 교육과정을 처음부터 끝까지 교장 선생님이 직접 만든 발표 자료를 보여주면서 설명을 하고 질문에 응대를 했다. 그 모습을 보면서 '어떻게 교장이 연구부장만큼 학교교육과정을 잘 알고 있을까' 하는 신기한 생각이 들었다. 한국의 교육과정은 학교의 교육과정이 아닌 연구부장의 교육과정이다. 연구부장 혼자서 며칠을 고생해서 만들고 나면 아무도 보지 않고 책꽂이에 꽂아두거나 넣어둔다고 해서 정성식은 『교육과정에 돌직구를 던져라』 (2014)에서 '캐비닛 교육과정'이라고도 했다. 다행히 근래는 혁신학교들을 중심으로 교육과정을 연구부장이 혼자서 만드는 것이 아니라 전 교직원이 협의하여 생각과 철학을 공유하며 만들어가는 문화가 확산되고 있다. 관리자와 교직원이 함께 모여 우리 학교 아이들에게 심어주고자 하는 가치를 정하고 학교의 비전을 세우고 교육과정을 새롭게 만들어 나간다. 이러한 학교에서는 유럽의 선진학교와 같이 교육과정은 학교의 수장인 교장이 직접 안내를 하는데, 무엇보다 학부모에게 학교에 대한 믿음과 교직원의 의지가 잘 전달될 것이기 때문이다. 교육과정 설명회는 더 이상 연구부장의 발표 자리가 되어서는 안 된다.

이제 학교의 모든 의식과 진행을 교장 선생님과 교감 선생님에게 돌려드리자. 교육과정 설명을 교장 선생님이 하도록 하고 입학식과 졸업식뿐만 아니라 애국조회, 운동회 등 모든 행사의 진행을 교감 선생님에게 돌려드리자. 왜냐하면 누구보다 더 잘 진행할 수 있을 것이며, 본디 그것이 그분들의 역할이기 때문이다. 또한 식을 마친 후 교실로 돌아가서 바로 수업을 시작해야 하는 교사의 수고로움을 조금이라도 덜어줄 수 있으니 이 또한 얼마나 좋은 일인가?

○○초 이야기

행사의 사회는 교감이 한다

○○초의 가을 계절학교의 마지막은 마을 주민과 학부모가 함께하는 마을 축제이다. 계절학교 운영에 대한 협의에서 마을 축제에 대한 부분이 가장 많은 시간을 차지하는데 그만큼 학교로서는 중요한 날이기 때문이다. 추수하는 가을이 되면 송장도 벌떡 일어나 일손을 거든다는

학교의 본모습: 이런 게 학교다!

옛말이 생각날 정도로 당일 선생님들의 일과는 촘촘하다. 그러다 보니 축제일에 가장 한가한 사람이 교감이라는 것이 금방 드러난다. 다행히 우리 학교 선생님들은 나를 교감이라고 어렵게 생각하지는 않으니 축제의 사회를 맡아 달라고 요청했고 나는 그에 흔쾌히 응했다. 그렇게 축제의 사회는 교감이 담당하게 되었다. 축제에서 교감인 내가 맡은 역할은 두 가지였는데, 교사들이 만드는 축하 무대 율동을 준비하여 공연하는 것과 축제의 사회가 내 몫이었다.

사회를 맡는 동안 내가 교감이라는 생각이 한 순간도 들지 않았다. 교사들과 한 마음이 되어 축제를 잘 진행해가야 한다는 책임감이 좋았고 내 역할이 있어 무엇보다 즐거웠다. 교사들이 아이들 곁에 있을 수 있게 했고, 내가 맡은 만큼의 수고를 덜어준 것이니 그것이 크지 않더라도 의미 있게 다가왔다. 추측하건대 다른 학교의 교감 선생님들도 나와 같은 역할을 갖고 싶은지도 모른다. 교감이 되면 학교 행사에 직접 참여하지 않는 것이 관습처럼 굳어져 시도조차 하지 않기 때문에 내가 맞본 이토록 큰 즐거움을 느끼지 못하는 것이다.

안전에 대한
관리자의 책임 있는 자세가
교육을 살린다

관리자는 학생안전사고의 책임에서 벗어나겠다는 욕심을 버려야 한다. 학생안전사고는 언제 어디서든지 일어날 수 있음을 받아들여야 한다. 물론 안전사고가 일어나지 않도록 최선을 다하여 예방하고 만전을 기해야 하는 것은 당연한 일이다. 그러나 안전사고를 핑계로 관리자들이 교사들의 교육활동을 방해하거나 위축시키는 사례가 빈번하다. 어떤 교사도 학생들의 안전사고를 바라지 않는다. 또한 어떤 교사도 안전사고의 책임에서 자신이 벗어날 수 없음을 잘 알기에 항상 주의를 기울이고 최선을 다한다.

안전사고에 대한 책임과 걱정만을 염두에 두는 경우 극단적으로 말해 학교에서 할 수 있는 교육활동은 없다고 보아야 한다. 예를 들면, 중간놀이시간이나 점심시간에 교사가 운동장에서 함께 아이들을 보살필 수 없다면, 학생들을 운동장으로 내보내지 말고 교실에만 있으라고 해야 한다. 또한 안전사고의 위험이 너무도 많이 도사리고 있는 각종 체험학습이나 수학여행 등도 없애야 하고, 과학이나 체육 같은 과목은 항상 다칠

학교의 본모습: 이런 게 학교다!

위험이 있으니 이 또한 없애고 가르치지 말아야 한다.

어떤 관리자는 교사에게 쉬는 시간이나 점심시간에도 운동장에 나가서 학생들 옆에 붙어있기를 원한다. 그렇게 하려고 해도 아이들이 학교 구석구석에 흩어져 있어 가능한 일도 아니다. 교사도 정신적, 신체적으로 한계가 있는지라 아이들이 쉬는 틈을 타 동시에 쉬어 주어야 한다. 쉰다는 그 시간이 사실 쉬는 시간도 아니다. 커피를 한 잔씩 타서 들었다는 것뿐이지 사실상 교육과정과 일과에 대해 이야기를 나누는 협의회 시간이다. 동료 교사들과 학생들의 이야기를 나누니 이게 쉬는 것인지 업무의 연장인지 구분을 못 할 정도로 모호한 시간이라는 것은 교사 시절을 경험한 모두가 다 아는 사실이다. 교사도 쉬어야만 다음 수업을 알차게 진행할 수 있다. 노동 후 휴식시간을 가지지 않는 근로자가 어디에 있는가?

쉬는 시간의 안전사고가 걱정된다면 그 시간에 관리자가 밖으로 나가 아이들을 살펴보는 것도 좋을 일이다. 학생 하나하나에 관심을 가질 수도 있고 학생들이 즐겨 사용하는 놀이 시설이나 건물 내외의 위험요소도 더 직접적으로 확인할 수 있을 것이다. 교사는 다음 수업을 위해 쉬게 하고 수업이 없는 관리자들이 직접 운동장으로 나가 학생들의 안전을 보살피는 것이 내 일 네 일의 역할분담을 넘어서는 훌륭한 팀워크라고 할 수 있다.

아이들을 교실에서 조용히 꿈쩍도 못 하게 하고 책상에 가만히 앉아 책만 읽게 지도하면 절대로 안전사고는 발생하지 않는다. 안전 교육은 아이들을 안전하게 보호할 수 있는 예방 교육도 중요하지만, 보호하는 것에만 머무르지 않아야 한다. 오히려 안전하지 않은 상황을 만났을 때 어떻게 대처해야 하는지를 함께 가르치는 것이 바람직한 방향이다. 다큐멘터리에서 본 유럽의 어느 초등학교에서는 학생들이 숲에서 밧줄을 나무에 메고 줄을 타고 내려오는 훈련을 매월 실시하고 있었다. 한국 기자가 너무 위험하지 않느냐고 묻자 그 교사는 이렇게 답했다.

"지금 사고가 나는 것은 조금 다치고 말 일이지만, 이것을 배우지 않으면 이런 일을 당했을 때 목숨이 위태로울 수도 있습니다."

교감이나 교장이 모든 안전사고를 막을 수는 없다. 다만 더 큰 안전사고가 일어나지 않도록 평소 현실적인 안전 교육에 관심을 가져야 할 것이며, 이에 더하여 책임을 회피하거나 벗어나려고 하지 말고 책임도 같이 질 수 있는 관리자가 되어야 할 것이다.

많은 교사가 다음과 같은 관리자의 외침을 듣고 싶어 한다.

"선생님, 안전이 교육을 망치는 일이 없도록 해 주세요. 모든 책임은 제가 함께 지겠으니 걱정하지 마시고 학생들이 자신의 역량을 마음껏 펼칠 수 있도록 힘써 주세요."

○○초 이야기
자전거 하이킹
○○초는 낙동강 줄기를 따라 뻗은 둑 너머에 자리하고 있다. 강둑을 따라 자전거도로가 이어져 있는데, 나 혼자 자전거를 타고 멀리 양산시까지 가 보고 온 뒤 우리 학교 아이들과 하이킹을 가보면 좋겠다는 생각을 했다. 그 생각을 한 것은 학교 창고에 쌓여 있는 자전거를 본 뒤

학교의 본모습: 이런 게 학교다!

였다. 어느 해 학교에서 자전거를 대량 구입했던 모양인데, 관리가 되지 않은 채 창고에서 먼지만 쌓인 채 썩고 있었다. 시간이 날 때마다 나는 자전거를 한 대씩 꺼내서 닦고 고치고 기름칠을 해서 탈 수 있도록 정비를 했다. 지나가는 아이들이 "저거 우리도 탈 수 있는 거예요?"라며 흥미를 보여 자전거 수리는 더욱 박차를 가할 수 있었다.

안전모 등 안전 장구를 구입하고 점심시간마다 자전거를 타지 못하는 아이들을 연습시켰더니 아이들은 서로 가르쳐 주기도 하고 시간이 날 때마다 스스로 연습을 했다. 모두가 자전거를 탈 수 있게 되었을 때 아이들과 함께 낙동강 변을 따라 자전거 하이킹을 떠나기로 마음을 먹었다. 매달 한 번 거리를 조금씩 늘려가며 하이킹을 다녀왔고 올해 드디어 3학년부터 6학년까지 왕복 50km를 넘는 거리를 도전해 성공을 거두었다. 아이들과 선생님 모두 평생 잊을 수 없는 추억이 되었고 내년에는 1박 2일을 목표로 왕복 100km를 도전해 볼 생각이다.

그런데 자전거 하이킹을 다녀오고 나니 다른 학교 선생님들이 교장 선생님께서 허락을 해 주시더냐고 물었다. 다른 학교라면 안전사고를 이유로 그 먼 곳까지 자전거 하이킹을 할 수 없었을 것이라고 했다. 그 일이 진행되는 동안 우리 학교 교장 선생님은 한 번도 그런 내색을 하지 않으셨다. 그때서야 나는 교장 선생님이 어떤 방식으로 안전을 점검하셨는지 깊은 뜻을 알 수 있었다. 자전거 수리를 할 때 옆에서 잡아주시며 그 과정을 함께 지켜보셨고 아이들이 운동장에서 연습할 때도 함께 하셨다. 안전 장구를 일일이 챙기고 차량을 타고 돌며 만일에 있을 안전사고에도 철저히 대비하고 계셨다.

3학년 아이들을 데리고 낙동강 변을 따라 왕복 50km의 거리를 자전거로 하이킹을 한다는데, 어느 관리자가 걱정이 되지 않을 수가 있겠는가? 하지만 우리 교장 선생님은 출발 전 아이의 풀린 운동화 끈을 보고 바닥에 앉아 직접 끈을 조여 주는 것으로 그 걱정을 대신하셨다.

학교의 본모습: 이런 게 학교다!

결정할 사항들을
끊임없이 교사들에게 돌리자

어느 날 출근을 하니 교육과정부장님이 학부모 수업공개를 하루로 할지 아니면 여러 날로 늘여서 주간으로 운영할지를 교감인 내가 결정해 주었으면 좋겠다고 말을 한다. 나는 몇 가지 이유를 들어 일언지하에 거절했다.

첫째, 나는 수업을 하지 않는 사람이라 적절한 방법을 잘 모른다.

둘째, 수업공개에 대한 것을 왜 나에게 결정하라고 하는지도 잘 모르겠다.

셋째, 앞으로는 교육과정, 특히 수업에 관련된 일은 선생님들이 결정해서 나에게는 통보만 해 달라.

넷째, 솔직히 관심을 가질 여유가 없다. 공문과 업무만 꾸준히 지원할테니 그 고민까지는 무리다. 좀 봐달라고 했다.

이것은 빙산의 일각이다. 선생님들은 끊임없이 교감인 내게 질문을 한다. 그중 많은 것이 교감의 행정업무 영역의 지식으로 단순히 답할 수 있는 것이 아니라 교육과정과 수업에 관한 것들이다. 교사들이 충분히 토론을 해서 결정하면 될 사항인데도 단지 교감이라는 이유로 내가 결정해 주기를 원한다. 그러나 내가 결정해 줄 수 있는 사안이 아닌 것이 더 많았다.

그래서 나는 끊임없이 결정할 사항들을 선생님들에게 돌린다. 흡사 서로 일을 미루는 핑퐁게임 같아 보이기도 하겠지만, 이것은 민주적 결정을 위한 끊임없는 연습이다. 뭐든지 관리자에게 결정해 달라고 말하는 교사들이 처음부터 그렇게 습성화된 것은 아닐 것이다. 전 교직원은 아니더라도 교사들이 협의해서 올린 결정이 관리자의 의견과 일치하지 않는다 하여 다시 수정되거나 폐기되는 경험을 수없이 해 오면서 길러진 무기력 때문일 것이다. 관리자들이 자신들의 방법을 관철시키려고 교사의 자발성을 죽여 버린 것이다.

"우리끼리 의논하면 뭐하나? 결국 또 교장 선생님 생각대로 될 걸."

"처음부터 그냥 결정을 해 달라고 하자."

솔직히 교사들은 더 이상 헛삽질을 하기가 싫은 것이다.

교육과정 결정과 운영의 주체는 교사이며, 관리자는 결정된 사항에 지원만 하는 거라고 기회가 있을 때마다 선생님들에게 이야기한다. 교장 선생님과 의논하여 학교의 협의 문화도 바꾸었는데, 특히 학교 전체의 문제는 전 교직원이 다모임을 통해 결정한다. 교무회의나 부장회의에서 교장도, 교감도, 교사도 각각 한 표의 결정권을 갖는다. 그런 변화의 시도 속에서도 교사들은 끊임없이 관리자에게 결정을 요구하며 눈치를 본다. 변한다는 것은 참 어려운 일인 모양이다. 이 모습을 보며 학습된 비민주성의 책임을 과연 관리자에게만 돌릴 수 있는가 하는 의문도 든다. 어쩌면 지금 학교의 비민주적 운영의 원인은 교사에게 있을지도 모른다.

학교에서 끊임없는 비민주적 사례에 노출되어 있는 교사가 교실에서

학교의 본모습: 이런 게 학교다!

민주적일 수 있을까? 올바른 민주시민을 과연 양성할 수 있을까? 나는 확신한다. 민주적인 학교의 구조 속에서 민주적인 경험을 하는 교사가 교실에서 학생들에게 민주주의를 경험하게 할 수 있다는 것을.

빈 교무실에 앉아 날마다 하루를 복기해 본다. 날마다 민주주의를 부르짖으면서 은연중 나도 모르게 교감이라는 자리에 있다 보니 비민주적인 말이나 행동을 하지는 않았는지 말이다.

○○초 이야기

○○초와 교사의 자발성

○○초의 교육과정 운영은 교직원 다모임이나 회의에서 교사뿐 아니라 전 교직원의 합의에 의해 이루어졌고 그에 따라 운영되고 있다. 우리 학교 선생님들이 관리자의 의견보다 교사들의 의견을 중심으로 교육과정을 운영하고 있다는 확신이 든 것은 한 학기를 마칠 즈음 교육과정 평가 회의에서였다. 한 학기를 돌아보는 글에서 한 선생님이 '교장, 교감 선생님의 의견도 좀 반영을 하자. 너무 배제되어 있는 것 같다'라는 의견을 낸 것이다. 그동안 교사들이 관리자의 의견을 너무 무시했다는 생각이 든다고 했다. 그 말을 듣고 '간섭하기 좋아하고 말하기 좋아하는 내가 참 잘 참았구나' 하는 생각이 들어 스스로 칭찬한 날이기도 하다.

나는 끊임없이 결정할 사항들을 선생님들에게 돌리고 교사들이 자발성을 가지고 교육과정의 주체가 될 수 있도록 가능한 한 지원만 하려

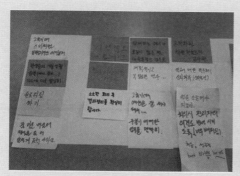
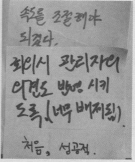

고 노력하고 있다.

교육과정은 관리자가 아니라 교사들이 만들어가는 것이다. 그래서 교육과정의 주인공은 교사들이고 그들에게 자발성이 주어질 때 그들 스스로 주체가 되어 교육과정을 만들어가는 것이다.

학교의 본모습: 이런 게 학교다!

교장을 진정으로
잘 보좌하는 것은

초·중등교육법 제20조 제2항에는 교감의 임무를 다음과 같이 규정하고 있다.

> 교감은 교장을 보좌하여 교무를 관리하고 학생을 교육하며, 교장이 부득이한 사유로 직무를 수행할 수 없을 때에는 교장의 직무를 대행한다. 다만, 교감이 없는 학교에서는 교장이 미리 지명한 교사(수석교사를 포함한다)가 교장의 직무를 대행한다.

교사의 임무는 교감의 임무와 무엇이 다른지 비교해 보았다. 같은법 제20조 제4항에 '교사는 법령에서 정하는 바에 따라 학생을 교육한다'라고 되어 있다. 교사의 임무가 학생의 교육으로만 한정되어 있는 것에 비하면 교감의 임무는 훨씬 많다. 교감자격연수에서 받은 자료에는 교감의 임무가 교장 보좌, 교무 관리, 학생지도, 교장 직무대행의 4가지로 정리되어 있었다. 그런데 교감의 임무를 교장을 '보좌하고'가 아닌 '보좌하여'로 명문화한 것을 보면, 이 문장은 다음과 같이 해석하는 것이 맞다고 생각한다.

첫째, 교감은 교장을 보좌하여 교무를 관리한다.
둘째, 교감은 교장을 보좌하여 학생을 교육한다.
셋째, 교감은 교장 유고 시 교장의 직무를 대행한다.

여기서 '교장을 보좌하여'라는 말은 교무를 관리하거나 학생을 교육하는 일의 방법을 설명하는 것이다. '보좌하고'로 명시하지 않은 것은 '보좌한다'는 일을 독립된 임무로 해석하지 않아야 한다는 것이다. 그런데 보통의 경우 관리자들은 교장을 보좌하는 일을 교감의 첫 번째 역할이라고 받아들인다. 또한 초·중등교육법 제20조 제2항을 근거로 교감에게 가장 중요한 일은 교장의 보좌라고 끊임없이 이야기한다. 이러한 이유로 많은 교감이 중간관리자의 역할을 도외시하고 보좌라는 말에 얽매어서 교장이 시키는 명령만 전달하며 교장의 눈치만 보는 경우를 많이 보았다. 법률에 나와 있는 교감의 첫 번째 임무인 교무를 관리하는 일은 교무부장에게 넘기고 학생을 교육하는 일은 교사에게 넘기고 나니 교장의 보좌와 직무대행만 교감의 임무로 남는 모양새가 되는 것이다.

교사 시절부터 지금까지 모셨던 많은 교장 선생님도 항상 초·중등교육법 제20조 제2항을 들먹이곤 했다. 왜 유독 교감의 임무에 '교장을 보좌하여'라는 말을 법률로 명문화하여 교장이 교감에게 권력을 남용하게 하는 여지를 만들었을까?

'보좌'의 사전적 의미는 '지위가 높은 사람을 도와 일을 처리함'이다.

'도운다'는 말이 '어떤 사람이 다른 사람이나 그의 일을 위해 거들거나 애써 주다'라는 뜻인 것을 보면, 보좌가 '명을 따르거나 시키는 대로 한다'는 의미가 아니라는 것을 알 수 있다. 교장을 보좌하는 것을 교감의 임무로 해석한다고 해도 보좌의 원래 의미를 살리려면 교장이 일을 잘 처리할 수 있도록 도와주어야 하는 것이다. 교장이 교무를 통할(統轄)하고, 소속 교직원을 지도·감독하며, 학생을 교육하는 임무를 잘 수행할 수 있도록 돕는 방법은 무조건적인 복종이 아니라는 말이다. 학교에서 최종 결정권을 가진 교장이 학교 구성원의 생각을 모아 올바른 판단을 할 수 있도록 가교 역할을 해야 한다. 비록 교감의 임무를 명시한 교육법에 교장만 언급되어 있다 하더라도 교감의 도움이 진정 필요한 사람은 교사라는 사실도 잊지 말아야 한다. 우리 국민은 윗사람을 잘 보좌하지 못하여 해임을 당하고 파면을 당하고 교도소로 가는 사람을 많이 보았다. 가까이는 18대 정부와 대통령이 그러하지 않았는가?

동료 교감 선생님들에게 진심으로 조언하고 싶다. 정말 교장 선생님을 잘 보좌해야 한다. 교장 선생님이 잘못된 길을 가는데도 무조건 명이라고 따르지 말고 아낌없는 조언을 해야 한다. 교장 선생님이 권한을 남용하거나 학교경영을 비민주적인 태도로 일관할 때, 사리사욕을 위해 국가의 예산을 낭비할 때 즉각 시정을 요구하고 바른길로 갈 수 있도록 직언해야 한다. 그것이 초·중등교육법 제20조 제2항에서 규정하고 있는 교감의 임무인 교장을 진정으로 잘 보좌하는 길일 것이다.

문제 있는 교감을
식별하는 방법

교사 두세 명만 모이면 빠지지 않는 이야기 소재 중 하나가 학교 관리자이다. 어떤 관리자를 만나는가에 따라 교사의 학교생활이 많이 달라지기 때문이다. 비민주적이라고 소문이 난 관리자를 만나 같은 학교에서 근무를 하게 되면 아침마다 출근이 여간 고통스러운 일이 아니다. 그래서 많은 교사가 민주적인 관리자를 만나 근무하고 싶어 하며, 학교를 옮겨도 교사의 어려움을 이해하고 소통하며 공감해주는 관리자를 만나기를 바란다.

관리자가 되면서 그런 교사들의 바람에 충실히 응답하고 싶었다. 최소한 '저 교감은 우리 학교에 안 왔으면 좋겠다' 라는 말이나 '저 교감이 우리 학교 교감이 아닌 것이 천만다행이다' 라는 말은 듣고 싶지 않았다. 교사들로부터 인정받지 못하거나 학생들로부터 교육자로 보이지 않는 관리자는 존재 이유가 없다고 생각한다.

교감이 된 후 나는 평소 '좋은 교감' 의 모습이라고 생각해왔던 것을 하나씩 실천해 나갔다. 교육활동을 교사들과 함께 협의하고 합의된 내용

학교의 본모습: 이런 게 학교다!

대로 운영함으로써 민주적 학교 문화를 만들어갔다. 또 교사에게 수업 이외의 행정업무를 넘기지 않기 위해 업무지원팀을 운영했다. 일반적인 경우 교사가 맡는 방과후학교, 학부모회, 교무관리 등 여러 가지 업무를 교감의 업무로 분장했다. 교감이라는 자리를 떠나 동료의 입장에서 소통하며 교사들이 어려워하는 교감이 되지 않도록 노력했다. 그런데 교사에게 좋은 교감이 되는 일이 누구에게는 불편한 일이 되기도 하나 보다. 많은 충고와 질타를 통해 현재 나는 교감들 사이에서 문제 있는 교감이 되어 있다는 생각을 한다.

오래전 이야기이지만, 1989년 전교조 창립 무렵 문교부는 일선 교육청에 보낸 공문에 '전교조 교사 식별법'을 제시하며, 전교조 교사들에 대한 주의를 요한 적이 있다. 당시의 내용은 다음과 같다.

1. 촌지를 받지 않는 교사
2. 학급문집이나 학급신문을 내는 교사
3. (특히 형편이 어려운) 학생들과 상담을 많이 하는 교사
4. 신문반, 민속반 등 학생들과 대화가 잘 되는 특활반을 이끄는 교사
5. 지나치게 열심히 가르치려는 교사
6. 반 학생들에게 자율성, 창의성을 높이려 하는 교사
7. 탈춤, 민요, 노래, 연극을 가르치는 교사
8. 생활한복을 입고 풍물패를 조직하는 교사
9. 직원회의에서 원리원칙을 따지며 발언하는 교사
10. 아이들한테 인기 많은 교사
11. 자기 자리 청소 잘하는 교사

12. 학부모 상담을 자주 하는 교사

13. 사고 친 학생을 정학이나 퇴학 등 징계를 반대하는 교사

14. 한겨레신문이나 경향신문을 보는 교사

(신동아 1989년 7월)

지금 읽어보니 어이가 없기도 하고 우습기도 하고 참으로 새삼스럽다. 이 글을 찾아보던 중 글 아래 달린 댓글이 눈에 띄었다.

'이런 교사 빼고 나면 학교에서 교육을 할 수나 있나?'

지금은 당연한 교사의 모습이 그 시절 교육부 사람들에게는 심각한 문제가 있는 교사의 모습으로 보였는가 보다.

교감이 교사가 해 오던 업무를 처리하고 수업까지 하려 한다고 주변 교감들에게 '너만 교감이냐', '네가 이러면 다음 교감은 어떡하느냐?'고 야단을 맞았다. '제발 남들처럼 살아라'는 동료도 있었다. 물론 이 중에는 내가 정을 맞을까 걱정하는 마음도 있다는 것을 잘 안다. 하지만 여기서 멈출 생각이 없다. 지금은 내가 학교에서 실천하고 있는 것들이 나를 문제 있는 교감으로 보이게 할 수도 있겠으나 향후 10년 이내에는 당연한 것들이 될 것이라고 믿는다.

교육청에 쓴소리 하고 상명하복 하지 않으며, 조용한 교감 사회에 풍파를 만드는 교감이 있다고 '문제 있는 교감 식별법'이라는 공문이 하나 왔으면 좋겠다. 무엇이 교감에게 부여된 책무인지 다 함께 생각해보는 시간이라도 가져볼 수 있도록 말이다.

다음 중에서 3가지 이상에 해당되는 교감은 학교장을 잘 보좌하지 않고 교사의 입장만 생각하는 불온하고 문제가 심각한 교감이므로 각 학교의 교장은 각별한 주의가 요구됩니다.

1. 기안도 하고 에듀파인 품의도 올리는 교감

2. 교장에게 교사들의 생각을 자꾸 어필하거나 설득하려고 하는 교감

3. 방과후 업무 등 교육과정과 관련 없는 업무를 맡아서 처리하는 교감

4. 급한 공문이 오면 즉석에서 바로 처리하는 교감

5. 외출이나 조퇴를 신청하면 이유를 묻지 않는 교감

6. 교사에게 이유를 묻지 않고 교장에게만 이유를 묻는 교감

7. 정책공모사업을 직접 담당하는 교감

8. 교육청이나 교장의 입장이 아닌 학생과 교사의 입장이 먼저인 교감

9. 각종 교육청 대회나 학생 실적에 관심이 없는 교감

10. 자꾸만 수업을 하려고 덤비는 교감

11. 겁도 없이 교육부에 바로 문의 전화를 하는 교감

수업은 더 이상
관리자의 영역이 아니다

학교 사회에서는 높은 교육 경력이 권력이 되기도 한다. 경력의 권력은 20년에서 30년 사이 정점을 찍게 되는데, 특히 초임 교사들에 대한 권력은 지위만큼 막강하게 된다. 중등에서는 수능에 절대적인 영향을 미치는 교과 중심으로 권력이 나온다는 이야기를 들었지만, 같은 교과를 가르치는 초등에서는 경력이 곧 권력이 되기도 한다. 학교에서는 경력과 지위를 결합한 완전체가 교감과 교장이다. 경력에 지위를 더한 관리자가 교사들의 수업을 간섭하는 경우 무시무시한 힘을 발휘한다. 어떤 경우 관리자의 말 한마디로 학교 전체의 수업 방향이나 흐름이 영혼 없이 바뀌기도 하는데 이것을 이름하여 '교내 장학'이라고 한다.

교감은 교감이 되기까지의 경력으로 치면 최소 20년 이상의 수업 경력을 가진 베테랑이다. 교사에게는 경력 자체가 수업 영역의 스펙이 된다. 이런 수업의 경험을 사장시키자는 것은 참으로 안타까운 일이지만, 수업은 더 이상 교감의 영역이 아니며 교사의 수업을 장학하겠다는 생각도 버려야 한다.

학교의 본모습: 이런 게 학교다!

어려운 경쟁을 통해 승진을 하려고 하는 사람들이 말하는 승진의 매력 중 하나는 수업에서의 해방이다. 교감과 교장이라는 지위조차도 옵션에 불과한 것으로 만들어버릴 만큼 수업에서의 해방은 관리자의 크나큰 특혜이자 매력적인 부산물이다. 관리자가 되는 순간 수업을 하지 않는 그들이 수업 전문가의 위치와 지위를 확보하게 된다. 그런데 아이들에게서 멀어지고 수업을 하지 않으려고 관리자가 된 사람들이 마치 수업의 전문가인 것처럼 교사의 수업을 간섭하는 웃지 못할 일이 학교에서 비일비재하게 일어나고 있다.

교사의 입장에서 보면 수업을 하지 않는 사람이 수업에 간섭한다는 사실은 참으로 받아들이기 어렵다. 수업의 경험에 비교적 가까이 있는 갓 승진한 초임 교감도 교감이 되기 전 교무부장의 역할을 수행하거나 그런 이유로 전담을 맡았었다면 교실의 학생들과도 멀어지고 수업보다는 업무에 더 중심을 두고 있었을 것이다. 물론 교감이 되기까지 수업을 소홀히 하지 않고 열정을 다한 교감 선생님도 많을 것이다. 그러나 교감이 되고 나면 저절로 수업과 멀어지기에 수업에 대한 관심을 조금씩 잃어가게 된다. 무엇이든 관심이 최고조에 달할 때 그 영역의 감각이 살아 있을 수 있다. 그래서인지 교감의 수업에 대한 감각은 어쩌면 갓 발령받은 신규 교사보다도 더 못할 수도 있다.

더구나 교장은 수업을 그만둔 지 오래되어 수업에 대한 관점이 시대의 흐름을 따라가지 못하는 경우가 많다. 10년이면 강산도 변하는데 관리자로 승진 후 10년이라는 시간은 교육에 대한 관점, 수업의 형태, 심지어 아이들의 생각과 행동도 판이하게 변화시키기에 충분한 시간이다.

수업 방법과 관련된 연수 대상자에 관리자가 포함된 경우를 보지 못했다. 또한 자발적으로 그런 연수에 참여하는 관리자도 드물다. 학교 내에서 강사를 초청하여 연수를 들어도 그 대상은 교사이지 관리자는 아니라며 참석하지 않는 관리자가 대부분이었다. 스스로 관리자는 수업에서 멀어져 있음을 실토하는 장면이다.

수업에 대한 애착이 특별히 큰 관리자도 있다. 수업명사(경남) 출신 관리자나 수업 대회의 경험이 많은 관리자는 교사들의 수업에 관심을 더 보이기도 한다. 그런데 그렇게 보이는 관심은 주로 단편적인 수업 기술이나 발문, 교수 자료에 한정되어 있지 전체적인 맥락을 고려하거나 그 학급의 학생들을 이해한 후 이루어지는 조언이 아니다. 가끔 동료 교사 공개수업 기간에 교수학습 과정안을 들고 교실마다 방문하고 사후 협의회에서 "내가 왕년에…"로 시작하는 이야기를 할 것이라면, 관리자는 교실을 돌아보지도 수업 협의회에 참가하지도 않는 편이 낫다. 보여주기식 공개가 만연하고 수업연구 대회가 있던 시절이었다면 관리자들이 수업에 아이디어라도 보탤 수 있을 것이나 지금은 관리자의 조언이 새로운 수업에 대한 접근을 막아 어쩌면 수업의 변화에 발목을 잡는 장본인이 되는 것은 아닌지 성찰해 볼 필요가 있다.

수업의 능력은 교사끼리 서로 나누고 배우면서 길러지는 것이다. 관리자들이 수업은 이래야 한다 저래야 한다 지적하지 않아도 수업을 소재로 이야기를 나눌 수 있는 시간을 확보해 주기만 하면 교사들은 스스로 성장할 수 있다. 수업은 더 이상 관리자의 것이 아니며 당장 관심을 끊어야 한다. 그러나 여전히 관리자가 수업에 관심을 보여야 하는 여지를 남겨두는 이유는 교사들이 수업을 잘 준비하고 열성을 다해 수업에 임할 수 있도록 도와야 하기 때문이다. 교감과 교장은 그런 시간을 만들어 줄 수 있는 최적의 위치에 있다.

그럼 어떻게 하면 관리자들이 수업에 무관심할 수 있을까? 나는 교사 업무들의 많은 부분을 관리자들이 처리하도록 업무가 분장되어야 한다고 생각한다. 교사들이 수업에 전념할 수 있도록 교사에게 분장되었던 업무를 교감이 처리하게 되면 교사들의 수업을 기웃거릴 시간적인 여유가 없을 것이다. 교감이 업무를 많이 도와주면 교사들이 시간이 남아돌아 '교사들은 수업 연구는 안 하고 연구실에 모여서 수다만 떤다'고 말하는 관리자들도 있다. 지금과 같이 학교에서 수업보다 업무를 우선 처리해야 하는 구조라면, 교사들에게 시간이 나면 모여앉아 차도 한 잔 마시고 아이들 이야기를 나누며 쉬는 시간을 갖는 것은 당연한 일이다. 날마다 공문 처리하느라 수업 마치면 컴퓨터 앞에 앉아 있다가 어쩌다 공문이 없는 날이 생기면 쉬어야 하는 것은 다음을 위해서도 오히려 필요한 일이다. 업무가 없으면 논다고 지적하는 관리자를 보고 교사들이 '자기가 교사 때 그래서 다른 사람들도 다 그런 줄 안다'고 타박하는 것을 알고 있는지 모르겠다.

교사들에게 행정업무를 주지 않으면, 교사들은 그 시간을 수업 준비에 쓴다. 어쩌다 한 번 남는 시간이 아니라 언제나 확보되는 시간이 있다면 교사는 그 시간을 마땅히 해야 할 일로 채워나갈 것이다.

관리자가 되어서도 수업에 대한 미련을 버리지 못하겠다면, 자신이 가장 잘 가르칠 수 있는 과목을 따로 하나 맡아 수업을 하면서 자신의 수업을 교사들에게 보여주면 된다. 가르치는 아이들의 특성을 담임교사와 이야기 나눌 수도 있고 수업에 대한 감각도 잃지 않을 수 있을 것이다. 따라 하는 것도 보고 배우는 것도 교사들의 마음에 달려 있지만, 그래도 그것은 최소한 간섭은 아니다. 교사들의 수업시간을 빌려 쓰는 것이니 그들의 동의를 받는 것이 선행되어야 함은 물론이다.

얼마 전 연수차 다녀온 북유럽의 모든 학교에서도 교감과 교장 선생님들은 수업을 하고 있었으며, 심지어는 담임을 맡고 있는 관리자도 있었다. 관리자들이 학생을 가르치고 수업을 진행한다면, 그들이 후배 교사에게 말하는 수업에 대한 이야기가 간섭으로 느껴지지 않을 것이다. 나와 똑같이 교실에서 학생을 가르치고 수업하는 동료 교사가 말해주는 조언과 나눔으로 받아들일 것이다.

더 이상 교사들의 수업을 간섭하지 말고 교사들에게 수업을 돌려주자. 수업에 대한 열정과 고민은 수업을 하는 교사들의 몫이다. 그들만의 방법대로 그들만의 고민으로 동료 교사와 배움을 나누며 수업을 할 수 있게 하자. 수업은 동료들 속에서 배워야 하는 것이지 선임자라고 해서 관리자가 가르칠 수 있는 영역이 아니다. 물론 과거 교사 시절의 경험으로 조언은 할 수 있겠으나 관리자에게 조언이라도 한마디 들은 교사는 자의적으로 그 말을 폐기할 용기를 내기가 쉽지 않다. 그렇다면 차라리 관리자는 조용히 있는 것이 훨씬 낫다. 경력 있는 선배 교사가 있고 누구보다 빛나는 아이디어와 최신 이론을 공부한 후배 교사들이 있다. 관리자는 교사들의 수업에 직접 관여하는 대신 수업을 연구하고 연구한 바를 펼칠 수 있도록 있도록 최선을 다해 측면 지원을 해야 한다.

내가 업무만 지원하고 도와주려고 교감이 되고 교장이 되었나 하는 자괴감이 드는가? 관리자의 마음먹기에 달려있다.

○○초 이야기

관리자의 수업

얼마 전 한 선배와 '관리자의 수업'에 관해 이야기를 나누었다. 관리자가 되어도 한 학년 또는 한 과목 정도를 뚝 떼어 맡으면 좋을 것 같다고 했다. 나도 그 생각을 수없이 했고 '나는 승진해도 수업을 해야지' 그런 다짐도 단단히 했다. 그런데 교감이 되어 보니 특정 과목이나 특정 학년의 수업을 달라고 해서 하는 것이 단순한 일이 아니라는 것을 알게 되었다. 수업하기 싫은 것으로 마음이 변했거나 물리적인 환경 때문에 그런 것은 아니다.

가장 큰 걸림돌은 출장이 너무 잦다거나 교육과정 연구가 미흡해서가 아니라 교사와 관리자와의 관계이다. 관계가 좋은 상황에서는 관리자가 특정 수업을 하는 것이 좋겠지만, 관계가 좋지 않은 상황이라면 관리자가 수업하러 교실에 들어오면 부담만 커지기 때문이다. '아이들 생활지도를 지적당하지 않을까?', '교실 정돈이 안 되고 지저분해서 어떡하나?' 하는 걱정까지 오히려 교사에게 부담이 될 가능성이 크다. 그래서 수업하는 관리자에 대한 생각을 정리해 보았는데 교사의 요청이 있을 때로 한정해야겠다는 결론에 이르게 되었다.

승진을 한 후에도 학생지도에 직접 참여하는 관리자를 간혹 볼 수 있는데 그런 경우 대부분은 교사들과 관계가 좋거나 규칙적이지는 않지만 가끔 필요로 할 때 학생지도를 한다.

관내 한 초등학교에서는 교장 선생님이 고학년 음악수업의 국악 부분을 담당하신다. 교장 선생님의 특기인 단소를 학생들에게 가르치는 수업에서 지도를 다 못한 것은 점심시간을 이용해서 특별 지도도 해 주신다. 마침 국악 수업을 걱정하던 선생님들에게 이보다 좋은 일은 없었다고 한다.

지난 학교에서 나는 ○○초의 학생 다모임 시간에 레크리에이션을 했었다. 지금의 학교에서는 주2시간씩 교육과정부장선생반의 음악수업을 지원한다. 기타 반주와 함께 전래동요와 창작동요 가르쳐주고 게임으로 분위기를 띄우는 역할이다. 덕분에 학생들과 친하게 지낼 수 있게 되었다. 그러나 교사들 눈치도 보게 된다. 혹시 교사들이 좋아하는 척하는 것은 아닌지, 불편해하지는 않는지 마음이 쓰이기 때문이다. 그러나 동료 교사들이 나의 도움을 필요로 하고 나의 참여를 원한다면 이유를 불문하고 항상 함께할 준비가 되어있다. 관리자의 수업은 관리자의 요청이 아니라 교사의 필요와 요구에 의해서 이루어져야 한다. 수업은 관리자의 것이 아닌 교사의 것이기 때문이다.

학교의 본모습: 이런 게 학교다!

명패를 치우고
자꾸만 돌아보게 되는 교사의 삶

교감 첫발령을 받고 부임을 하니 택배가 와 있었다. 전임 학교의 교직원들이 뜻을 모아 축하선물로 책상 위에 올려놓으라고 교감 명패를 만들어 보낸 것이다. 상자를 개봉해서 명패를 책상 자리에 올리고 인증사진을 찍은 후 고마움을 전하는 글과 함께 보내드렸다. 그 후로 명패는 내 책상 위에서 내려와 지금은 집 안의 어느 구석에 들어가 처박혀 있다.

나에게 교감은 결코 자랑할 만한 일이 아니다. 아버님이 살아계셨더라면 아들이 교감이 되었다고 큰 벼슬이라도 얻은 양 엄청 기뻐하셨을 것이다. 아버님을 위해 효도하는 마음에서라도 명패를 책상 한 귀퉁이 정도에 올려놓는 부끄러움을 감당하겠지만, 그렇지 않은 지금은 어떤 입장에 서야 할지 난감한 마음이다.

초임 교사 시절부터 몸담았던 전교조의 영향 때문이었을까? 나는 교사로서 첫 출발을 할 때부터 절대로 승진을 하지 않겠다고 다짐을 했었다. 발령을 받은 첫 학교에서 학습지도안 쓰기 대회에 신규라고 나를 억지로 나가라고 하지만 않았어도, 아이들과 운동장에서 다리에 털이 다 보이는 반바지를 입고 축구 한다고 교장실에 불려가서 야단만 맞지 않았어도, 환경정리가 맘에 안 든다고 기껏 해 놓은 교실 뒤판을 통째로 뜯어 버렸던 관리자를 만나지만 않았어도, 아이들의 좌석 배치를 일렬로 하지 않고 모둠을 만들어서 수업을 하면 아이들이 시끄럽고 떠들어서 그게 수업이 되겠냐는 질책과 함께 날아온 재떨이만 아니었어도 나는 승진을 생각하지 않았을 것이다.

교사의 힘으로 학교를 바꾼다는 것은 오랫동안 거의 불가능했다. 부당함과 맞서 싸우지도 못했지만, 방관자의 삶도 내가 그리던 모습은 아니었다. 교장이 되면 학교 전체에 영향을 줄 수 있고 작게는 10여 명의 교사에게, 많게는 몇백의 학생에게 선한 영향을 줄 수 있다고 믿었던 것 같다. 점수를 모으는 과정은 공공연한 비밀이었다. 도서벽지 점수를 받기 위해 전보를 할 때도 평교사로의 삶을 자랑으로 생각하는 조합원 동료들을 배신을 하는 것 같아 마음이 편치 않았다.

명패를 치우는 일은 내가 왜 승진을 하고자 했던가에 대한 초심을 찾는 일이었다. 명패는 교사로서의 삶을 부정하는 영예롭지 못한 표식 같았다. 작은 실천이지만, 명패를 치우고 아이들을 가르치는 선생님들을 위해 허드렛일을 하는 머슴으로 자리하겠다는 다짐의 시작이었다. 분명한 것은 나는 교감이 되었지만, 교사로서의 삶이 더 가치 있고 아름답다는 믿음에는 변함이 없다. 학부모와 사회에서도 존경받지 못하는 선생님이 학교에서만이라도 귀한 대접을 받았으면 한다. 학교에서 아이들을 가르치고 아이들과 늘 함께하는 교사가 존경받고 존중받아야 한다. 교사가 누구보다 존중받는 사회적 합의와 문화는 학교 관리자들로부터 시작되어야 한다. 그래서 나는 딸과 같은 연배의 신규 교사에게도 말을 놓지 않

학교의 본모습: 이런 게 학교다!

는다. 마음이 그렇지 않다고 해도 가벼운 반말이 선생님의 가치를 떨어뜨리고 존중하지 않는 시작이 될까 두렵기 때문이다. 나와 같이 근무하는 선생님들만이라도 교사의 길이 더 보람되고 영예로운 길임을 알게 하고 싶다. 관리자 때문에 승진을 고민했던 나의 전철을 밟는 일이 없었으면 하는 것이 솔직한 바람이다.

승진은 내가 선택한 길이지만, 나는 날마다 교사의 삶을 돌아보게 된다. 영예로운 교사의 길을 버리고 교감을 선택했으니 얼마나 부끄러운 일인가? 이렇게 말하면 배부른 소리를 한다는 사람도 많을 것이다. 그러나 나는 교감의 자리로 포만감을 느끼지 않는다. 아이들과 수업을 하고 체험학습을 나갈 때가 더 배부르고 계절학교나 학교축제 기간에 레크리에이션을 진행할 때가 더 배부르다. 하지만 거기까지다. 돌이킬 수 없으니 나는 교감의 위치에서 가능한 한 최대한 선생님들을 지원하고자 한다. 아이들을 가르치는 선생님들이 그 자리에서 충분히 포만감을 느끼는 경험을 갖는 데 도움을 줄 수 있다면 그것으로 나는 충분하다.

나는 지원형 교감이고 싶다

    내가 보아 온 바로는 교감은 크게 두 가지의 유형이 있었다. 수업형 교감과 업무형 교감이다. 먼저 수업형 교감은 업무보다 수업하는 것이 더 낫다고 하는 유형이다. 이런 교감은 아이들과 직접 부대끼는 것이 마음이 편하고 생활이 즐겁다. 교감의 주 업무인 교원 인사와 강사 채용 같은 일을 매뉴얼대로 처리하고 공문을 만드는 일들이 피곤하다. 무엇보다도 하루 종일 책상에 앉아 컴퓨터를 끼고 있는 것이 답답하기 이를 데 없다.

    업무형 교감은 수업형 교감과는 다르다. 아이들과 지내는 것보다 업무를 처리하는 것이 훨씬 피로도가 덜하다. 공공연한 우스갯소리로 교감으로 발령을 받고 부임한 첫날 교사들이 모두 교실로 들어간 뒤에 교감의 책상 밑에 고개를 숙인 채 손뼉을 치며 웃음을 흘린다는 말이 있다. 수업을 하러 교실로 들어가지 않는 것이 홀가분하다는 것이다. 과거에 한 교감 선생님께 보결을 부탁했다가 '이제 수업은 하기가 싫다. 내가 무엇 때문에 교감이 되었는데' 라는 답을 들은 적이 있다. 이런 유형의 교감은 수업을 하는 대신 컴퓨터 앞에서 서류를 검토하고 업무를 정리하는 등의 일을 훨씬 능률적으로 정확하게 처리해 낼 수 있을 것이다.

어떤 유형의 교감이 더 낫다고 비교하려는 것은 아니다. 어느 때부터인가 우리나라는 교장과 교감은 수업에 들어가지 않는 것이 일상화되었다. 수업시수를 편성하면서 관리자에게 수업시간을 편성하는 예를 본 적이 없다. 관리자가 수업을 할 수 있느냐 없느냐는 논외로 치더라도 현 상황을 근거로 하면 교감은 무조건 업무형 교감이어야 한다는 결론이 나온다. 교감에게는 주어진 수업이 없으니 업무를 잘 처리해야 하는 것이 마땅하지 않는가?

많은 교감 선생님이 업무가 많아서 교감하기 힘들다는 말을 한다. 그분들 모두가 수업형 교감이어서 교감 일이 힘든 것은 아닐 것이다. 혹시 서 있으면 앉고 싶고 앉으면 눕고 싶은 마음과 같은 것은 아닌지 성찰해 보아야 한다. 사명감도 보람도 없이 힘든 교감은 힘듦에 권력이 보태지는 것을 경계해야 한다. 교감이 해야 할 일들을 교무부장에게, 연구부장에게, 그리고 교무실무사에게 전가할 가능성이 매우 커지기 때문이다.

경남교육청 정책 중 하나인 학교 행정업무재구조화 컨설팅의 팀장을 하면서 경남의 초등학교 업무분장표를 분석한 적이 있다. 대부분의 학교 업무분장표에는 교장 업무란에 '통할', 교감은 '관리'로 되어 있었다. 그런데 교감의 몇몇 고유 업무를 제외하면 거의 대부분이 교사들에게 균등 분배되어 있음을 알 수 있다. 이는 초·중등교육법에 명시된 교감의 임무에 명시된 교감 고유의 업무인 교무를 관리하는 역할을 직접 수행하지는 않는다는 말이다.

교감이 처리해야 하는 업무가 적지 않다는 데 동의한다. 그러나 교무를 관리하는 것도 교감의 일이다. 교무를 관리하고 총괄하는 것이 무엇이며 어떻게 하는 것인지 재정립하지 않고 관례적으로 전해지는 대로 교감직을 수행하기 때문에 교무에 대한 관리가 되지 않는 것이다. 교무를 관리하는 일의 핵심은 교사의 지원에 있다.

학교에 들어오는 수많은 공문을 왜 교감이 분장하게 하는가? 아마 교감이 공문을 분장할 때 얻을 수 있는 큰 장점이 있기 때문일 것이다. 교감이 공문을 보고 어떻게 해야 교사를 도울 수 있는지 명확하게 파악할 수 있도록 하기 위함이다.

이에 한 가지 더 보태어 제안하자면, 교감도 교사와 마찬가지로 업무명이 명확한 업무를 담당하도록 해야 한다. 부장교사에게 어쩔 수 없이 많은 일이 주어지겠지만, 매월 반복되는 일이나 교무행정원과 함께 처리할 수 있는 일은 교감이 맡는 것이 교사의 입장에서 볼 때 무엇보다 큰 지원이 아닌가 한다.

수업형 교감일 필요도, 업무형 교감일 필요도 없다. 다만 교감이라는 권력 위에 있지 않으며 교사의 입장에서 살펴 무엇을 지원할지 고민하고 실천하는 교감이 교사들에게 필요한 존재이다. 그래서 나는 관리만 하는 교감이 아닌 지원형 교감이고 싶다.

학교의 본모습: 이런 게 학교다!

○○초 이야기
○○초에서 교감이 하는 일

1. 공적 조서 쓰기

학교에서 표창 대상자로 추천이 된 교사의 공적 조서는 추천자가 적어준 공적내용을 바탕으로 교감이 최종 마무리를 한다. 본인 손으로 공적 조서를 쓰는 민망함을 덜어주기도 하고 무엇보다 교사들의 공적을 발굴하여 추천하는 것은 교감의 당연한 역할이기도 하다.

2. 회의록 작성

학교에는 크고 작은 회의와 협의가 있고 반드시 회의록을 남겨야 하는 것들이 있다. 회의 중 메모와 마지막 정리는 교감이 직접 하고 보관한다.

3. 계획서, 보고서 정리

공모 사업이나 담당이 명확하지 않은 계획서와 보고서 정리는 교감이 한다. 예를 들면, 우리 학교 교사들이 각종 사업에 공모하기를 원했고 계획서는 교감이 초안을 잡기로 했다. 내용 협의 후 정리하여 계획서를 제출하는 것은 교사를 지원하는 일 중 큰일이다. 교사가 하게 되면 수업에 집중할 수 없는 것은 분명하다.

4. 단순 보고 공문 처리

우리 학교는 교사가 행정업무를 처리하지 않는다. 업무지원팀의 합의로 역할을 분담하고 교감이 맡은 영역의 공문은 교감이 바로 처리한다.

5. 아침맞이, 교통지도

교문이 도로에 인접해 있어 아침 교통지도는 매우 중요한 일이다. 아이들 도착 시간에 맞추어 교문에서 교통지도를 하고 아이들과 눈을 맞추며 아침맞이를 한다. 선생님들이 교실에서 아이들을 맞이할 수 있도록 하는 나름의 방법이다.

6. 놀이 시간 아이들 관찰

중간놀이시간 관리교사를 배정해야 한다는 말도 있다지만, 그 시간 교사들은 중간 협의를 하고 차도 한 잔 마시며 휴식을 취해야 다음 수업을 할 수 있다. 중간놀이시간 아이들 관찰은 교감이 한다. 덕분에 그 시간에 바람도 쐰다.

7. 수업

필요한 경우 언제든지 수업을 들어간다. 어느 선배 교감 선생님이 그랬듯 아침에 교사들 얼굴을 보고 컨디션이나 안색이 좋지 않은 교사의 수업이나 보결을 들어간다. 아직 정규교과를 맡아서 지도하는 것은 아니지만, 선생님들의 동의와 요구가 있으면 언제든지 정규 교과수업을 맡을 준비가 되어 있다.

8. 학교 행사 시 교사와 같은 비중의 역할 분담

학교 행사는 협의를 함께하기 때문에 내 역할도 똑같이 요구할 수 있다. 주로 사회를 보거나 진행을 하고 심판도 본다. 훌륭한 활동들은 홍보도 직접 한다.

교육청에 문의 전화는
교감이 직접 하자

교감이 되면 교사 시절과는 완전히 다른 새로운 세상을 만나게 된다. 교사일 때는 교감이 어떤 일을 하는지 별로 관심을 두지 않는다. 승진을 눈 앞에 둔 교무부장이라 해도 담임을 맡고 있거나 전담 수업을 맡고 있기 때문에 교감의 일에 관심을 가지고 그것을 파악하기란 쉽지 않다.

교사에서 교감이 되는 것은 매우 낯선 환경으로의 변화여서 교감자격연수 대상자가 되면 부푼 기대를 안고 자격연수에 참여하게 된다. 그러나 기대와 달리 내가 받았던 연수에서 정작 교감의 실무를 배우는 과목은 전체의 절반도 되지 않았고 교양이나 교육정책, 교육 홍보 등의 과목이 50% 이상 차지하고 있었다. 실무를 배우는 과목도 3시간씩 쪼개어 겉핥기식으로 넘어가니 직접 현장에 나와서는 연수에서 배운 것보다 선배 교감들에게 물어서 배워가며 처리하는 것이 더 도움이 되었다.

교감이 된 처음 한 달은 교감의 업무를 파악하는 데 대부분의 시간을 보냈다. 교감의 일은 교사 때 하던 일과는 전혀 차원이 다른 생소한 분야였다. 그러나 교사들은 이제 막 교감이 된 나를 행정의 전문가인 양 여기는 듯했다. 교사로서 그동안 많은 경험과 노하우를 가지고 있다는 것이 이유였다. 마치 흔히 말하는 '학생 교육과 교육행정의 전문가'로 인식한다는 느낌을 받았다. 여전히 중견 교사와 별다른 차이가 없었지만, 교감이라는 자리는 중간관리자로서 책임과 의무를 부여받은 자리라는 것을 실감할 정도로 많은 교사가 어려움을 해결하기 위해 자문을 구하러 왔다.

물론 교감의 역량에 따라 차이가 있겠지만, 나의 경우 앞서 말한 바와 같이 행정가로서의 전문적인 지식을 특별히 배우고 익힌 적이 없기에 중견 교사와 별반 차이가 없다. 도움을 구하는 교사들의 질문에 당황하지 않고 지위에 맞게 책임감 있는 답을 내어주는 것은 쉬운 일이 아니었다. 다만 내가 교사 시절 교감 선생님께 자문을 구했을 때 어떤 형태로 답을 주는 것이 고마웠는가를 생각해 낼 수밖에 없었다.

내가 교사 시절 겪은 일이다. 이해가 어려운 공문이 왔고 교감 선생님께 자문을 구했다. 교감 선생님도 정확하게 잘 모르는 경우에는 대부분 교육지원청이나 도교육청에 문의를 해서 답을 구한다. 그런데 교감 선생님이 교육청에 직접 문의를 하지 않고 질문을 한 나에게 교육청에 문의 전화를 해 알아보라고 했다. 그 말은 나에게 청천벽력과 같았다. 교사 때는 교육청 장학사에게 전화하는 것이 그만큼 어려운 일이었다. 그렇게 되면 수업시간에 학생들 자습시키고 교육청으로 전화를 해서 알아보는 수밖에 없다. 교감 선생님은 왜 직접 문의 전화를 해 주지 않았을까? 문의 전화를 하는 것이 자신의 무능을 보이는 것이라고 생각했기 때문인지 아니면 그것도 모르느냐는 핀잔을 들을까 저어되기 때문인지, 혹시 교감이 되었어도 장학사는 여전히 어려운 존재였기 때문인지 모르겠다.

학교의 본모습: 이런 게 학교다!

교사가 교감에게 업무와 관련된 경우로 문의를 했다면 교사도 나름대로는 다른 학교의 업무담당 교사에게 여기저기 물어본 후일 것이다. 교사가 교감 앞에 질문을 가지고 오기까지 얼마나 많은 고민을 거듭했겠는가? 질문을 한 교사가 만약 신규 교사라면 교육청에 전화를 하는 것이 얼마나 두렵고 어려운 일인지 각자의 과거를 거슬러 올라가 생각해보면 짐작하고도 남을 것이다. 교육청에 전화해서 질문을 했는데 "그 학교 교감 선생님은 뭐라고 하시던가요?"라는 말을 듣게 된다면 응대할 답을 찾느라 또 얼마나 식은땀을 흘려야 하겠는가? 최근에는 거의 그런 일이 없지만, 멀지 않은 과거에는 지역교육청이나 도교육청에서 교사가 문의 전화를 했을 때와 교감이 전화를 했을 때 응답하는 목소리의 느낌이 다르기까지 했다.

관리자가 교육청에 전화를 하는 것이 어렵다면 교사는 관리자보다 열배, 백배의 어려움과 두려움이 있을 것이다. 수업까지 해야 하는 부담과 학생을 가르쳐야 하는 일에 집중해야 하는 교사에게 문의 전화를 직접해 보라고 말하는 것은 직무유기다. '교실로 가서서 수업하고 계시면 제가 알아보고 쉬는 시간에 답변 드리겠습니다'라고 말해보자. 교무실을 나가는 교사의 뒷모습조차도 웃고 있는 것을 볼 수 있을 것이다.

방학, 점심
그리고 근무조

    당연하지만, 학교는 방학이 되면 급식을 실시하지 않는다. 교사 시절 방학 중 근무조가 되어 학교에 나가면 항상 교장, 교감 선생님 점심을 대접하고 왔다. 조금 더 먼 과거에는 당직 교사가 점심을 사는 것이 당연한 일로 여겨진 때도 있었다. 방학 동안 학교에 근무하시는 분들 덕분에 내가 힐링하고 견문을 넓힐 수 있으니 오랜만에 학교에 나와 점심 한 번 계산하는 건 아깝지 않다. 그런데 그게 자주 할 수 있는 일이 아니다. 행정실 식구들과 이런저런 일로 학교에 나와 계시는 선생님들까지 합하여 함께 점심을 먹고 나면 경비가 제법 많이 나오는데 자주 할 수 없을 정도로 부담이 되기도 한다.

    방학 때 점심시간은 규칙이 정해져 있지 않으면 모두가 곤란한 상황이 된다. 인원을 고려하면 점심을 사는 것도 부담스럽고 반대로 누군가가 점심을 산다고 해도 맘 편히 먹기 어렵다. 나도 교사 시절에 점심 식사의 부담 때문에 일이 있어도 학교에 자주 나가지 못하고 원격으로 업무를 처리하는 경우가 많았다. 일찍 등교하여 공문을 처리하고 점심 전에

학교의 본모습: 이런 게 학교다!

학교를 나오거나 점심시간이 지나서 학교에 가서 업무처리를 하는 등 점심 식사 문제로 행동이 자유롭지 않았다. 점심시간이 되면 오늘 밥은 어떻게 해결하는지 눈치도 서로 보게 된다. 방학 때 급식을 하지 않음이 원망스럽고 학교급식이 한없이 고마워지는 순간이다.

방학 중 점심을 해결하는 방법은 다양하다. 앞에서 말한 대로 근무조 교사가 사는 경우, 각자 점심을 해결하는 경우, 일정한 돈을 모아 직접 밥을 해 먹는 경우, 점심 총무를 두어 같이 먹으러 가되 먹은 횟수만큼 방학이 끝날 때 정산하는 경우 등이 있다. 돌아가면서 계산하는 방법은 중간에 근무하는 분이 빠지거나 가끔 나오는 선생님들이 계산을 해 버려서 순번이 깨지는 경우가 생겨 문제가 있다.

여하튼 많은 교사가 점심시간이 다가오면 급식을 하지 않는 학교에서 교장, 교감 선생님이 식사는 어떻게 해결하는지 눈치를 보는 것 같다. 행정실에서 연락이 오면 같이 밥을 먹으러 가서도 계산을 어떻게 할지에 대한 고민에 휩싸인다. 방학 중 유일하게 공식적으로 학교 예산으로 밥을 먹을 수 있는 날이 연말의 종무식과 새해 시무식이다. 이날은 아무 걱정 없이 학교에 나갈 수 있고 교장 선생님도 예산으로 마음 편하게 점심을 해결할 수 있는 것 같다.

나는 관리자로서 방학 때 모두가 마음 편하게 점심을 해결할 수 있는 두 가지의 좋은 방법을 이용한다.

첫째는 도시락을 싸서 다니는 것이다. 교사 시절 교감이 되면 꼭 도시락을 싸서 다니자는 다짐을 했고 실천에 옮기고 있다. 방학 전 워크숍을 할 때 나는 방학 동안 도시락을 싸서 다닐 거라고 선포를 했다. 교감이 되고 첫 방학 때 실행에 옮겼는데 처음에는 다들 점심시간이 되면 나를 의식하여 같이 나가자고 하기도 했다. 하지만 며칠 지나니 이제는 내가 도시락을 먹는다는 것을 당연하게 받아들여 주었다. 그래도 방학 말이 되면 도시락을 싸가지 않고 직원들에게 점심을 산다. 모두들 방학 동안 고생했다고….

둘째는 함께 밥을 먹고자 하는 직원들과 같이 요리를 하는 거다. 두 번째 맞이하는 방학이 되니 이제 몇 분이 도시락을 싸오기 시작한다. 그래서 밥을 지어 먹기를 원하는 사람을 모집하고 약간의 경비를 모아 쌀을 샀다. 각자 조금씩 반찬을 가져오고 11시 30분이 되면 쌀을 씻어 밥솥에 넣고 가끔 찌개도 끓인다. 이때부터 나의 움직임이 바빠지기 시작한다. 교감이 된 이후로 한 번도 차려준 점심을 받아본 적이 없다. 누구보다 먼저 찌개를 끓이고 먼저 반찬을 차리려고 부지런히 움직였다. 출장으로 내가 오지 않는 날 밥하고 설거지한다고 고생하시는 분들을 위해 식사를 마치면 항상 먼저 일어나서 설거지를 했다. 처음에는 당황하던 직원들도 이제는 내 진심을 알아주고 이해하는 것 같다. 밥과 반찬 앞에는 지위도 권력도 나이도 없을 뿐더러 오직 밥을 하는 자와 먹는 자, 그리고 설거지를 해야 할 사람만 있을 뿐이다.

학교의 본모습: 이런 게 학교다!

나를 일깨워주는 알람들

　내 휴대폰은 날마다 두 번 알람이 울린다. 일어나라고 오전 6시에, 그리고 왜 교감이 되려고 했는지를 날마다 되물으라고 출근 후 8시에 울리도록 되어있다. 첫 번째 알람은 몇 년 동안이나 고정되어 있었지만, 두 번째 알람은 교감이 되고 나서 새로 설정한 것이다.

　교감으로 발령받고 처음 출근한 날, 교무실의 중앙에 위치한 교감 자리를 보는 순간 심리적 부담이 먼저 다가왔다. 그런 부담이 생소함에서 오는 것인지 아니면 자리값 때문인지 고민도 필요했다. 혼란스러움 속에서 휴대폰의 알람은 '왜 관리자가 되려고 했는지 아침마다 생각해보라'고 나 자신을 깨우는 물리적 도구로 작동하고 있지만, 사실 나를 매일 각성시키는 정신적인 진짜 알람은 따로 있다.

　교감 대상자 명단을 보고 많은 지인이 축하와 격려를 보내왔다. 그중 교사 시절 가까이에서 나를 지지해주고 평소의 삶을 존경해 마지않았던 선배 교사 한 분이 업무 메일로 축하 메시지를 보내 왔다.

학생과 교사가 갈등하면 학생의 입장에서

교사와 교장이 갈등하면 교사의 입장에서

현장과 교육청이 갈등하면 현장의 입장에서

현실이 힘들고 어려우면 나의 교육철학을 등불 삼아

비틀거려도 방향을 잃지 않고

발목 잡혀 넘어지면 가슴이라도 앞으로 기울이는 초심으로

앞으로 교감이 되시거든

아름다운 학교 하나만 만들어 주시게나.

　교사로서 삶을 닮고 싶은 선배라 사석에서 형님이라고 부르는데 어떤 결정을 해야 할 때나 힘이 들 때마다 이 글을 들여다본다. 자주 들여다보니 이제는 거의 외웠다. 학교에서 일어나는 갈등은 대부분 관계에서 온다고 해도 과언이 아니다. 선배가 말한 관계는 학생과 교사 사이, 교장과 교사 사이, 학교와 교육청과의 관계로 정리되어 있다. 갈등의 상황이나 결정을 해야 할 상황이 되면 나는 마음속의 알람을 켠다. 지금 나는 누구의 편에서 생각해야 하는가? 그리고 남는 생각 하나. 그 선배는 이런 멋진 글을 어디서 얻은 것일까? 아니면 나에게 정말 해 주고 싶은 말들을 고민하여 정리해 주신 것일까? 역시 멋진 사람이다.

　부정청탁 및 금품 등 수수의 금지에 관한 법률이 좀 더 일찍 생겼더라면 교직 사회에 화분이나 떡 바구니 대신 이런 따뜻하고 평생에 이정표가 되는 축하를 더 많은 사람이 고민하고 받을 수 있지 않았을까 하는 생각이 든다.

　앞으로 내가 듣고 싶은 알람이 또 하나 있다. 내가 관리자로서의 소임

을 다할 때쯤에는 누군가 나에게 큰소리로 알림을 주었으면 한다. 아직도 관리자 자리에 연연해서 벗어나지 못하고 있지는 않은지 말이다. 명예퇴직을 하든지 정년퇴직을 하든지 내 교직 생활 마지막은 교사이고 싶다. 누군가는 교사로 내려간다고 하지만 나는 교사로 돌아간다고 표현하고 싶다. 그래서 관리자로서의 마지막이 두렵지 않다. 관리자로서 교육활동을 최대한 지원하는 임무를 마치고 나면 다시 교사가 되어 아이들과 함께 생활하고 싶다. 그것은 상상만으로도 즐거운 일이다.

혹자는 내 생각에 말도 안 되는 말 하지 말라고도 하고, 또 어떤 이는 다른 사람들은 배려 안 하고 자기 생각만 하는 이기적인 사람이라고도 했다. 이유를 물으니 교장 하다가 교사가 되면 학교에 교장이 둘이 된단다. 그러나 걱정하지 않아도 된다고 큰소리 떵떵 치고 싶다. 그즈음 나에게 아직도 관리자에 연연하느냐고, 교사의 본분을 제대로 하라고 알려줄 주변의 알림이 분명히 있을 것이기 때문이다. 선생님의 이름으로 가장 아름다울 때는 교장 선생님도 교감 선생님도 아닌 이 나라의 미래를 짊어지고 나갈 아이들과 수업하며 그들의 꿈을 키워주는 현장의 교실에 선생님으로 있을 때이다.

학교 내부자들

5장

교사의
역할

누가 선생님들을 떠나게 했나?

　10년 전, 옆 반 선생님으로 처음 만난 ○○○선생님은 누구보다 노련하고 훌륭한 교사였다. 연륜에서 묻어나오는 노련함으로 아이들을 가르쳤는데, 당시 ○○○선생님이 맡았던 반은 거칠고 힘든 아이들이 너무 많아서 모두가 담임을 맡길 꺼려하던 문제반이었다. 그러나 ○○○선생님은 교사가 아이들을 어떻게 가르쳐야 하는지를 1년 동안 몸소 실천으로 보여줬다. 그 실천은 아이들을 향한 그녀의 사랑이었고 아이들이 나날이 변해가는 모습은 동료 교사들에게 큰 감동으로 다가왔었다. 그런 ○○○선생님을 얼마 전 길에서 우연히 만났다. ○○○선생님의 교육적 철학과 솔선수범을 너무나 잘 알기에 혹시 내년에 우리 학교로 와 주실 수 없는지 조심스럽게 이야기를 꺼냈더니 이미 명퇴를 신청했다는 안타까운 말씀을 하셨다. 아직 정년이 10년이나 가까이 남았는데 왜 그랬는지 이유를 물었더니 나이도 많고 체력도 부치고, 무엇보다 아이들과 학교에 죄를 짓는 것 같아서라고 한다.

교사 시절에 같이 근무했던 △△△선생님을 밀주초에서 교감이 되어 다시 만났다. 여전히 아이들에게 다정다감했고 마음에 상처 입은 아이들이 많은 밀주초에서 늘 따뜻하고 친절하게 대하며 쉼 없이 아이들을 품는 선생님이셨다. 다시 만난 △△△선생님은 교사로서 한층 더 성숙해져 있었다. 아이들을 통해 배운다는 말과 성장하는 아이들을 보면서 항상 감동을 느낀다는 말을 자주 하셨다. 아이들을 교사의 기준에 맞추려고 하지 않고 스스로를 아이들에게 맞추려고 노력하고 있었다. 그런 △△△선생님도 지금의 밀주초가 교사로서는 마지막 학교라고 생각하고 왔다고 한다. 왜인지 물었더니 자기 또래 선생님들도 명퇴해서 다 떠나버렸고 교사가 학생지도가 아니라 행정업무 능력으로 평가받는 것 같아 자존감이 떨어진다며 무엇보다 후배들이 이제 관리자로 승진해서 오니 그만둘 때가 된 것 같다고 말씀하신다.

훌륭한 선배 교사들이 행정 업무 능력이 떨어진다는 이유로, 나이가 많아 학부모와 아이들이 싫어한다는 자책감으로 교단을 떠나는 것을 수없이 보아 왔다. 그러나 누구보다 아이들을 사랑했고 생활지도의 달인이었던 그분들의 노련한 빈자리를 나를 비롯한 후배들은 그네들만큼 메꾸지를 못했다. 훌륭한 교수능력과 누구보다 뛰어난 생활지도 능력이 업무 처리 능력보다 비하되고 있다. 행정업무 처리능력이 승진에 유리하게 다가오는 현실에서 학생들을 성심으로 가르쳐 온 고경력자 선생님들이 홀대받는 문화는 21세기 대한민국의 학교에서 비일비재하게 일어나는 감추고 싶은 비밀들이다. 나이 많은 교사들이 자신의 교육 방식을 젊은 교사에게 이야기하면 꼰대라고 비하하는 분위기 속에서 경력 교사들은 점

학교의 본모습: 이런 게 학교다!

점 더 설자리를 잃어가고 있다.

　이제는 그런 학교를 물려주어서는 안 된다. 교사로서의 경력 많음이 보다 존중받는 학교, 행정업무 능력보다, 수업과 학생 지도가 더 인정받는 학교를 물려주어야 한다. 대한민국은 또 한 분의 훌륭한 선생님을 잃었고 앞으로 계속 잃어갈 것이다. 어쩌면 대한민국 학교에 미래가 없다는 것은 누구보다 노련한 그네들을 붙잡지 못하고 자꾸만 떠나보내야 하는 현실 때문인지도 모른다. 신규 교사들이, 저경력 교사들이, 도저히 따라올 수 없는 고경력 교사들의 노련함을 배우고 습득할 기회를 계속해서 놓치고 있다. 도대체 누가? 왜? 훌륭한 선생님들을 학교와 아이들에게서 떠나게 했는가?

교사의 우선순위 업무는
무엇인가?

 몇 해 전에 CCTV와 관련된 업무는 누가 처리해야 하는가에 대한 이야기를 공론화하고자 SNS에 글을 올렸고 많은 분이 다양한 의견을 보내주셨다. 많은 선생님이 같은 고민을 하고 있었고 내 생각에 공감해 주었다. 선생님들의 고민은 조금이라도 학생을 가르치는 일에 집중하고 싶다는 마음에서 출발하고 있었다. 수업이 지장을 받을 만큼 과도하게 내려오는 행정업무로 인해 많은 교사가 수업 결손을 감수하고 업무를 처리한다.

 이것은 학교 조직이 가지는 특수성에서 기인한다고도 할 수 있다. 막스 베버의 정의를 빌리면 학교는 구성원들의 업무를 수직적으로 분화하고, 상·하의 위계에 따라 권한과 직위를 배분하는 전문적 관료제의 성격을 가지고 있는 조직이다. 따라서 각종 지침에 의해 구성원의 행동이 통제되고 명령과 복종의 관계로 위계화되어 나타난다. 그러나 또 다른 방향에서 보면 학교는 이완 조직이기도 하다. 학교는 수업, 학생의 생활지도, 상담 등과 관련된 측면에서 볼 때 교사의 전문성과 자율성이 인정되는 '느슨한 결합구조'의 조직이지만, 행정관리라는 측면에서 보면 엄격한 결합구조로 된 '이중조직'이기도 하다. 이것을 종합하면 학교는 관료적 특성과 전문적 특성을 함께 가지고 있다.

실제로 교사가 행정업무를 처리하는 과정은 관료제의 성격을 반영한다. 공문의 제출날짜나 결재 과정을 정확하게 지켜야 하는 행정적 업무는 교사로 하여금 수업보다 업무가 더 중요한 일인 것처럼 착각하게 하는 압박이 있다. CCTV와 같은 공문이 편철되어도 업무포털의 행정적 양식이 교사의 판단을 마비시킨다. 제출 기한을 넘기면 독촉 전화에 죄인이 되고 그렇게 공문 처리는 교사에게 우선순위가 된다.

그러나 교사의 가르침은 창의적이어야 하며, 다양한 내용을 다양한 방법으로 교육할 수 있는 전문적 능력을 발휘해야 한다. 행정업무와 달리 수업이 자발적이고 적극적일 것을 요구하는 이유가 여기에 있다.

현실적으로 학교에서 교사의 본 업무인 수업은 행정업무에 밀려나 있다. 학생 교육은 목표가 분명하지 않고 긴 시간이 지난 후에야 결과가 나타나는 특성으로 인해 당장 책임을 지지 않아도 된다. 법에서 정한 교사의 임무에 행정업무를 처리해야 한다는 내용은 눈을 씻고도 찾아볼 수가 없지만, 학생 교육의 결과가 즉각적이고 가시적이지 않다는 이유로 교사는 행정업무의 인질이 되어 있다. 이것은 교사 업무분장표를 통해서도 알 수 있다. 담임의 업무란에 '학급교육과정 운영'과 '학생 생활지도'를 명시하지 않은 것은 어느 학교 할 것 없이 마찬가지다.

이런 상황에서는 더 이상 교사에게 수업은 중요하지 않다. 앞서 수차례 언급한 것처럼 평소 수업을 잘했다고 해서 성과로 나타나지 않는다. 그러나 업무를 잘 처리하지 못하는 것은 교육과 관련이 없음에도 불구하고 교사로서의 자질과 능력으로 직결되며, 심지어 감사에서도 관리자가 아니라 업무 담당 교사가 지적을 당하는 일도 있다. 학생들을 자습시키더라도 공문을 잘 처리하고 예산을 잘 쓰는 것이 능력 있어 보인다.

나 또한 초임 교사 시절 지금은 행정실에서 처리해야 하는 학교 경리와 행정서무를 맡아 초인적인 업무처리 능력을 발휘했다. 중견 교사 때는 정보부장과 연구부장, 교무부장을 거치면서 시간에 쫓기는 경우 아이들을 자습을 시키고 행정업무를 처리한 일이 비일비재했다. 수많은 행정업무를 처리하면서도 아이들에게 죄짓지 않는 교사가 되기 위해 밤늦은 시간까지 업무를 처리하기도 했지만, 늘 가슴 한쪽 구석에 자리한 미안함을 털어내기에는 역부족이었다.

대학교에서는 행정사무를 누가 처리하는가? 대학교의 교수들은 어느 누구도 입학에 대한, 졸업에 대한, 학사와 행정에 대한 사무를 보지 않는다. 오로지 학생을 가르치는 일에만 전념한다. 그러나 학교에서 교사는 가르치는 일과 행정업무를 동시에 처리해야만 한다. 행정에 대한 사전적 의미를 찾아보니 법 아래에서 국가 목적을 실현하기 위해 행하는 능동적이고 적극적인 활동이라고 풀이하고 있다. 학교에서 법 아래 행해지는 적극적인 활동은 입학과 졸업, 생활기록부, 개인정보보호 등 수없이 많은 일이 이루어지고 있는데, 왜 대학과 달리 학교에서는 법률에 의해서 이루어지는 행정업무들을 교사들이 처리하고 있을까? 교사와 교수의 차이는 어디에서 오는 것인지 참으로 궁금하다.

나는 교감으로 근무했던 모든 학교에서 담임선생님들의 행정업무를 대부분 경감시켰다. 학생 교육과 관련 없는 행정업무들을 담임교사에게서 제외시키고 업무전담팀으로 가져왔다. 방과후학교와 학부모, 홍보 등의 업무를 교감에게로 편철시키고 나머지 행정업무를 전담교사와 교무행정원(실무사)이 나누어서 처리한다. 학기마다 학교의 불필요한 업무들을 덜어내고 필요 없는 내부 기안을 없애는 작업을 반복하면서 많은 업무가 걸러지고 있다. 때문에 작년 3월에는 계획서를 만들고 기안하기 급급하던 선생님들이 지금은 날마다 모여서 서로의 수업을 고민하고 교육과정을 재구성하며 학교에서 적응하지 못하는 아이들을 돕고자 자발적으로 모임을 갖고 있다. 왜 진작 이런 기회를 교사들에게 주지 않았나 하는 생각과 함께 만일 나에게도 젊은 시절 이런 기회가 있었다면 얼마나 행복했을까 하는 부러운 생각도 든다.

학교의 존재 이유는 분명 학생을 올바로 교육하여 다음 세대를 이끌어갈 민주시민으로 양성하는 데 있다. 교사가 학생을 마음껏 교육할 수 있는 것도 학교의 다양한 구성원들이 교사를 지원하고 돕기에 가능한 일이다. 한 가지 아쉬운 점은 행정업무만 업무이고 교사의 수업과 학생지도는 업무로 보지 않는다는 점이다. 오로지 행정업무의 총량으로만 계산하여 교사들에게 업무 분업을 강조하고 있다.

수업을 주 업무로, 생활지도와 상담을 격무로 계산해야 한다. 수업과 학생지도만으로도 결코 교사가 적은 일을 하고 있는 것이 아니다. 나 또한 교사의 길을 평생 걸어왔기에 학생과 학부모를 모두 상대해야 하는 수업과 학생의 생활지도가 얼마나 힘들고 강도가 센 노동인지 누구보다 잘 알고 있다. 그래서 교사의 수업과 학생 생활지도를 업무로, 노동으로 봐 달라는 것이다.

나는 학교에서 배움과 가르침을 중시하는 문화가 무엇보다 우선시되고 교사의 업무는 수업이라는 것이 당연시될 때 교육부나 교육청에서 강조하는 적정한 규모의 시스템, 인력, 재정이 따라올 것이라 믿고 있다. 또한 그렇게 되어야만 성과 중심적이고 과제 지향적인 업무 우선주의를 해결할 수 있다고 본다. 수업보다 행정업무가 우선시되는 학교의 현실을 직시하고 구조적 시스템의 오류를 바로잡기 위해서는 학교는 무엇을 하는 곳이고 교사는 어떤 일을 하는 사람인가에 대한 철학과 원칙을 바로 세우는 데 모든 교육 가족이 온 힘을 다해야 한다.

학교의 본모습: 이런 게 학교다!

선생님은 업무가 아닌
학생들 곁에 있어야 한다

경남형 혁신학교인 행복학교의 시즌 2와 3를 준비하는 행복학교 추진단 회의에 참석한 적이 있었다. 회의에서는 정말 많은 이야기가 오고 갔고 나 또한 혁신학교에 대한 많은 생각을 다시 하게 했다. 철학적인 부분과 정책적인 부분의 상충을 보면서 우리가 왜 이 일을 하는지를 되짚어보았으면 했다.

경남교육청 박종훈 교육감은 "임기 중 한 가지만 하라고 한다면, 선생님을 학생들 곁으로 돌려드리고 싶다."고 했다. 처음 '선생님을 학생들 곁으로'라는 슬로건이 나왔을 때 많은 교사가 공감했고 기뻐했다. 그동안 행정업무의 과중이 가장 심각한 문제라는 반성에서 나온 현장을 잘 아는 정책이었기 때문이다. 교육적이지 않은 행정업무들에 빼앗긴 선생님을 본래 자리인 학생들 곁으로 돌려놓는다는 의도는 높이 평가되었다. 경남교육청뿐만 아니라 다른 시도교육청에서도 선생님의 행정업무를 경감시키기 위한 정책을 내놓았는데 대략 다음과 같은 몇 가지로 정리된다.

첫째, 교직원 업무경감을 위해 전 학교에 교감, 비담임 교사, 교무행정원(혹은 실무사) 등으로 구성된 교무행정전담팀을 의무적으로 구성하도록 했다.

둘째, 교무행정원에게 고유 업무를 부여하여 교사의 행정업무를 실질적으로 경감할 수 있도록 했으며, 행정업무 간소화를 위한 행정업무 매뉴얼을 보급했다.

셋째, 교무행정원을 추가 배치하여 교사의 업무를 덜어줄 수 있도록 했다.

넷째, 공모 사업의 보고절차와 서식을 간소화하고, 각종 대회와 우수 사례의 의무 제출을 폐지했다.

다섯째, 각종 취합용 공문을 자료집계 시스템을 이용함으로써 학교에서 발송해서 나가는 공문서의 수를 줄이고자 노력했다.

그러나 이런 노력에도 불구하고 혁신학교를 제외한 일반 학교 교사들에게 행정업무가 줄었느냐고 물으면 변화를 체감할 수 없다고 답한다. 학교마다 교무행정전담팀이 구성되어 있다는 것은 의심의 여지가 없으나 교사의 행정업무는 줄어들지 않았다는 점이 관 주도 정책의 한계를 보여준다. 많은 혁신학교와 시도교육청에서 교사를 학생 곁으로 보내는 문제를 집중적으로 논의하고 있는 시점에 현장에서 업무경감을 체감하지 못하는 원인에 대한 몇 가지 의견을 더하고자 한다.

교사의 행정업무가 줄어들지 않는 가장 큰 이유는 교사의 임무가 학생교육과 학급운영, 생활지도 외에 행정업무도 포함된다는 인식 때문이다. 오래전부터 관례적으로 행정업무를 교사에게 분장해 왔고 교사는 당연

학교의 본모습: 이런 게 학교다!

한 것으로 여기며 행정업무를 수행해 왔다. 덕분에 교사는 참으로 다양한 영역의 관리와 조사를 처리할 줄 아는 전천후 능력자가 되어간다. 그런데 이것은 다음의 법령에서 규정하고 있는 교사의 임무에 엄중한 잣대를 대고 보면 법령 위반이다.

초·중등교육법 제20조
④ 교사는 법령에서 정하는 바에 따라 학생을 교육한다.

초·중등교육법 시행령 제36조의5 (학급담당교원)
③ 학급담당교원은 학급을 운영하고 학급에 속한 학생에 대한 교육활동과 그와 관련된 상담 및 생활지도 등을 담당한다.

위의 법률과 시행령에 따르면, 교사가 행정업무를 담당하지 않고 학생교육에 전념하도록 해야 하는 것은 교육철학의 문제이다. 행정전담팀이 무늬만 전담팀이 아니어야 하고, 관리자와 행정실 등 학교의 모든 구성원이 이를 인지하고 지원해야 한다.

교사의 행정업무가 줄어들지 않는 또 다른 이유는 교사에게서도 찾을 수 있다. 일부 혁신학교에서 담임교사의 업무를 전담팀이 모두 가져왔는데도 해가 지나자 담임교사들의 합의에 의해 한두 가지씩의 업무가 새로 배정된다는 사례를 들었다. 담임교사들은 왜 업무를 가지는 것에 동의했을까? 전담팀에게 미안하고 자신은 노는 것 같아 한두 가지는 담당하는 것이 마음이 편하다는 이유 때문이었다. 전담팀에 있는 동료 교사의 노고를 보기가 미안해서 교사는 행정업무 처리를 맡아야 할 의무가 법령에 없다는 것을 잊어버린다. 결국 그것이 교사의 일이라고 생각하는 것이다. 여기에는 행정업무전담팀이 팀의 업무를 줄이지 못한 이유도 있다. 학교에서 처리해야 하는 행정업무의 총량을 줄이지 않고 이 문제를 해결하는 일은 어렵다. 학생들 곁으로 가 있는 선생님들이 교육과 관련 없는 업무에 치중하지 않도록 교육철학을 구현할 수 있는 정책이 톱니바퀴를 맞춰 주어야 한다.

과중한 업무로, 혹은 잘못된 학교의 관습으로, 끌고만 가려는 관리자 때문에, 교사를 교육정책의 구현 도구로 생각하는 교육청으로 인해 교사가 가르침과 배움보다는 관행대로 해 오던 행정업무에 끌려가지 않도록 제도와 시스템이 뒷받침되었으면 한다. 현재의 시스템으로는 교사에게서 완벽하게 행정업무를 빼앗아 올 수 없다. 이를 해결하기 위한 해법은 교육 행정업무를 지원하고 도와줄 수 있는 교무실무사의 충원과 확충 그리고 그들의 정규직화에 있다고 나는 굳게 믿고 있다. 그리하여 선생님이 학생 곁에 있어야 한다는 초·중등교육법과 시행령은 반드시 지켜져야 한다.

학교의 본모습: 이런 게 학교다!

교사의 앎과 삶도 중요하다

몇 해 전 여름방학 도교육청에서 실시하는 앎과 삶이 있는 교육과정 연수를 다녀왔다. 학생들의 앎과 삶이 연계된 수업이 학생들의 흥미를 불러일으켜 배움이 일어나게 된다고 했다. 연수의 핵심내용은 교사들에게 학생들의 삶을 이해하고 그것을 반영하여 교육과정을 계획하고 수업을 설계하라는 것이었다. 그동안 교사의 지식을 일방적으로 전달하는 수업 방식에서 벗어나 학생의 삶을 수업으로 견인할 수 있는 교사 역할의 변화와 시도는 이제야 교실 수업을 바른 궤도에 올려놓을 수 있겠다는 안도감이 들게 했다. 더 가치 있게 평가되는 점은 이런 변화로의 시도가 관에서 주도한 것이 아니라 전국에서 들불처럼 일어나고 있는 혁신학교의 현장 교사들 속에서 먼저 태동했다는 점이다. 해방 이후 60년도 넘게 고정되었던 수업 방식을 단순히 바꾸는 것에만 머무르지 않고 그 중심에 학생을 두자는 교육 운동은 참으로 반가운 소식이다.

연수는 여름방학 훨씬 전에 기획되고 참가 신청을 받았다. 관심을 갖는 교사가 많은 주제였는지 연수를 희망하고 참석한 교사의 수가 제법 많았다. 문득 여름방학 중에 다른 연수나 충전을 포기하고 연구부장이나 들어야 할 교육과정 연수를 들으러 이곳에 온 교사들은 무슨 마음으로 왔을까 하는 생각이 들었다.

교사들은 수업에 지대한 관심이 있다. 무엇보다 수업을 우선순위에 둔다. 어떻게 하면 수업이 좀 더 나아질까 하는 고민은 경력 30년이 넘은 교사도 강제가 아닌 자발성으로 연수에 참여하게 만든다. 그래서 교사는 어디 가도 교사임이 드러나는가 보다. 뼛속부터 교사이니 식당에 가도, 운동을 가도 배움을 얻으려고 하는 선생님인 것을 다들 눈치챘다.

아이들의 삶을 수업의 중심에 두어야 한다는 연수를 들으며 교사들의 삶은 어떠한가 생각해 보았다. 아이들의 삶에 귀를 기울일 때 교사들의 삶에는 얼마나 귀를 기울이고 있나 하는 의문이 생겼기 때문이다. 많은 연수를 들었지만, 교사의 삶이 학생들의 배움에 반영되니 그것에도 관심을 가져야 한다고 강조하는 연수는 어디에도 없었다. 교사들이 삶을 가꾸는 것은 각자가 알아서 할 일이라며 관심 밖에 두어도 되는 것인가? 자신의 삶을 돌아보고 가꿀 여력이 없는 교사가 학생들의 삶에 관심을 가지고 수업을 하기는 힘들다. 교사들도 스스로 삶을 가꿀 줄 알아야 하고 삶에 관심을 가질 수 있는 여력이 있어야 하며 누군가로부터 자신의 삶을 이해받아야 한다.

나는 교사들의 삶에 관심을 가져 주고 먼저 이해해 주어야 하는 사람이 학교의 관리자라고 생각한다. 어디서 연수 한 번 듣고와서는 교사들에게 학생들의 앎과 삶이 연계된 수업과 평가를 하라고 앵무새처럼 요구하는 대신 그것들이 잘 실천될 수 있도록 교사들이 먼저 행복한 삶을 견인할 수 있게 이해하고 배려하려는 노력이 우선되어야 한다. 관리자와 교사 간의 소통이 직무와 관련된 사안에 머무르지 않고 일상에 대한 내용으로 확장되어 서로를 이해할 수 있도록 생각의 간극을 좁히는 것도 중요하다.

　모든 것이 풍선 효과여서는 안 된다. 학생의 앎과 삶이 중요하다 하여 교사의 앎과 삶이 소외되는 약한 토대 위에서는 균형 잡힌 배움을 쌓을 수가 없다.

교무실은
수업을 준비하는 곳이어야 한다

이 책을 읽는 독자들에게 쉬운 단답형 문제 3가지를 제시한다.

첫 번째 문제, 학교는 무엇을 하는 곳인가?

정답은 학생을 교육하는 곳이다. 정말 쉽다.

두 번째 문제, 교사는 무엇을 하는 사람인가?

대부분의 독자는 학생을 가르치는 사람이라고 답했을 것이다. 맞다. 좀
더 정밀하게 사전의 도움을 받아 말하면 교사는 '일정한 자격을 갖고 학
생을 가르치는 사람'이다. 이제 마지막 세 번째 문제까지 왔다. 힘을 내자.

세 번째 문제, 교무실은 무엇을 하는 곳인가?

앞의 두 문제와 달리 이번 문제의 해답은 각양각색으로 나올 것 같다.
'교감 선생님 집무실'이나 '전체 교직원 협의회실', 아니면 '아침에 잠
시 들렀다 가는 곳'이라는 답도 있겠다. 교사들도 교무실이 무엇을 하는
곳인지 명확하게 정의하기가 쉽지 않다.

무엇보다 교무실은 누구를 위한 공간인가에 대한 정의부터 필요하다.
'교무'라는 말의 사전적 의미가 '학생을 가르치는 일에 대한 사무'이니

'교무실은 학생을 가르치는 일에 대한 사무를 보는 방'이라는 말로 문자 그대로 해석하면 되겠다. 그러면 교무실은 사무를 보는 사람의 공간이다. 그런데 교무실의 사전적 의미는 그렇지 않다. '교사들이 학교 업무를 보거나 수업을 준비하는 곳'이라고 되어 있다. 여기에서는 교무실을 교사의 공간이라고 명확하게 말하고 있다.

비슷한 말이라 비슷한 뜻인 줄 알았는데 교무와 교무실의 사전적 의미는 명백히 달랐다. 교무실은 사무를 보는 곳이 아니라 수업을 준비하는 곳이며, 따라서 교무실은 수업을 준비하는 교사를 위한 공간이라는 말이 된다. 그렇게 해석하고 나니 학교마다 왜 교무실이 반드시 있어야 하는지 이해가 되었다.

하지만 나는 교사로 발령받은 이후 지금까지 한 번도 교무실에서 수업을 준비한 적이 없다. 고작해야 복사기가 그곳에 있으니 학습지 복사 정도의 수업 준비를 했을 뿐이다. 그렇지 않고 다양한 수업 준비를 그곳에서 어떻게 할 수 있겠는가? 적어도 나에게 교무실은 업무를 보거나 일 처리를 하러 가는 곳이지 수업을 준비하러 가는 곳은 아니었다.

교사에게 수업을 준비하는 곳은 주로 교실이다. 그렇다고 교실에서 수업 준비를 많이 할 수도 없다. 수업을 마친 오후에 교실에서 부족한 시간을 쪼개어 업무를 보아야 하고 틈을 내어 아이들과 상담을 하면 또 각종 회의를 한다는 방송으로 수업 준비는 맥이 끊긴다. 이런 악조건 속에서도 어느 날부터 교사들은 교실에 앉아 수업을 준비하는 데 익숙해져 있다. 왜냐하면 따로 수업을 준비할 연구실이 없기 때문이다.

대학교와 비교해보자. 학교에는 교사가 수업을 준비할 개인 연구실이 없다. 만일 대학에서 교수연구실을 주지 않는다면 교수들도 강의실에 따로 개인 책상을 마련하여 강의실에서 수업을 준비해야 할 것이다. 교사는 교수만큼 전문적이지 않다는 자발적인 판단을 한 것인지 수업을 준비할 수 있는 더 이상의 공간을 요구하지도 않는다. 교사들이 개인 연구실을 바라는 것은 지나친 욕심인가?

교무실은 있는데 연구실이 없는 학교라면 교무실을 교사가 수업을 준비할 수 있는 공간으로 재구조화해야 한다. 교무실은 회의시간에만 사용하는 공간이 아니라 수업 준비와 교육과정을 협의하는 장소여야 한다.

교무실에 앉아 업무를 보지 않아도 되는 학교, 교무실에서 교사끼리 모여 수업을 고민하고 준비할 수 있는 시간이 오기를 소원한다. 선생님들이 오늘 처리해야 할 업무를 고민하면서 출근하는 것이 아니라 열심히 준비한 흥미 있는 수업장면을 머릿속에 그리면서 출근하는 그 날이 빨리 오기를 또한 소원한다.

학교의 본모습: 이런 게 학교다!

수업하는 교사가
정당한 대우를 받아야 한다

　몇 해 전에 대한민국 19대 대통령을 뽑는 후보자 TV 토론회에서 모 후보가 강성 귀족노조의 폐해를 언급하면서 노동자의 연봉을 언급했던 기억이 있다. 노동자의 연봉이 도지사와 비슷하다고 '귀족노조'라 이름 붙이는 것을 보고 노동자의 연봉이 도지사나 대통령보다 더 높으면 안 된다는 귀족 중심적인 사고방식을 밑바닥까지 볼 수 있었다. 20년 넘은 생산직 숙련노동자의 연봉을 도지사의 연봉과 단순 비교하여 그보다 작아야 한다는 발상의 근거는 무엇일까?

　한여름 뜨거운 태양열 아래에서 찜통더위를 무릅쓰고 비지땀을 흘리며 일하는 노동자가 시원한 에어컨 밑에서 펜대만 굴리는 사무실 노동자보다 월급을 더 많이 받는 게 이상한 일인가? 노동의 강도나 가치 면에서 더울 때 가장 더운 곳에서, 추울 때 가장 추운 곳에서 힘들게 일하는 사람들이 대통령이나 도지사보다 월급을 적게 받아야 한다고 누가 정했는가?

　학교 내에서도 노동 강도와 연봉의 상관관계는 형평성에 어긋난다. 적어도 현재의 상태로는 말이다. 교육 현장의 최전선에서 학생들과 부딪히고 씨름하고 있는 교사와 컴퓨터 앞에서 클릭 결재만 하는 관리자의 노동 강도를 단순 비교해도 교사가 관리자보다 더 많은 월급과 보상을 받아야 하는 데 그게 그렇지 못하다.

관리자의 연봉에는 호봉급여와 관리에 대한 수당과 직위에 대한 수당이 포함된다. 관리자가 되면 수업을 하지 않기 때문에 노동의 강도가 교사 때보다 줄어드는데도 줄어든 노동에 대한 것은 반영되지 않는다. 물론 관리자는 관리자만의 책임과 결정, 자리에 대한 무게가 있을 것이다. 그러나 전쟁터 같은 교실과 달리 조용한 개인 공간에서 일간지를 읽고, 텔레비전을 시청하고 취미 생활을 하면서 많은 시간을 보내는 것을 보면, 교사보다는 분명히 수행하는 업무의 강도가 약하다고 할 수 있다. 따라서 같은 경력이고 같은 호봉이라면 관리자보다 수업과 생활지도에 매달려야 하는 교사의 월급이 훨씬 더 많아야 한다. 업무를 처리하면서 학생들을 가르치고 학부모를 상대하는 교사의 노동 강도를 관리자의 노동 강도가 도저히 따라올 수가 없다.

교직 사회에서 승진에 대한 욕구가 큰 것은 수업이라는 업무를 벗는다는 의미와 더불어 몸이 편해져도 월급이 적어지지 않는다는 매력이 한몫을 했다고 생각한다. 교장보다 교감이 보수를 많이 받고 교감보다 교사가 보수를 더 많이 받는다면 굳이 승진하려고 매달릴까 하는 의문이 들었다. 승진했을 때 급여가 오히려 교사 때보다 삭감이 되고 교직 경력이 같은 경우 오히려 교사의 급여가 많다면 많은 교사가 승진을 하려는 생각을 분명 바꿀 것이다.

승진자의 월급 삭감이 비현실적이라면 교사의 월급을 관리자들보다 많이 받도록 올려주면 된다. 예를 들어, 교감이나 교장의 직급보조비만큼 교사의 담임수당을 똑같이 주거나 현재보다 올려주는 것이 타당하다. 그래도 지위나 사회적 위치를 봐서라도 교장이 월급을 더 많이 받아야 한다고 하는 분들에게 독일 학교 이야기를 들려드리고 싶다.

몇 해 전 읽었던 『꼴찌도 행복한 교실』이라는 책에는 교사와 관리자의 역할에 대한 부분이 잘 설명되어 있었다. 독일의 교사들은 골치 아픈 일은 모두 교장에게 넘긴다고 한다. 교사에게 대든다거나 말썽을 피우는 아이들은 교장실로 보내고, 학교 폭력이 발생하거나 부모끼리 항의나 고소할 일이 생기면 교장이 나서서 학부모를 만나 설득하고 중재를 한다고 한다. 그것은 교사가 특정 사안의 문제를 해결하려고 매달릴 경우 생길 수 있는 나머지 학생의 학습권을 보장하기 위한 장치였다. 독일의 교장은 모든 직원의 일을 대신해낼 수 있어야 하고 뒤치다꺼리까지 맡아야 하는데, 월급을 많이 주는 만큼 철저하게 그만큼의 업무를 수행하도록 교사의 몇 배에 해당하는 일을 해야 한다고 했다.

독일만큼은 아니어도 좋다. 교사와 동등한 만큼은 아니더라도 교장이 수업하는 것도, 교사의 결원이 생겼을 때 빈 곳을 채우는 것도 당연한 역할이라고 인식했으면 한다. 교장실에 앉아서 클릭만 하는 것이 아니라 독일 학교 교장 반 정도의 일이라도 한다면 나는 교장의 월급이 교사보다 많은 것에 동의할 수 있다.

교원행정업무 경감은
무엇부터 시작되어야 하는가?

지금까지 만났던 많은 관리자는 교사들의 자발성을 불신하고 있었다. 행정업무를 없애주면 과연 남는 시간을 수업 준비와 교재연구에 투입할까 하는 의구심을 가지고 있다. 교사는 공공기관의 공무원으로서 행정업무에서 벗어날 수 없다는 인식 때문에 한 번도 행정업무에서 벗어날 수 없었으며, 수업보다는 실적이 확연하게 드러나는 업무에 중점을 두고 일하고 있다.

2000년대 초 이러한 반성에서 출발한 작은학교연대와 혁신학교 운동의 우선 과제는 교원행정업무의 정상화였다. 교원업무 정상화는 교사들이 처리해야 하는 과도한 행정업무로 인해 교사 본연의 업무인 수업과 학생 생활지도가 침해받는다는 문제의식에서 출발했다. 상부 기관에서 내려오는 공문과 학교 내부의 행정업무를 줄일 수 없다면, 이를 처리하는 전담직원을 더 채용하거나 학교 자체적으로 업무전담팀을 꾸려서 담임교사만이라도 업무를 경감시키고자 한 것이었다. 결론부터 말하면, 혁신학교의 업무전담팀은 담임교사의 업무를 덜어냄으로써 업무보다는

학교의 본모습: 이런 게 학교다!

교육과정에 더 충실할 수 있도록 하는 전환점이 되었고, 담임교사의 업무를 줄이거나 없애면 교사가 더 수업에 열중할 수 있음을 증명했다.

혁신학교에서 보여준 담임교사의 업무경감이 학교교육과정 운영의 성패를 결정하는 중요한 요인으로 작용하는 것을 볼 때 교사의 행정업무 경감은 하루빨리 일반화되고 확산되어야 한다. 그러나 행정업무만 전담으로 처리하는 교무행정원(일부 시도에서는 행정실무사)을 한 명 더 추가로 배치하여 교원업무를 경감시켜 주는 혁신학교와 달리 여전히 많은 일반학교는 교무행정원의 추가 배치 없이 자체적으로 업무를 처리해야 하는 실정이다.

교무행정원의 추가 배치 없이 가장 효과적으로 교원의 업무를 경감하는 방법은 교원업무전담팀을 구성하는 것이다. 하지만 학교는 교원업무전담팀 구성에 소극적이며, 시도교육청의 지시에 따라 결과 제출용으로 형식적으로 구성만 되어 있는 것이 현실이다. 이렇게 된 까닭은 다수의 담임교사 업무를 소수의 전담교사가 도맡아 처리하게 함으로써 일부 교사의 희생을 강요하고 있기 때문이다. 희생에 대한 보상으로 수업을 경감해주는 방안이 강구되었지만, 전담교사는 수업하는 교사가 아니냐는 시각에서 보면 많은 모순을 가진 시도였다. 또 적용 학교에서 전담교사들의 반발이 이어지고 있어 혁신학교 중에서도 원래의 업무분장으로 회귀하는 학교가 나타나기도 한다.

하지만 내가 교감으로 근무했던 모든 초등학교는 교무행정원의 추가 배치 없이도 담임교사를 행정업무에서 완전히 배제했으며, 담임교사뿐만 아니라 행정업무전담팀도 모두가 만족하면서 근무하고 있다. 업무전담팀의 구성과 운영이 원활하지 못한 이유는 교원업무 정상화의 철학이 부재하기 때문으로 우리 학교의 사례를 근거로 이 문제를 해결할 수 있는 몇 가지의 방안을 제시하고자 한다.

첫째, 교원행정업무를 반드시 경감해야 한다는 철학의 정립이다. 계속해서 강조하는 사항이지만 초·중등교육법 제20조의 교사의 임무를 충실히 하기 위해서 반드시 교사의 업무를 경감해야 한다. 초·중등교육법 제20조의 개정 전 내용은 '교사는 교장의 명에 따라 학생을 교육한다'였다. 이 시기에는 교장이 명하는 행정업무를 등한시 할 수 없었고 따라서 행정업무가 교사의 중요한 업무로 각인되어 있었다. 하지만 '교사는 법령에 따라 학생을 교육한다'로 개정되면서 교사의 임무에 행정업무 처리를 포함한다는 내용은 법령 어디에서도 찾아볼 수 없다. 교원행정업무전담팀의 운영과 그들의 희생으로 담임교사의 업무경감이 수업 준비와 교재연구 그리고 교육과정의 충실한 운영을 위한 전문적 학습공동체를 출발시키는 전기를 마련했고 혁신학교들이 이를 증명하고 있다. 이제 교사들은 교원행정업무의 경감이 아니라 완전 폐지를 요구해야 한다.

둘째, 교원행정업무전담팀의 사기를 진작시켜야 한다. 교원행정업무전담팀의 교사도 행정업무 전문가가 아니라 언제든지 다시 담임교사로 돌아갈 수 있는 교사이다. 그들은 늘 자신이 교사임을 잊지 않는 상태로 행정업무를 도맡아 처리하는 한시적 역할을 하고 있다. 몇 시간의 수업경감이 충분한 보상이 될 수 없다. 그들 또한 행정업무 없이 마음껏 학생을 지도하는 교사로 사는 것을 늘 꿈꾼다. 학생 지도시간을 줄여가면서 행정업무를 전담하는 교사는 나름의 보람이 없으면 그 일을 수행하기 힘들다. 보람을 느끼게 하는 것이 행정업무전담팀의 사기를 진작시키는 가장 좋은 방법이다. 단순히 수업시수만 경감시켜 준다고 해서 보람을 느

학교의 본모습: 이런 게 학교다!

끼지 않는다. 담임교사들이 교실에서 모든 열정과 노력을 다해 아이들을 가르치는 것을 눈으로 보고 느꼈을 때 가장 큰 보람을 느낀다. 동료에 대한 애정과 행정업무 전담교사로서의 자부심도 마찬가지다.

사건이나 화재가 발생했다고 해서 모든 경찰공무원과 소방공무원이 현장으로 출동하지는 않는다. 현장 근무자들을 위해 일부 경찰이나 소방관이 행정업무를 맡아서 처리한다. 이처럼 행정업무를 맡아서 처리하는 동료가 있기에 마음 편하게 현장에서 뛸 수가 있는 것이다. 그런데 만약 사건 현장에서 동료 경찰이나 소방관이 자신의 역할에 충실하지 않고 대충 시간만 보낸다면 행정업무를 맡아서 처리하는 동료들은 과연 보람을 느끼며 근무를 할 수 있을까? 이와 마찬가지로 교원업무전담팀의 전담교사에게 필요한 것도 보람이다.

교무행정업무는 많은 경험과 경륜을 필요로 한다. 그래서 대개의 경우 교원업무전담팀은 경력이 많은 선배 교사들의 몫이다. 선배 교사들은 살아오면서 많은 동료 교사가 업무에 치여서 학생 교육에 충실하지 못하는 것을 보았다. 자신들의 희생으로 담임교사들이 자부심을 가지고 학생 교육에 충실할 때 그들은 보람을 느낄 수 있는 것이다.

셋째, 민주적인 학교 문화 조성과 교감의 업무 지원이 필요하다. 교원 행정업무전담팀을 구성하기 위해서는 무엇보다 민주적인 학교 문화가 조성되어 있어야 한다. 학교 민주주의의 첫 출발은 교원 전체의 소통과 합의에 의한 학년 배정과 업무 배정으로 비담임과 담임교사의 의견이 충분히 반영될 수 있는 시스템을 정착시키는 것이다. 비담임(업무지원팀)과 담임교사의 협의 과정에 관리자의 개입이 최소화되어야 하고 결정된 사항을 수용할 수 있는 관리자의 자세가 필요하다.

이때 교감은 교육과정과 관련 없는 업무들을 지원팀으로 가져와서 지원팀 전체가 충분히 협의한 상태에서 지원하도록 조율해야 한다. 교감은 업무지원팀의 팀장으로 업무를 분배하는 역할에 그치지 않고 조정자의 역할을 수행해야 한다. 물론 조정에는 교감 스스로의 희생과 봉사가 뒤따라야 한다. 본인의 수고로움을 우려하지 말고 다른 팀원이나 교사에게 업무가 덜 부과되도록 직접 맡아서 처리해야만 지원팀이 원활하게 운영될 수 있다. 참고로 나는 교감직과 더불어 교무업무, 방과후 업무, 보건위생, 교원평가, 학부모회를 직접 맡아서 처리하고 있다.

넷째, 업무 덜어내기를 반복하자. 지금까지 학교의 업무들은 더하기만 해 왔지 빼기는 하지 못했다. 업무는 교사끼리 1/N로 나누어야 공평한 줄 알고 업무를 더 만들거나 세분화하여 업무를 분장해 왔다. 새로운 정책이 내려오면 기존 업무에 계속해서 업무가 더해져 왔다. 이런 상황에서는 담임교사의 업무를 없애려고 하면 할수록 업무전담팀의 업무는 가중될 수밖에 없다. 따라서 학기마다 학교에서 워크숍을 하면서 쓸데없는 업무와 행사를 계속해서 덜어내고 통합해 나가야 한다. 필요 없는 내부 기안을 과감히 없애고 교육과정 운영과 관련이 없는 보여주기식 행사를 없애 나가야 한다. 해마다 업무를 반성하고 불필요한 업무를 찾아서 줄여가는 작업만이 업무전담팀의 정상적인 운영을 가능하게 할 것이다. 업무는 나누는 것이 아니라 덜어내고 없애야 하는 것이다.

다섯째, 모든 것의 출발은 관계 형성부터이다. 교직원이 모여서 학교의 업무를 덜어내고 나누는 것은 신뢰가 바탕이 되지 않으면 어렵다. 교직원 간에 반목이 일어나고 원만한 관계가 형성되어 있지 못하면 업무 덜어내기도, 행정업무전담팀 구성도 사상누각이다. 관계 형성은 민주적

학교의 본모습: 이런 게 학교다!

인 학교 문화의 시발점이며, 앞바퀴 교사들의 희생과 봉사로 이루어질 수 있다. 업무를 분장하고 배정할 때 동료 교사에게 피력하는 나의 의견이 서로의 가슴에 생채기를 내는 말이 아닌 우리 학교의 변화를 바라는 동료애로 받아들여질 때 신뢰가 형성된다. 지금까지 많은 학교에서 업무 전담팀의 운영이 실패로 끝난 이유는 형식에만 억눌려 민주적인 학교 문화와 서로 간의 관계 형성을 등한시했기 때문이다. 동료 간의 신뢰회복과 동료애를 느낄 수 있는 관계 형성이 학교 혁신의 출발이다.

이제야 수업하는 교사의 업무를 없애는 실험이 시작되었고 업무가 없으면 학생 교육이 충실해짐이 증명되고 있다. 이런 과정이 있었기에 모든 교사에게서 행정업무를 없애주어야 한다는 정당성을 말할 수 있는 계기도 만들어지고 있다. 교사의 행정업무를 덜어낼 수 있는 가장 확실한 방법인 교무행정원의 추가 배치를 해야 할 시점이 다가오고 있다.

어쩌면 아직은 시기상조일 수도 있다. 많은 학교가 아직 담임교사들의 행정업무를 경감해 본 경험이 없으며, 교무행정원의 추가 배치를 위한 추가 재원의 확보가 어려운 실정이다. 당장은 아니더라도 교육의 정상화를 위해 교무행정원의 추가 배치는 반드시 이루어내야 한다. 행정업무지원팀의 구성과 담임교사 업무경감 경험의 확대, 전담교사의 업무 지원을 위한 교무행정원의 추가 배치 등 앞으로 헤쳐 나가야 할 난관이 많다.

업무분장

1. 교사 다모임에서 전체협의를 통하여 결정
2. 학기 말 업무반성회를 통해 불필요한 업무를 미리 조정
3. 교무행정지원팀 내 업무의 유연성 발휘를 위해 공모사업의 경우

TF팀 운영

행사

1. 학년별 자율성을 보장하여 행사를 진행

2. 대외 행사의 경우 교사 학생의 의견을 존중하여 참여 여부 결정

3. 교내 행사는 교육과정에 계획된 것만 실시

4. 공모사업 등은 계획된 교육과정에 있는 것만 협의해서 공모

공문서 작성

1. 교육과정과 관계없는 것은 교무행정지원팀에서 처리

2. 내부 문서 작성과 회의록의 간결화

3. 에듀파인 품의 시 계획서는 간략하게 첨부

4. 비슷한 성격의 계획은 일괄로 기안

관계

1. 관리자는 시기에 따라 업무량을 적절히 분배, 조정하고 직접 지원

2. 교무행정지원팀 내에서 협의를 통해 불필요하고 축소해야 할 업무
   들을 수시로 체크하고 조정

3. 교무실무사가 교사들과 수평적인 관계 속에서 각종 협의회 등에 적
   극적으로 참여

학교의 본모습: 이런 게 학교다!

A초

1. 교무실무사의 업무분장을 명확화하였으며, 교무업무전담팀 중심으로 교무행정업무를 전적으로 처리

2. 각종 대외 행사는 학교 홈페이지에 안내하여 관심 있는 학부모나 학생들만 자율적으로 참가

3. 별도의 대회지도는 지양하며 희망 교사가 있을 경우에만 최소한으로 지도하되 경쟁 및 선발을 요하고, 교내 수상을 수반하는 행사는 폐지

B초

1. 학교 주요 행사 추진 시 교직원이 모두 한자리에 모여 협의하는 문화를 조성

2. 교육청 주최 행사에 무조건적인 참여를 지양하고 학교의 실정에 맞는 선택적 참가

3. 1년의 학교행사 활동 중에서 각종 대회 등 전시성이나 실적용 행사를 폐지하고 가능한 교육과정 안으로 끌어들여 교실 수업으로 진행

C초

1. 명확한 업무 구분이 어려운 공문은 교무업무전담팀에서 조정과 협조를 받아 처리

2. 야영과 수련회, 운동회 등 협의를 통해 운영해야 할 행사는 교무업무전담팀에서 맡아서 진행

3. 교감 선생님의 자발적 업무 지원으로 교사의 획기적인 업무경감

교무행정팀 구성 과정

1. 덜어낼 업무를 찾고 업무의 경계 세우기

업무를 덜어내는 첫 작업은 학교의 구성원들이 모여 업무분장표에 존재하는 업무와 업무분장표에는 없었지만 1년간 수행했던 모든 업무를 나열하여 포스트잇에 적어 살펴보는 것부터 출발해야 한다. 없애야 할 것과 수정할 것 등을 찾아 토론하고 분석하면서 내년 업무분장표의 토대를 세워야 한다. 이러한 작업은 당해 교직원의 인사이동 전인 12월 이전에 시작해야 하며, 교무실과 행정실도 함께 참여해야 한다. 업무의 구분이 명확하지 않은 업무는 경계선에 두고 토론하면서 조정해야 한다.

2. 교육과정과 행정업무로 나누기

업무의 경계를 세우고 나면 교육과정과 행정업무를 나누는 작업을 시작한다. 이 또한 당해 연도 구성원의 인사이동 전에 이루어져야 하며, 담임교사들에 의해 대부분의 활동이 이루어지는 교육과정과 이러한 교육과정 운영을 뒷받침할 잡다한 행정업무들을 분류하는 작업이 주를 이룬다. 이 작업에는 상당한 시간이 필요한데 분류를 위한 작업시간도 줄이고 구성원들의 원만한 합의를 도출하기 위해서는 교육과정과 행정업무 사이에 경계선이라는 항목을 적절히 이용하면 보다 수월하게 작업을 진행할 수 있다. 무엇보다 이러한 작업을 통해 교사들이 자신이 1년간 수행해야 할 일이 교육과정인지 행정업무인지 보다 명확한 가치관과 철학을 세우게 되기 때문에 교무행정팀을 구성하기 위해 반드시 거쳐야 하는 과정이다.

학교의 본모습: 이런 게 학교다!

3. 교무행정팀 구성 및 운영하기

교육과정운영팀과 교육과정지원팀의 업무가 나누어지고 나면 운영팀(담임교사)은 운영팀대로 지원팀은 지원팀대로 모여서 팀장을 정하고 업무를 나누게 된다. 운영팀의 팀장은 보통은 연구부장이나 부장교사가 되지만 학교의 현실과 상황에 따라서 조정이 가능하다. 지원팀의 팀장은 교감 선생님이 맡아야 하며 보직교사나 교무실무사 등의 교육공무직을 아울러 구성한다. 주의할 점은 교무실무사와 같은 공무직이 업무분장에서 일방적으로 통보받는 일이 없도록 반드시 합의와 소통을 통한 분장이 이루어져야 한다. 무엇보다 업무의 보조자 역할에서 벗어나 자신의 역할을 명확히 할 수 있는 업무가 부여되어야 책임감 있게 업무를 수행할 수 있다.

학교 예산은 학생의 것이다

학교 예산은 누구의 것도 아니다. 이 말에는 모두가 동의하지만, 20년 넘게 경험한 것으로 보면, 교장과 교사의 학교 예산을 대하는 생각은 참 다른 것 같았다.

교사: 학교 돈이 교장 돈인가? 왜 이리 못 쓰게 해?
교장: 학교 돈이 교사 돈인가? 아낄 줄을 몰라요.

학년 말이 되면 행정실에서 업무부장들과 담당 교사에게 다음 해 예산안을 수립해 달라고 메신저를 보낸다. 예산을 수립하기 전에 각 부서와 업무 담당자는 협의 과정을 거쳐 예산 규모를 조정하는 단계를 거쳐야만 한다. 그러나 민주적인 문화가 조성되지 못한 학교에서는 협의 과정이 생략된 채 담당자와 행정실장의 조정과 관리자의 결재만으로 예산 수립이 끝나버린다. 다른 부서와의 조정이 없이 행정실과 업무 담당자와의 합의로만 예산을 수립하면 다음 해 교육과정을 반영하기는커녕 예산 요구 내용도 숙지하지 못한다. 협의가 없으니 결국 전년도 예산 계획에 연도만 바꾸어 별다른 수정 없이 제출하는 경우가 허다하다.

예산안이 결재되고 나면 각 부서의 예산안을 모아 증감을 하고 맞추는 것은 교사가 아닌 행정실장과 교장의 역할로 넘어간다. 많은 학교에서 이런 현상이 해마다 반복되고 결국에는 교장이 예산안을 놓고 마지막까지 증감을 하며 씨름을 한다. 이런 일을 몇 번 겪고 나면 몇몇 교장 선생님은 마치 학교 예산이 자기 돈인 것처럼 예산 쓰기를 아까워하는 경우를 자주 보았다. 학교 예산은 국가 돈이다. 엄밀하게 말하면 국민의 세금에서 나왔다. 그런데 마치 자기 주머니에서 돈이 나가는 것처럼 느껴지는 모양이다. 학교의 예산은 학생들을 가르치는 데 쓰여야 한다. 학생들을 가르치는 교사들이 예산을 쓰고 싶은 데 쓰는 게 당연한데 학생을 가르치지도 않는 관리자들이 예산의 사용처를 결정하며 때로는 사용을 가로막는다.

예산 사용에 대한 교장과 교사의 관점은 확연하게 다르다. 교사는 당연히 예산의 대부분이 교육활동을 위해 쓰여야 한다고 생각한다. 학생 일인당 학습 준비물 구입비가 여전히 부족하며, 체험활동비 등도 수익자 부담을 최소화해야 한다고 생각한다. 반면 몇몇 교장의 관심사는 겉으로 보이는 학교 시설의 정비에 치중되어 있다. 낡은 학교 건물이 신축 없이 리모델링만으로 몇십 년을 견디고 있는 것은 교장 선생님들의 시설에 대한 관심 덕분인지도 모르겠다. 실제 교육에 투입되는 학습 자료와 체험활동비는 임기 동안 교장의 치적으로 알리기 어렵지만, 시설에 대한 투자는 교장의 업적으로 남을 수 있다는 생각이 강하게 지배하고 있다고 봐야 한다.

SNS를 통해 예산 사용에 어려움을 겪었던 사례를 알아보았다. 사연 중에서 특히 눈에 띄었던 것은 학습 준비물 품의를 올리면 아이들에게 너무 비싼 것을 사 주는 것은 아니냐고 하거나 체험활동 계획을 수립하면 그 활동보다 경비가 더 적게 드는 활동이나 다른 곳을 찾아보라는 관리자가 있다는 것이었다. 다른 사례로 초등학교에서 부진아 지도를 담임 교사가 하려고 하면 지도수당의 예산효율이 떨어진다고 다른 반 아이들도 합쳐서 지도하라는 교장도 있었다. 만약 이를 따르지 않고 추진하려고 하면 마음에 들지 않는다고 결재를 해 주지 않아 진행할 수 없게 한다고도 했다.

이런 극소수의 사례가 일반적인 것처럼 말함으로써 존경과 신뢰를 받고 있는 많은 관리자의 명예를 실추시켜 대단히 죄송하기도 하다. 그러나 이 극소수의 예는 여전히 교장의 예산전용과 같은 교육현장의 부조리가 남아 있음을 잘 보여주는 증거이다.

그렇게 예산을 아끼는 이유는 무엇인가? 사실 교사들은 예산에 대해 잘 알지 못한다. 기껏해야 자기 부서나 자기 업무에 관련된 예산을 알 뿐이다. 학교 예산의 전체 금액도, 부서별 비율도 잘 모른다. 단지 관리자와 행정실장의 의견에 따라 모자라면 모자라는 대로 맞추어 집행한다. 예산안을 제출한 교사가 전보라도 가게 되면, 남아 있는 교사들이 관심을 가지지 않는 한 관리자 외에는 예산의 편성내용을 알 수가 없다. 예산의 전용이나 이용이 가능한데도 불구하고 추경 때까지 기다려야 되는 줄만 안다. 그렇게 각 항목이나 부서에서 남기거나 모은 예산은 상당한 금액이 되고 그것으로 추경을 하여 학교 시설에 투자하는 경우를 자주 보았다. 중복되거나 필요 없는 영역에서 저절로 남은 돈을 모아 필요한 시설에

학교의 본모습: 이런 게 학교다!

투자를 하는 것이라면 문제가 없는데 겉으로 잘 드러나는 성과를 나타내기 위해서 일부러 남기려 드는 경우는 문제가 있다.

다음 교장을 위해 예산을 남기려고 노력하는 경우도 있다. 전보를 갈 것이 예상되면 다음 교장을 위해 돈을 남겨서 물려주는 것이 도리라고 생각하는 교장 선생님이 의외로 많았다. 심지어 예산을 남기지 않고 모두 다 사용하고 떠난 교장을 욕하는 교장도 보았다. 학교의 예산은 다음 교장의 학교경영과 사업을 위해 있는 것이 아니라 그 학교의 학생들을 교육하는 데 쓰라고 있는 돈이다. 마음껏 충분히 쓸 수 있도록 교사들에게 최대한 결정권을 주고 넘겨주어야 한다. 다행히 근래 들어 예산을 상반기에 많이 집행하라는 지침이 자주 내려온다. 도서 구입과 같은 경우는 가능한 한 일찍 집행하여 학생들이 혜택을 볼 수 있도록 하라고 하고, 분기별로 계획성 있게 활용하라고 강력히 당부한다.

학교 예산이 규모 있게 사용되기 위해서는 예산 편성 계획이 교육과정 편성 계획과 시기를 같이해야 한다. 교육계획이 수립되지 않은 상태에서 예산안을 편성하니 앞뒤가 맞지 않다. 전 교직원이 모여 합의를 통해 교육활동을 계획하고 또한 합의를 통해 예산의 활용 계획을 수립해야 한다. 예산을 세우고 집행하는 데 있어 모두가 한 번쯤은 생각해 보았으면 한다. 학교의 예산은 내 돈도 아니고 누구의 돈도 아닌 학생 교육을 위해 써야 하는 국민의 세금이라는 사실 말이다. 따라서 예산이 최우선으로 사용되어야 하는 곳은 학생이 되어야 한다.

학교 내부자들

학교에서
교무를 없애는 실험을 시작하다

　학교에서 교무라는 보직은 왜 필요한 것일까? 초·중등교육법 제20조에서는 교무 관리를 교감의 임무로 규정하고 있는데, 굳이 교무부장이라는 직책을 만든 이유는 무엇일까 하는 고민을 시작했다.

　'교무'에 대한 사전적 의미는 '학생을 가르치는 일에 대한 사무'이다. 간단하게 설명되어 있지만, 사실상 학생을 가르치는 일에 대한 사무는 참 광범위하다. 생활부장, 체육부장, 정보부장이 맡아 처리하는 사무도 모두 학생을 가르치는 일에 대한 사무인데, 굳이 이런 각종 학생을 가르치는 일에 대한 사무를 총괄해야 하는 교무라는 보직이 또 필요한 이유는 무엇일까? 초·중등교육법에 교사의 임무는 '교사는 법령에서 정하는 바에 따라 학생을 교육한다'라고 되어 있지 '학생을 가르치는 일에 대한 사무를 본다'라는 말은 포함되어 있지 않다. 동법 제5항에는 '행정직원 등 직원은 법령에서 정하는 바에 따라 학교의 행정사무와 그 밖의 사무를 담당한다'로 행정사무의 처리 담당에 대해서는 별도로 명시하고 있다. 그런데 교사는 이런저런 사무를 처리하느라 수업이나 학생지도에 지

대한 방해를 받는다. 이런 교사들의 현실을 토대로 교사의 임무를 수정하면 '교사는 학생을 가르치는 일에 대한 사무를 주로 하면서 법령이 정하는 바에 따라 가끔씩 학생을 교육한다' 라고 고쳐야 한다는 감정 상한 생각이 들기도 한다.

교무라는 용어는 교감의 임무에서도 찾을 수 있다. 동법 제20조 제2항 교감의 역할에서 '교감은 교장을 보좌하여 교무를 관리하고 학생을 교육하며' 라고 되어 있다. 이것을 근거로 하면 분명히 교무(학생을 가르치는 일에 대한 사무)를 관리해야 하는 사람은 교감이다. 그런데 현실은 교무를 관리하는 것이 아니라 교무부장을 관리하고 있지 않은가? 이 또한 '교감은 교장을 보좌하여 교무부장을 관리하고' 로 법령을 바꾸는 것이 타당할 것 같다. 교무부장이라는 모호한 중간관리자의 직책을 만들어 마땅히 해야 할 교감의 교무 관리를 떠넘기고 있지는 않은지 살펴보아야 할 것이다.

학교에서 교사의 역할은 크게 두 가지이다. 학생을 가르치고 교육과정을 운영하는 일과 학생을 가르치는 일에 대한 사무를 보는 일이다. 두 가지 일 모두가 중요하고 잘 해야 하는 것이지만, 현실을 살펴보면 학생을 가르치고 교육과정을 운영하는 일보다 업무와 사무를 우선하고 잘 처리하는 교사가 유능한 교사로 인정과 선택을 받고 승진을 하는 경우를 허다하게 볼 수 있다. 학교의 피라미드는 특이한 양상을 보인다. 교사-부장-교감-교장으로 직책이 상층부로 올라갈수록 교실 수업에서 멀어져 간다. 수업을 잘하고 학생을 잘 지도하는 것보다는 공문을 제때 잘 처리하고 계획서나 보고서를 멋지게 잘 꾸미는 교사가 능력 있는 교사로 인정받는 탓에 학생을 가르치는 일에 대한 '사무' 를 후순위로 몰아내기가 참으로 힘들다.

무모한 실험, 위험한 실험일 수도 있지만 지금 근무하는 학교에서 교무부장을 맡았던 교사를 학생들에게 돌려주는 실험을 시작했다. 학교를 교실에 비유하면 교무는 담임교사가 임명한 교실의 반장이다. 담임교사가 직접 할 일을 반장에게 떠넘기고 교사는 편하게 쉬고 있는 형국이다. 반장은 학생들이 직접 선거로 뽑지만, 교무는 교장이 임명한다. 관리자로부터 임명된 교무가 교사의 편에서 교사의 의견을 취합하여 관철시키기 위해 노력한다는 것은 어불성설이다.

교육과정을 운영하고 학생을 교육하는 것보다는 교장과 교감의 대리인 역할로 관리자의 명을 전달하는 교무. 그런 비서의 역할에 충실한 교무를 없애는 실험은 '교무부장의 역할과 업무가 과연 학교에서 필요한가'라는 물음에서 시작되었다. 물론 교무부장이 있으면 군대 내 부사관의 역할처럼 일반 사병과 장교의 완충지대를 만들어 일반 병사가 부사관과 먼저 상담을 통해 원만한 해결을 기할 수 있다고 주장하는 사람들도 있다. 그러나 결단코 학교는 군대처럼 상명하복으로 움직이는 기관이 아님을 강조하고 싶다. 누구나 중간 단계를 거치지 않고 교장실로 쉽게 갈 수 있어야 하고, 명에 따라 움직이는 곳이 아닌 민주적인 절차에 따라 토론과 합의로 운영되어야 한다. 그 속에서 민주적인 절차를 몸에 익힌 교사가 학생을 올바른 민주시민으로 길러 낼 수가 있는 것이다.

교감으로 승진후에 지금까지 교무부장이라는 보직을 없애는데 노력해왔다. 교육과정을 운영하는 교육과정운영팀과 이를 지원하기 위한 교육과정지원팀으로 이원화하고 교사들의 업무를 최대한 경감시키기 위한 첫출발을 내디뎠다. 교무부장과 연구부장으로 불리던 두 명의 부장교사를 교육과정을 운영하는 팀의 교육과정운영부장과 학생을 가르치는

227

일에 대한 사무만 보는 지원팀의 교육과정운영부장으로 바꾸었다. 선생님들의 토론과 협의를 거쳐 행복지원부장은 10시간으로 수업을 경감시키고 학생 교육과 직접적 관련이 없는 행정업무들을 맡겼다. 학교의 업무는 행정업무와 교육과정으로 구분했다. 교직원이 모두 모여 각종 업무명을 쓴 종이를 행정업무인지 교육과정인지 나누고 모호한 것도 따로 모아 분류했다. 지금의 업무분장은 그렇게 정해졌다.

주임 선생님에서 부장 선생님이라고 호칭을 바꾸던 어색함을 알기에 어느 정도 명칭이 익숙하기까지 시간이 걸릴 줄 알았는데 새로 오신 교장 선생님께서 '행복학교나 혁신학교에 상관없이 진즉에 학교의 업무분장이 이렇게 바뀌어야 했다'면서 격려해주고 솔선해서 운영부장님, 지원부장님이라고 부르니 사흘 만에 호칭이 완벽하게 정착되었다.

교감의 지원적 역할을 강조하자 행정실처럼 지원만 하는 경우 교감의 권위가 떨어진다고 우려하는 말이 의외로 참 많았다. 그러나 나는 믿는다. 권위는 내가 만드는 게 아니라 다른 사람이 만들어주는 것이다. 책상에 앉아 무게를 잡는다고 생기는 것이 아니다.

작년 이맘때 컴퓨터에 앉아 계획서를 만들고 업무에 시달리던 담임선생님들이 지금은 모여 교육과정을 의논하고 수업을 고민한다. 웃음을 잃지 않고 학생들의 고민을 나누는 선생님들을 보면서 묘한 짜릿함과 기쁨을 맛보는 하루하루를 보내고 있다.

교육과정 중심의 업무분장표 예시 1

팀명	구분	교직원	담당	구체적 활동 교육업무 추진	구체적 활동 교육과정 운영
행복운영팀	교육과정운영	학교장 OOO	지원		
		1학년 OOO	독서교육	다문화	입학식
		2학년 OOO	예술교육		계절학교(가을)
		3학년 OOO	행복운영부장	평가	계절학교(봄)
		4학년 OOO	영어교육	수업나눔	학생다모임
		5학년 OOO	생활교육		계절학교(여름)
		6학년 OOO	체육교육	학교폭력	졸업식
행복지원팀	교무업무지원	교감 OOO	교무업무지원팀장	교무관리, 교원인사, 복무관리, 교원표창, 청렴교육, 학부모회 운영, 월중·주간계획, 홍보 및 자료집 발간, 교직원다모임 운영, 방과후학교 운영, 보건위생교육, 교원능력개발평가	
		교과전담 OOO	교무업무지원팀장	학교정보공시, 학생전출입, 컴퓨터관리, 안심알리미, 나이스 및 생기부 관리, 홈페이지관리, 학교규칙, 출결마감, 학습준비물, 돌봄교실, 과학교구 관리, 방송 및 기자재관리, 정보 및 과학교육, 안전교육, 가정체험학습 운영	
		교무행정원 OOO	교무업무지원	공문접수 및 공문처리, 간행물관리, 가정통신문 관리, 제장부관리, 각종 통계, 기록물 정리, 환경물품구입, 자유수강권, 게시판관리	
		돌봄 OOO	돌봄교실	돌봄교실 운영 및 지원	
	행정업무지원	행정실장 OOO	행정업무총괄	관인관리 및 인사·보안, 학교회계 예·결산 업무, 학교운영위원회, 교육공무직원관리, 계약 및 학교회계 지출, 재산, 소방	
		주무관 OOO	학교회계	학교회계(병설유치원)세입·세출, 세입세출외 현금관리, 급여 및 4대보험, 민원 및 정보공개, 교육통계, 기록물관리, 물품, 시설, 에너지 절약, 차량요일제 관리, 교육비지원, 연말정산	
		영양사 OOO	학교급식	급식업무총괄, 급식식단작성, NEIS급식관리, 급식 관련 장부관리, 급식소위생관리 및 교육, 영양관리 전반, 중식지원자관리	
		주무관 OOO	급식조리	조리, 조리장 내 위생관리, 조리원 관리	
		조리실무사 OOO	급식조리	조리업무 보조	
		조무 OOO	시설관리	시설물관리, 교내외 환경관리, 영선(정기등청), 당직관리	

229

학교의 본모습: 이런 게 학교다!

교육과정 중심의 업무분장표 예시 2

팀명		담당	교직원	교육과정운영	비고
교육과정팀	교육과정 운영	학교장	○○○	지역사회 및 동창회 협력 지원	총괄
		1-1	○○○	수업 및 생활지도	
		1-2	○○○		
		2-1	○○○		
		2-2	○○○		
		3-1	○○○	행복학교 교육과정 운영 및 평가	행복운영부장
		3-2	○○○	수업 및 생활지도	
		4-1	○○○		
		5-1	○○○		
		5-2	○○○		
		6-1	○○○	학생생활 및 자치	행복생활부장
		6-2	○○○	수업 및 생활지도	
		도움반A	○○○	특수교육과정운영	
		도움반B	○○○		
		영어회화	○○○	영어교육, 코티쳐	
		스포츠강사	○○○	체육수업지원, 체육교구관리	
교무행정팀	교무행정업무 수행	교감	○○○	생태운동장공간혁신사업, 초록학교운영, 방과후학교운영, 협력교사,다문화, 학부모회운영, 학교규칙, 교원능력개발평가, 교원인사, 복무관리, 교원표창, 교원성과급, 청렴관리업무, 근무평정, 호봉승급, 학폭가산점, 계약직 채용 및 평가, 신입생취학, 유예, 면제, 교직원다모임, 강사관리(스포츠강사, 영어회화강사, 배움터지킴이, 돌봄전담사, 특수교육지원 및 각종 봉사직 위촉 관리), 교직원 장애인식 개선 교육	교무행정팀장
		교과전담 (과학)	○○○	과학실이전사업, 이음교실, 일과운영 및 월중계획, 학적관리(결석계,체험학습), 출결관리, 학업성적 및 생기부관리, 결보강관리, 독서, 도서관리, 학교폭력담당, 안전교육, 문화예술교육	교무행정1부장
		교과전담 (과학)	○○○	행복교육지구사업, 그린스마트사업, 기초보충(누리,더채움), 시보조사업, 정보업무, CCTV운영, 정보공시, 나이스, 개인정보관리, 학생표창, 장학금, 학사관리, 학생관련위원회, 학교홍보, 통계, 체육(교기, 스포츠클럽, 주말체육), 과학 및 영재교육	교무행정2부장
		보건교사	○○○	보건교육, 보건일지, 신체검사및통계, 약물오남용예방교육, 건강기록부관리, 환경정화, 양성평등(성)교육, 직장내 성희롱, 금연교육, 예방접종, 수질검사, 방역	보건교육
		영양교사	○○○	영양 및 급식 교육, 급식실 운영, 급식소 위생관리, 식품검수, 조리종사원 지도 감독, 중식지원	영양교육
		상담교사	○○○	상담실운영, 상담업무, 또래상담동아리, 진로교육지원	

교무행정팀	교무행정업무수행	교무행정원	○○○	공문접수 및 처리, 에듀파인품의, 사진촬영, 방과후업무 지원, 강사인건비 지급, 자유수강권, 배차신청, 학교홈페이지관리, 학습준비물, 학교일지, 도서업무지원, 가정통신문 관리, 교과서신청관리, 학생관련대장관리	교무행정업무
		교무행정원	○○○	공문접수 및 처리, 에듀파인품의, 사진촬영, 정보화 기기 유지보수, 비품, 소모품관리, 인터넷통신비지원, PC지키미, S/W관리, 컴퓨터실관리, 특수음악강사 활동비지급, 특수자원봉사자 활동비지급, 특수학생 통학비, 학적(전출입), 안심알리미, 교무실기자재, 환경 및 청소물품 관리, 학교방송, 교원관련대장관리	교무행정업무
		특수교육실무원	○○○	특수교육활동지원	
		돌봄전담사	○○○	돌봄교실 운영 및 관련 업무	
		운동부코치	○○○	양궁부 학생 지도 및 관리	
병설유치원		유치원	○○○	유치원교육과정 운영	
		방과후기간제	○○○	유치원방과후유아관리	

팀명	직급	교직원	일반행정업무		업무대리
일반행정팀	일반행정업무수행	지방교육행정주사	○○○	• 행정업무 총괄 • 학교회계 지출 • 계약 업무 • 관인 관리 • 감사 업무	• 학교회계 예산편성 및 결산 • 지방공무원 인사 및 복무 관리 • 교육공무직원 인사 및 복무 관리 • 학교운영위원회 운영 • 보안(대외) 업무	○○○
		지방교육행정주사보	○○○	• 학교회계 세입 및 지출 • 학교발전기금 관리 • 세입세출외현금 관리 • 행정정보공개 및 민원 • 연말정산업무 • 기록물 관리 • 일반행정 업무 • 교직원 안심번호	• 보수(교육공무직 포함) 및 4대 보험, 여비 • 교직원공제회, 학교안전공제회 • 유치원 수업료 및 세입금 관련 업무 • 맞춤형복지 및 교육통계 • 물품 업무 • 학교시설대여 업무 • 안전관련 업무	○○○
		지방시설관리주사보	○○○	• 교육시설재난공제회 • 민방위 업무 • 재산관리 업무 • 물품관리업무 지원 • 수목 및 화단관리 • 차량요일제 관리	• 교육시설관리 일반 및 공문처리 • 소방ㆍ방재업무 및 에너지 절약 • 기록물 관리 지원 • CCTV설치관리 • 교육청 등청 • 통학로안전관리	○○○
		지방조리주사보	○○○	• 조리업무 • 조리보조원 관리	• 조리실 관리 • 급식소 위생관리	
		조리실무원	○○○	• 조리업무지원		
		조리실무원	○○○	• 조리업무지원		
		청소	○○○	• 환경청소		
		경비	○○○	• 당직		

학교의 본모습: 이런 게 학교다!

문안 인사는
누구에게 먼저 해야 하는가?

오래 전에 신규 교사가 부임해오면 관리자들이 관심을 가지고 주시하는 것이 하나 있었다. 교장과 교감에게 하는 아침 문안 인사이다. 학교에서는 예의가 중요하다며, 또 학생들이 교사를 보고 배운다고 학교의 최고 어른에게 하는 문안 인사는 기본 예의라고 가르친다. 인사를 잘하면 다른 것은 좀 못해도 귀여움을 받고 사랑받을 수 있다고 인사는 인간의 기본이라고 가르친다.

문안 인사는 마음에서 우러나와야 가치가 있고 빛이 나는데, 강요에 의해서 마지못해 아침에 출근하면서 교무실과 교장실로 선생님들은 인사를 하러 간다. 교감은 손 안 묻히고 코 푸는 격으로 누가 정시에 출근하고 지각을 하는지 교무실에 가만히 앉아서 파악할 수 있게 된다. 그런데 이러한 문안 인사가 처음에는 몇 번 잘 하다가도 타이밍을 놓쳐서 빼먹게 되는 경우 여간 신경 쓰이는 일이 아닐 수 없다. 왜냐하면 교사의 출근 시간이 일정하지도 않을 뿐 아니라 관리자도 출근 시간이 일정하지 않으니 문안 인사 타이밍을 맞추는 게 쉽지가 않다.

관리자에 대한 신규 교사나 교직원의 아침 인사는 교사보다 관리자의 출근 시간이 빠를 때 가능하다. 교무실과 교장실이 중앙 현관과 가장 근접해 있는 대부분의 학교 구조로 보면 출근하는 길에 교무실과 교장실에 들러 인사하고 교실로 가는 동선을 만들면 되기 때문이다. 그런데 교사보다 일찍 출근하지도 않으면서 아침 인사를 해야 하는 경우 교실에 갔다가 학생들과 아침 활동을 하다가도 다시 교무실과 교장실로 갔다 와야 하는 일이 생긴다. 관리자가 출장 가고 없는 날을 파악하지 못한 날이면 교장실을 몇 번씩 갔다 와야 하는 난감한 일도 겪게 된다.

동방예의지국에서 문안 인사를 나쁘다고 할 수는 없다. 아침에 서로 반갑게 눈 한번 마주치고 하루를 시작하는 것도 동료애의 발휘라고 할 수 있다. 하지만 관리자와 달리 교사는 누구보다 먼저 교실로 달려가서 학생들을 맞이해야 하는 책무가 있다. 인사를 해도 관리자보다는 학생들과 먼저 하는 게 교사의 역할을 다 하는 것이다. 관리자가 되면 아침 문안 인사에 무관심해야 하는 이유가 여기에 있다.

잠자리에서 일어나 아침을 먹는 둥 마는 둥 등교 시간에 쫓겨 축 처진 어깨를 하고 학교에 오는 학생들을 따뜻하고 다정하게 맞이하는 것은 학생들에게 자신이 존중받는다는 느낌이 들게 할 것이다. 교사와 아이 사이에 이루어지는 아침 문안 인사는 즐겁게 하루 일과를 시작할 수 있는 분위기를 조성하고 학생과 교사 간에 신뢰를 형성하여 생활지도는 물론 학업지도에도 좋은 영향을 미칠 수 있다. 때문에 나는 선생님들이 교무실로 먼저 오기보다 교실로 먼저 달려가기를 원한다. 선생님들이 교무실에 자주 오기보다 교실에서 늘 학생들과 함께하기를 원한다. 교무실 근처를 지날 일 있으면 저절로 인사가 될 것이다. 그리고 인사는 받는 것이 아니고 누구나 반가운 사람이 먼저 하는 것이다. 학생을 돌보고 수업을 준비해야 하는 교사의 인사를 받기보다 그래도 좀 더 여유가 있는 관리자가 먼저 인사를 하러 가는 게 더 좋지 않을까?

교문에서 학교장의 아침맞이가 호응을 얻는 것은 교장 선생님이 교문으로 나와 등교하는 아이들의 이름을 하나하나 부르며 먼저 인사를 전하는 감동 때문이다. 형식에 치우치지 않고 마음에서 우러나오는 아침 인사이기에 아이들도 그것을 쇼라고 생각하지 않는다. 아침 문안 인사란 '웃어른에게 안부를 여쭙는 인사'이지만, 학교 사회는 어른이 학생들의 안부를 확인해야 하는 특수기관이다. 그러니 선후를 따질 문제가 아니다. 나아가 인사의 방향이 어떤가에 상관없이 눈을 마주치고 반가운 마음을 담아 웃는 얼굴로 아침을 시작한다면 모두의 하루가 행복하지 않겠는가? 교사의 아침 문안 인사는 아이들이 먼저다.

열심히 가르친 그대,
방학에는 떠나라

서울 종로구 훈정동에 있는 종묘의 매표소에는 특이한 사항이 하나 안내되어 있다. 무료입장에 대한 안내인데 종로구 주민도 무료입장을 못하고 50%만 감면이 되는 데 비해 초·중등교원은 무료입장이 가능하다. 전국의 문화유적지에 국가유공자나 장애인 외에 초·중등교원을 무료입장 하게 하는 곳은 많지가 않다. 종묘는 왜 교사들을 무료입장 할 수 있도록 해 주었을까? 아마 교사가 먼저 보고 체험한 소중한 역사를 학생들에게 잘 전달해 주기를 바라는 마음에서일 것이다. 나는 전국의 문화유적지도 국가적인 차원에서 종묘와 같이 교사에게는 무료 개방해야 한다고 생각한다. 얼마 되지도 않은 입장료를 가지고 욕심이 과하다고 타박하는 사람도 있겠지만, 이것은 입장료의 문제가 아니라 미래를 짊어지고 나갈 학생에 대한 교육의 문제이자 교사에 대한 예우의 문제로 접근해야 한다.

북유럽의 핀란드는 어떠한 경제적 어려움이 닥쳐도 교육에 대한 재정은 줄이지 않는다고 한다. 그만큼 교육이 국가의 미래를 결정짓는 소중

학교의 본모습: 이런 게 학교다!

한 자산임을 인정하고 있는 것이다. 그래서 교사에 대한 처우뿐만 아니라 국민의 존경심도 높고 교권도 신장되어 있으며 자원이 빈약하지만 교육으로 선진국의 대열에 올라서 있다. 교사는 걸어 다니는 교재가 되고 살아 숨 쉬는 백과사전이 되어야 한다. 교사가 다니면서 보고 듣는 것, 교사가 체득하고 몸과 마음으로 느낀 것은 모두 학생에게로 전달될 것이다.

나는 발령을 받고도 20년 동안 외국에 나가 보지 못했다. 비행기도 한 번 타 보지 못했고 남들 다 가는 제주도 여행도 못 가 봤다. 교대 다니던 시절에 동기들 모두가 가는 졸업여행도 돈이 없어 가지 못했다. 어린 시절부터 겪어온 지독한 가난 때문에 발령을 받고도 10년간을 부모님의 빚을 갚는데 월급을 보태야 했기에 외국여행을 나가는 경비가 부담이 되었다. 세월이 흘러 어느 정도 생활의 여유가 생겼지만, 공부하는 5명의 자녀가 있는 탓에 긴 시간 여행의 기회를 엿보지 못했다. 시간이 많을 땐 돈이 없고 돈이 생기니 시간이 없었다.

교직 경력 20년째 되던 해 도교육청 유공교사로 선정되어 유럽으로 연수를 가게 된 것이 해외여행의 시작이자 평생 처음으로 타 본 비행기였다. 공항에서 수속을 하는 것, 화물을 붙이는 것, 면세점이 있다는 것 등 처음 타는 비행기의 모든 것이 새롭고 신기하게만 느껴졌다. 만약 대학을 다니던 시절에 비행기를 타보고 해외여행을 해 보았더라면 여행의 견문이 나의 성장과 아이들을 가르치는 데 많은 도움이 되었겠구나 하는 생각이 들었다. 그랬다면 발령받고 우리나라 곳곳을 다녀도 보고 외국에도 나가서 많은 곳을 눈으로 보고 오려고 시도했을 것이다. 이러한 여행의 지식이 쌓여 학생들을 가르쳤다면 생생한 경험을 아이들과 더 많이 나눌 수 있었을 것이다. 여행 블로그를 보고 여행이 가장 좋은 공부라는 말만 들어서는 도저히 와 닿지 않았던 여행에 대한 가치를 해외여행 한 번으로 새롭게 알게 되었다.

방학 동안 혹시라도 교사가 해외라도 나가려고 하면 인상을 찌푸리는 관리자를 많이 만났다. 도교육청에서 방학 동안 교사들을 충분히 연수할 있도록 배려하라는 공문을 아무리 내려보내도 복지부동인 관리자들이 있다.

방학 동안에는 넓은 세상을 보고 다닐 수 있도록 교사에게 충분한 시간과 기회를 제공해 주어야 한다. 해외가 안 된다면 국내라도 많이 보고 경험할 수 있도록 해 주어야 한다. 방학 동안 '방콕' 해서 TV나 보는 것 보다는 국내외 여행을 통해 보고 듣고 체험해서 생생한 수업 교재로서의 내용을 충전해 오는 것이 아이들의 교육에 도움이 될 것이다.

30일이 넘는 방학 동안 단 하루도 학교에 나오지 않는다고 해서 교사를 탓해서는 안 된다. 국민의 의식이 그렇지 않다고, 국민의 시선이 교사들의 방학을 좋게 보지 않는다는 이유를 대며 하루도 학교 나오지 않으면서 월급 받아간다며 타박하는 관리자도 있다. 학교에 공식적인 근무조가 없어지고 나서도 방과후 프로그램이 있으면 관리교사를 편성하고 각종 캠프를 실시하여 담당교사가 학교에 출근하기를 강요한다. 방학 중 교육청 연수도 의무참가로 지정된 것이 한두 개가 아니다. 이 글을 읽고 교사 시절에 방학 동안 학교에 자주 나갔다고 하시는 분들은 방학 때 학교에 가 있는 동안 무엇을 했는지 한번 생각해보기 바란다. 관리자는 학부모나 주민, 국민 모두에게 왜 교사에게 방학이 중요한지, 교사에게 방학은 어떤 의미인지를 당당하게 주장하고 설득할 수 있어야 한다.

학교의 본모습: 이런 게 학교다!

방학 동안 교사를 학교에 붙잡아 두는 것은 교육적으로 아무런 의미가 없다. 열심히 가르친 교사들이 많이 느끼고 체험하고 산지식을 가슴에 품어 올 수 있도록, 교사들이 개학 후 돌아와서 학생들을 더 잘 가르칠 수 있도록, 세상의 온갖 삶과 지식을 체득해서 돌아올 수 있도록 우리는 기꺼이 그들을 더 멀리 떠나보내야 한다. 교육의 질은 교사의 질을 뛰어넘을 수 없다. 그들의 이름은 누구보다 먼저 배우고 익혀서 가슴에 담은 배움을 나누어 주어야 할 '先生'님이다.

---- 6장 ----

교육청의
역할

교육청부터
회의문화를 바꾸자

　대부분의 학교에는 일주일에 1회 정도의 교직원 회의 시간이 정기적으로 정해져 있다. 한 주를 시작하는 날 얼굴을 보아야 한다고 월요일 아침에 하는 학교도 있고, 아침 활동 시간에 학생만 두고 교무실에 모이는 것에 대한 문제 제기나 주말 전날의 조퇴를 막으려고 금요일 오후에 하는 학교도 있다. 어느 날에 하건 학교에서의 회의 모습은 대동소이하다. 교무부장이 회의를 시작한다고 개회를 하면 각 부서에서 전달할 사항이나 제출해야 할 사안을 발표한다. 교사의 할 말이 끝나고 나면 교감 한마디, 마지막으로 교장의 말이 이어지고 그렇게 회의는 끝난다. 회의가 진행되는 동안 한마디도 하지 않고 받아 적기만 하는 교사가 대부분이다.

　초임 발령을 받고 말뜻도 모르면서 '계에서 말씀드리겠습니다'라는 말을 눈치껏 흉내 내며 내 업무와 관련된 사안을 발표했다. 그러면 다른 교사들은 일사불란하게 받아 적었고 내가 발표한 내용에 대해 아무도 토를 달지 않았다. 이미 결재가 완료된 내용을 전달하는 것이기 때문에 말을 할 이유가 없었다. 규모가 큰 학교는 단순 전달도 시간이 부족할 지경이었다.

그러나 항상 그런 시간의 이름은 '전달시간'이 아니라 '회의'였다.

　기억해보면 과거 학급 경영록에는 학교장 전달사항을 적는 부분이 따로 있었다. 교육청의 학교장 회의를 다녀온 교장이 내용을 읽어 내려가면 학교장 전달사항에 부지런히 받아썼다. 학급 경영록을 결재받아야 했기에 교장의 전달사항을 마치 잘 들은 것처럼 보여야 하기 때문이었다. 받아 적는다는 것은 잘 듣고 있다는 것을 증명해 보이기 위한 것이다. 빠짐없이 받아 적음으로써 잘 듣고 있다는 것만 증명하면 된다. 회의는 여럿이 모여 어떤 주제에 대해 의논을 하는 것이다. 한 사람의 말만 받아 적는 것은 회의가 아니다. 단지 아부일 뿐이다.

　학교에서는 왜 회의가 존재하지 않는 것일까? 학교에서 민주적인 회의문화를 가장 강력하게 저해하는 것은 '학교의 모든 일은 학교장인 내가 책임을 지는 것이니 내 마음대로 결정한다'는 논리이다. 그러나 그 책임이 모든 것을 독단적으로 교장의 마음대로 결정하라는 독재적인 권력을 의미하는 것은 분명히 아니다. 만약 대통령이 내가 결정한 것이 아니니 나라에서 일어나는 불미스러운 일들이 내 책임이 아니라고 발뺌을 한다거나 모든 것이 내 책임이니 내 마음대로 결정한다고 가정해보자. 나라 꼴이 어떻게 되겠는가? 대통령은 그 직에 임하는 순간 국가의 모든 일에 책임을 진다는 사명감과 임무를 부여받는다. 학교장도 마찬가지다. 학교장이 되는 순간 책임에서 벗어날 수 없으며 책임감을 안고 학교장이 되는 것이다. 혹시 승진은 하고 싶고 책임은 지기 싫은 사람이 있다면 지금이라도 과감하게 승진을 포기하고 부담감에서 벗어나면 된다. 그래도 지위에 대한 욕심으로 승진을 하고 싶다면 그 승진은 책임을 진 권력에 대한 만족이 아닌 책임을 지는 자로서의 사회적 지위와 경력으로만 만족

학교의 본모습: 이런 게 학교다!

해야 한다.

교장으로의 승진은 그 어떤 공공기관의 관리자보다 민주적인 학교 문화를 만들어야 하는 책임을 동반한다. 왜냐하면 '민주시민으로서의 필요한 자질을 갖추게 한다'는 교육기본법 제2조 교육이념의 책임 앞에서는 그 어떠한 책임도 우위에 설 수 없기 때문이다. 모든 책임의 정점에 있다고 해서 모든 회의에서 독단적으로 결정하는 것은 더 이상 민주주의가 아니다. 학교의 모든 언로를 자유롭게 열어주어야 하며 또한 마음껏 의견을 개진할 수 있도록 회의문화를 바꾸어야 한다. 이러한 소통하는 회의문화를 바탕으로 하는 민주적인 학교경영이 바로 교육기본법의 책임을 충실히 다하는 것이다.

학교장들이 모여 하는 회의는 교무실의 회의와 어떻게 다를까 궁금했다. 연수 중인 교장 선생님을 대신해 지원청의 학교장 회의에 참석한 적이 있었다. 학교장 회의 역시 오후 3시에 시작해서 4시 정각에 마칠 때까지 1시간 내내 전달만 있었다. 마지막에 기타협의라는 순서가 있었지만, 아무도 안건을 내지 않아 협의는 없었다. 이유인즉 마지막에 마치고 가는 마당에 기타토의를 신청하면 모두가 눈치를 준다고 하니 교장이라도 손을 들 용기를 내기는 어려운 분위기였다.

이런 모습을 학교가 똑같이 닮아 있는 것이다. 지원청에서 실시하는 회의가 이 모양이니 학교에서 회의가 제대로 이루어질 리 만무하다. 전달로 시작해서 부탁 반 지시 반으로 끝나는 지원청의 비민주적인 회의를 답습해 온 관리자가 학교에서 회의를 민주적으로 진행할 역량이나 있을까 싶다. 한 치의 의심 없이 회의란 응당 그런 것이라고 생각하는 것이다.

민주적 학교 문화 조성은 학교혁신의 선결 조건이다. 교육청에서도 그

점을 수없이 강조하지만, 교육청이나 지원청의 비민주성은 그대로 둔 채 학교에만 민주적인 문화를 조성하라는 것은 모순이다.

전달 형태의 회의에 익숙해져 있는 학교가 하루아침에 민주적인 형태의 회의로 바꾸는 일은 불가능하다. 회의를 어떻게 하면 민주적으로 할 수 있을까 고민하여 매뉴얼을 만들어 적용해 보았지만, 다양한 변수가 작용하여 그대로 실천할 수 없었다. 또한 관리자는 회의 중간에 참여하지 않고 교사들의 이야기를 듣고 있다가 최종 발언만 하고자 하여 회의를 더욱 힘들게 했다.

회의에는 매뉴얼이 있어야 하는 것이 아니라 큰 규칙이 있어야 한다. 그리고 그 규칙도 구성원이 합의하는 내용으로 정해져야 한다. 계급장을 떼고 누구나 한 표의 권리만 행사할 수 있도록 해야 하며 동등한 자격으로 참여할 수 있도록 규정되어야 한다. 학교에서는 관리자를 포함한 전 교직원이 참여해야 하고 교육청 또한 모두가 참여해서 오랜 시간 토론해서 모두가 합의하는 회의의 규칙을 정해야 한다. 어떤 내용이 회의의 대상이 되는지, 언제 회의를 할지, 누구의 요청으로 회의를 여는지, 합의와 결정은 어떠해야 하는지의 소소한 것까지도 자세하게 정해야 한다. 규칙에 따라 열리는 회의는 보고나 지시, 전달하는 회의가 아닌 토론하고 합의하는 회의로 바뀔 것이다.

시도교육청이나 지역교육지원청에서 실시하는 회의부터 규칙을 정하고 그 규칙에 따라 민주적인 토론 과정으로 변모해 나갈 때 학교의 회의 문화도 빠르게 변화할 수 있을 것이다. 학교에만 끊임없이 민주적인 회의문화로 바꾸라고 요구하지 말고 교육청부터 회의문화를 바꾸고 솔선수범해야 하는 이유가 여기에 있다.

학교의 본모습: 이런 게 학교다!

○○초 이야기

○○초의 회의문화

○○초에서는 정기적인 교직원 회의를 없애고 구성원이 필요로 할 때 자발적으로 모여서 토론을 하는 형태로 회의문화를 바꾸었다. 내 교사 시절 경험에 의하면, 교사끼리 한 회의의 결과는 결재 과정에서 관리자의 입맛에 따라 삭제되거나 수정되었고 처음부터 관리자의 의도대로 계획된 일에는 교사들이 적극적으로 임하지 않았다. 교육활동은 어차피 교사들의 주도로 이루어지는 일인데 앞의 두 가지 형태 모두 바람직하지 않다고 생각해 왔기 때문에 교사들이 스스로 교육활동을 결정할 수 있도록 하기 위함이었다.

우리 학교 교직원 회의에는 전 교직원이 참여한다. 관리자도 처음부터 참여하고 예산을 집행하는 데 도움을 주는 행정실 직원도 당연히 참여하고 있다. 정기적인 회의가 따로 없는 대신 전교생이 참여하거나 학교 밖으로 나가는 교육활동, 예산이 투입되고 책임이 따르는 활동은 반드시 회의를 통해 교육과정이 운영될 수 있도록 규칙을 정했다.

회의에서 교장 선생님의 발언은 굉장한 영향력이 있어 교장 선생님의 발언권을 제한해야 한다는 의견이 나와 교장 선생님에게는 발언권이 없는 사회를 맡기기로 했다. 그러자 교장 선생님이 당신도 회의에 참여하고 싶다며 돌아가며 사회를 보자는 의견을 냈고 토론 끝에 사회는 윤번제로 맡기로 결정했다.. 1차 회의는 전원합의를 원칙으로 하되 1차에서 결정이 되지 않으면 상대를 설득할 수 있는 조정 기간을 주고 2차 회의에서는 다수결로 결정하도록 규칙을 정해 시행하고 있다.

학교의 본모습: 이런 게 학교다!

교육청만이
학교의 핑퐁게임을 줄일 수 있다

　교감을 하면서 의문이 드는 많은 일 중의 하나는 청렴 업무와 정보보안 업무를 과연 교무실에서 해야 하는가이다. '김영란법'으로 불리는 부정청탁 및 금품 등 수수의 금지에 관한 법률이 시행되면서 청렴과 관련된 업무가 다른 업무에 지장을 줄 정도로 처리해야 하는 양이 많아졌다.

　교육지원청 청렴담당관은 교육지원과장이 아닌 행정지원과장이다. 그래서 청렴 관련 공문은 행정지원과에서 발송되어 오는데 공문이 학교에 도착하면 행정실장이 아닌 교감이 이 일을 하고 있다. 왜냐하면 학교의 청렴담당관은 대부분 교감이 맡고 있기 때문이다. 지원청은 업무의 성격에 따라 교육지원과와 행정지원과로 나누어져 있고, 청렴담당관이 행정지원과장이라면 학교에서도 청렴담당관을 행정실장이 맡는 것이 맞지 않을까? 교육지원청의 행정지원과장은 청렴 업무와 관련된 어떤 일도 직접 추진하지는 않고 결재만 하며, 대부분 행정지원과의 담당 주무관이 업무를 본다. 마찬가지로 학교에서도 행정실장이 청렴담당관이 되고 주무관이 업무를 처리해야 한다. 그래도 교감이 청렴담당관이 되어야 한다고 하면 교감은 결재만 하고 교사가 청렴 업무를 추진해야 하는 것인가?

정보보안 업무도 마찬가지이다. CCTV나 컴퓨터를 비롯한 각종 보안 및 정보 공문이 오면 학교에서는 핑퐁게임이 시작된다. 개인 생활보호나 정보와 관련이 있다고 교무실로 공문이 분류되었다가 시설이나 예산, 기자재와 관련이 있다고 교사들이 행정실로 토스하면 다시 학생 교육과 관련이 있다고 해서 행정실에서 교무실로 넘어온다. 결국 몇 번의 핑퐁게임을 하다 목소리가 크거나 파워가 있는 쪽(교장이 편을 드는 곳)이 아닌 힘이 없는 쪽으로 공문이 분류된다.

개인정보보호법 시행령 제32조(개인정보 보호책임자의 업무 및 지정요건 등)에서 학교의 개인정보 보호 담당자를 해당 학교의 행정사무를 총괄하는 사람으로 지정해 놓았음에도 불구하고 법을 공부하지 않았거나 잘 알지 못하는 교사들이 이 일을 처리하는 경우가 대부분이다. CCTV만 놓고 보아도 분명 학교 시설 관련이라 행정실에서 처리하는 것이 당연한데도 학생안전에 갖다 붙이면 안전담당 교사가, 학교폭력에 갖다 붙이면 생활담당 교사가, 개인정보 보안에 갖다 붙이면 정보담당 교사가 공문을 맡아서 처리한다. 이런 일이 학교에서 비일비재하게 일어나고 명확한 분류가 되지가 않아서 교감은 교사들의 항의성 민원에 자주 시달린다. 필자도 정확한 판단과 결정을 위해 교육청에 일일이 전화를 해서 문의를 몇 번이나 해 보았는데 돌아온 대답은 늘 한결같았다. 대부분 다음의 답변에서 벗어나지를 못했다.

'좋은 의견 감사하다. 지적은 고맙다. 지금 현실에는 어려움이 많다. 교육청에서 판단할 문제가 아닌 단위 학교의 교장 선생님이 결정할 문제다.

학교의 본모습: 이런 게 학교다!

다음에 다시 귀한 의견 주시면 꼭 반영이 되도록 하겠다' 그리고 학기마다 학년마다 반복되는 업무의 토스로 교육청으로 다시 귀한 의견을 보내지만, 이미 담당자는 다른 부서로 옮겼거나 다른 기관으로 떠나고 없었다.

어차피 법이 올바르게 적용되고 지켜지지 않는다면 학교의 고질적인 문제를 해결하기 위해서 다음에 제시하는 두 가지만 교육청에서 실천해 주어도 일선 현장에는 많은 도움이 될 것이다.

첫째, 행정지원과에서 온 공문 중에서 교무실로 분류가 되어 처리되고 있는 일이 얼마나 많은지 전수조사를 한번 해 보았으면 한다. 교육지원과에서 온 공문은 행정실로 분류되어 가는 경우가 거의 없다. 교육지원과에서 온 공문은 교무실로 분류가 되고 담당자가 정해진다. 그런데 행정지원과에서 온 공문들은 행정실로 분류되는 것이 당연한데도 조금이라도 학생 교육의 냄새가 풍기는 경우 어김없이 교무실로 넘어온다. 귀에 걸면 귀걸이, 코에 걸면 코걸이가 되듯이 학교라는 특성 때문에 학생 교육과 관련 없는 일을 찾기가 더 어려우니 얼마나 많은 행정지원과 공문이 교무실로 넘어올지는 딱히 조사해보지 않아도 짐작할 수 있을 것이다. 물론 교육지원과에서 온 공문들도 행정실로 분류되어 처리되고 있는 것이 얼마나 되는지도 포함한 전수조사를 해야 한다.

둘째, 교육청에서 공문을 보내올 때 교무실에서 처리해야 하는지 행정실에서 처리해야 하는지 명시해주면 일선 학교의 혼란을 줄일 수가 있다. 이렇게만 해 주어도 많은 공문이 방향을 잃고 교무실과 행정실에서 핑퐁게임을 하는 일을 없앨 수 있을 것이다. 물론 애매한 경우 법적 근거를 공문에 명시해주면 공문의 사무분장 때문에 교육청에 항의 전화나 민원성 전화를 하는 일도 줄어들 것이다.

교육청은 학교와의 쌍방향 의사소통을 통해 현장의 문제를 파악하고 해결하고 다양한 데이터를 제공하는 등의 역할을 수행해야 한다. 그럼으로써 학교 현장의 교육의 질을 개선하고 효과적인 실천을 가능하게 하는 것이다. 그러한 일 중의 하나가 핑퐁게임을 중지시켜 주는 것이다. 담당 부서를 지정할 경우 교육청이 받을 불평불만이 두려워 책임을 학교에 전가하는 한 학교에서는 공문 해석에 시간을 허비하게 될 것이며, 구성원 간 감정 소모도 심각해질 것이다. 또한 그것은 교육을 지원하는 것과 정반대의 방향이라는 점도 직시해야 한다.

학교의 본모습: 이런 게 학교다!

교육청도 장학사도
평가를 받아야 한다

대통령은 임기 내내 국민의 평가를 받는다. 임기 동안 때로는 월마다, 때로는 중요 국정 사안의 처리와 관련하여 각종 여론 조사기관에서 실시하는 '지지율' 조사가 그것이다. 5년 임기 중간에 지방선거나 국회의원 선거가 겹치면 선거 결과는 국민이 보내는 중간평가로 인정된다. 국회의원도 교육감도 4년에 한 번씩이지만 재신임 여부를 평가받는다. 교장도 교감도 심지어 교사들도 학생과 학부모에게 역할과 임무를 잘 수행하고 있는지 만족도 조사로 매년 평가를 받는다. 하지만 학교를 관리 감독하는 상부 기관인 교육청과 지원청은 교사들에게는 어떠한 평가도 받지 않고 있다.

지원청이라는 명칭처럼 학교를 잘 지원하고 있는지, 정부의 교육정책 기조를 왜곡하여 일선 현장을 괴롭히고 있지는 않은지, 학부모와 학생의 의견을 잘 반영하여 지역의 교육정책을 구현하고 있는지에 대해 학교, 교사, 학부모, 학생 어느 누구에게도 평가를 받지 않는다. 상부 기관으로부터의 평가나 감사, 교육청 자체 평가가 있겠지만 그것은 말 그대로 상부 기관의 틀에 얼마나 잘 맞추었느냐의 평가이지 주요 이용자인 학교,

교사, 학부모, 학생의 평가는 아니다. 평가라는 것이 피드백을 목적으로 한다는 것을 전제로 할 때 이용자가 참여하지 않는 평가로는 어떤 피드백도 일어날 수 없으며, 어떤 발전도 기대할 수 없다.

다시 말하면 오로지 지시하고 관리 감독만 하는 기관으로 몇십 년을 철밥통처럼 버티고 있는 기관이 바로 교육청이다. 현재의 교육청은 매우 수동적이고 답습형의 기관이다. 교육지원청이 시도교육청의 시책을 학교에 전달하고 구현하도록 하는 것은 당연한 역할이다. 그러나 상부 기관의 시책을 따르는 것에만 급급하여 학교를 대상으로 성과만 일방적으로 요구한다. 또한 지역의 특성과 요구를 고려한 창의적인 지원책을 마련하기보다 전년도의 사업을 그대로 답습하여 시행한다.

교육정책의 성격에 따라 장학사는 학교 현장을 잘 모른다는 이유로 교사들로 구성된 TF팀을 만드는 것도 어느 해부터 유행처럼 흔한 일이 되었다. 그렇게라도 현장의 목소리를 반영하겠다는 의도로 보이지만, 어찌 보면 교육청 일을 전가하는 것일 뿐 현장의 의견을 반영하여 수정되는 경우는 많지 않다. 교육청 행사를 마치고 문제가 있는 부분에 대해 의견을 내어도 다음 해가 되면 교육청의 공문이나 회의 방식, 연수 기획은 전년도와 하나도 변함없이 Ctrl+C, Ctrl+V 하여 학교로 전달된다. 담당 장학사가 자주 바뀌고 업무 전달은 전년도 공문을 기준으로 기획하다 보니 지역에 맞게 조정하여 발전을 꾀하는 장학활동을 찾아보기 어렵다. 그렇기 때문에 전년도의 문제가 수정되지 않은 채 똑같은 모양새로 행사를 진행하고, 통합하여 운영하거나 시기를 조정하자고 했던 연수도 다음 해가 되면 아무런 변화 없이 전년도와 같이 계획된 공문을 받아 보게 된다.

이런 상황인데도 교육지원청은 학교 눈치는 보지 않는다. 학교 현장의 소리는 일반적으로 있을 수 있는 잡음 정도로 생각하는 듯하다. 교장으로 승진하기 위한 교감의 생사여탈권을 지역교육지원청이 쥐고 있기 때문에 가장 많은 협조성 업무 메일을 받는 교감도 교육지원청에 감히 쓴소리를 할 수 없는 구조이다.

교육지원청은 교육장 개인의 것이 아니다. 장학사의 것도 아니다. 지역의 이름을 붙인 지원청이라면 지역 학교의 교육활동이 잘 이루어질 수 있도록 유목적적인 장학활동을 실시해야 한다. 교사들과 학부모가 원하는 것이 무엇인지 현장으로 나와 확인을 하고 발견한 문제를 해결할 수 있는 지원책을 강구해야 한다.

교육지원청의 평가는 두 가지에 초점이 맞추어져야 한다. 하나는 누가 평가해야 하느냐이다. 상부 기관인 도교육청과 교육부는 정확한 평가를 할 수 없다. 언제나 우수한 사항만 나열한 성과보고서도 발전을 위한 역할보다는 겉 포장만 잘 되어 있을 가능성이 크기 때문이다. 따라서 위로부터의 평가는 의미가 없다. 교육지원청은 현장으로부터 평가를 받아야 한다.

두 번째는 어떻게 평가하느냐이다. 다음 해의 교육지원청 역할을 정하기 전에 학교와 교사에게 성과를 보고하고 의견을 수렴하는 과정이 있어야 한다. 그런 후 상부 기관이 아니라 교사와 학부모, 학생의 평가를 받도록 해야 지원청이 평가자에게 관심을 가지게 될 것이다.

교육지원청이 밉다고 하는 말이거나 공격하는 말이 아니다. 지역 학생들의 성장과 교육의 발전을 위해서 교육지원청과 학교가 같이 나아가야 한다는 말이다. 이를 위해서는 바람직한 반성과 평가 도구가 있어야 한다. 그동안 교육지원청의 눈치를 볼 수밖에 없는 교감들이 장학사나 교육장을 평가할 수 있도록 해야 하며, 지역의 교육장 또한 지역의 최고 교

학교 내부자들

육수장의 지위에 걸맞게 정책을 잘 수행하고 있는지를 지역 주민과 교사들로부터 평가를 받아야 한다. 그리고 무엇보다도 그 평가는 솔직해야 하며 건설적이어야 한다.

학교의 본모습: 이런 게 학교다!

교육청에 잘 보여야 교장 되는 구조를 바꾸자

　교사는 승진을 목표로 정하고 나면 점수 관리가 힘들어 포기하지 않는 한 교감이 되는 꿈을 품고 산다. 교감이 되기 위해서는 보이지 않는 다른 시군의 많은 교사와 경쟁을 해야 하기 때문에 매우 힘이 든다. 그러나 일단 교감이 되고 나면 교장으로의 승진은 교사가 교감이 되는 것에 비해 훨씬 쉽다고 할 수 있다.

　교장이 되기 위한 교감 경력은 시도마다 차이가 있겠지만 짧게는 3년, 길게는 10년 안에 거의 판가름이 난다. 교사에서 교감이 되고자 하면 경력 20년과 함께 많은 승진점수를 모아야 하지만, 교장과 교감은 일대일의 대칭 구도이니 경력만 채우면 시간이 해결하는 문제라고 할 수 있다. 정년을 맞이한 교장들이 물러나면 자연히 경력이 쌓인 교감들이 그 자리를 메꾸기 때문이다. 그러나 정년이 얼마 남지 않아서 빨리 교장으로 승진을 하려고 하는 교감이나 교장 임기 8년을 모두 채우려고 하는 교감은 조금이라도 더 빨리 교장이 되기 위해 애를 쓴다. 그러나 애를 쓴다고 뜻대로 되지는 않는다. 교장과 교육청으로부터 좋은 근무평정을 받아야 하는 마지막 관문이 남아 있기 때문이다.

현행 교장 승진제도로 봤을 때 가장 큰 영향을 미치는 것은 근무평정이다. 교감의 근무평정은 교육장 50%와 학교장 50%를 더하여 산출하도록 되어 있다. 교장의 50%는 거의 모든 학교에서 큰 무리가 없는 한 만점으로 해서 보내기에 교육장이 결정하는 50%의 상대평가가 절대적인 영향력을 발휘한다. 이를 통해 교감들이 승진 순위가 정해지는 만큼 교육청의 근무평정 점수는 승진을 하고자 하는 교감에게 절대적인 영향을 미친다.

근무평정을 잘 받아 빨리 승진해야 하는 교감이 있다고 가정해보자. 그 교감이 교장으로 승진하기 위해서는 현임교의 교장과 교육지원청 눈에만 벗어나지 않으면 된다. 때문에 교장과 교육지원청의 부탁이나 지시사항을 교사들보다 더 성실하게 따르고 이행하려고 노력할 것이다. 이러한 까닭에 많은 교감이 교감의 지위에 있는 동안 교사의 자발성을 끌어내거나 민주적인 시스템을 도입하는 것도 꺼릴 것이다. 민주적인 시스템 하에서는 교장과 교육청의 지시사항을 성실히 수행하기가 어렵지만, 쌍방향이 아닌 일방적인 지시체계로 학교가 돌아가면 그것이 수월하기 때문이다. 학교 구성원들의 일사불란함이 교감에게는 더 필요한 시스템이 되는 셈이다. 교장으로의 승진에 어떠한 영향도 미치지 못하는 교사의 부탁이나 요구보다는 교장과 교육지원청의 지시나 요구가 더 중요한 요소로 작용할 것이다.

1부에서 언급한 것처럼 교감은 교장과 교육청에 잘 보여야 승진하게 되는 구조는 많은 폐단을 불러온다. 교사 시절에 정년까지 임기가 많이 남았다며 걱정하는 교감 선생님께 교감을 오래 하면 되지 않느냐고 했더

학교의 본모습: 이런 게 학교다!

니 '교장 하려고 교감하는 것이지 이 힘든 것을 뭐 하러 그리 오래 하겠느냐'는 답을 들은 적이 있다. 많은 교감 선생님이 그렇게 힘들게 교감을 하는 이유가 교장이 되기 위해서라고 한다. 이런 생각이니 교감으로서의 직무를 수행하는 동안 교감 본연의 임무인 학생 교육과 교무 관리의 역할이나 교사의 업무를 지원하는 일보다는 교장을 보좌하고 교육청의 지시를 이행하는 역할에 더 치중할 수밖에 없지 않겠는가.

그러나 이런 현상을 교감의 탓으로만 돌릴 수는 없다. 무엇이 이러한 역학관계를 만들었는지 구조를 들여다보면 해답이 나온다. 일정 기간 경력을 채우고 근무평정만 잘 받으면 절대로 교사로 내려가는 일이 없이 언젠가는 교장이 되는 구조 때문이다. 이것을 다음과 같이 뜯어고쳐야 한다.

첫째, 교감의 교장 승진점수에 교직원들의 평가를 반영하여 오로지 교장과 교육청만 바라보게 하는 시선을 돌리도록 해야 한다. 현행 교장과 교육청이 가지고 있는 50대 50의 교장승진 영향력을 교장 30%, 교육청 30%, 교사 40% 정도로 바꾸어야 학교의 최고 리더로서의 교장 자질 정도를 비교적 정확하게 평가할 수 있을 것이다. 교직원들에게 일정 기간 평가를 받아서 이후 교장으로서의 역할 수행과 자질이 보이지 않을 때는 과감히 교장 승진 대상에서 제외할 수 있어야 한다.

둘째, 교감도 보직 교사들처럼 역할이 끝나면 교사로 돌아가는 순환보직 교감제를 실시해야 한다. 교감은 승진이 아닌 또 하나의 부장 역할처럼 보직으로의 전환이 필요하다. 학교에서 교감이라는 관리직의 지위가 필요한지 고민해보아야 한다. 교감이 없는 소인수 5학급의 학교에서도 보직교사가 교감의 인사업무뿐만 아니라 수업까지 하면서 역할을 다 하고 있다. 교감이 특별히 필요한 것이 아니라 그 일을 할 사람이 필요한 것이다. 순환보직 교감도 역할이 끝나면 다시 평교사로 돌아간다. 교감이 되는 이유가 교장이 되기 위함이 아니라 교사를 돕기 위해 행정지원을 하기 위함이라는 인식이 확산될 때 순환보직교감제의 도입도 쉽게 이루어질 것이다.

본인이 원해서 교감을 했지만, 교장으로 승진을 원하지 않으면 다시 교사의 자리로 돌아갈 수 있는 자연스러운 길을 열어주어야 한다. 순환보직교감제가 아니더라도 교감이 되면 꼭 교장으로 가야만 하는 것인지 재고해 보아야 한다. 물론 이러한 변화도 교감이나 교장과 같이 관리자가 되는 길보다는 교사의 길이 더 가치 있고 보람 있는 길이라는 인식의 전환과 사회적 분위기가 형성되었을 때 더 빠른 변화의 바람이 불어올 것이다.

학교의 본모습: 이런 게 학교다!

교장의 중임 여부를 평가할 때 교사에게도 물어야 한다

우리나라는 대통령의 임기를 5년 단임으로, 미국은 4년으로 제한하고 한 번만 연임할 수 있도록 하는 중임제를 택하고 있다. 이처럼 대통령의 임기를 제한하는 이유는 권력의 정점에 오랜 기간 머물게 되면 독재로 인해 폐해가 발생하는 것을 방지하기 위함이다. 우리나라도 대통령을 포함하여 광역시 단체장은 3선 연임 제한, 대법원장은 6년 단임, 감사원장은 4년 중임 제한 등 권력의 남용이 우려되는 수장들의 임기를 제한하고 있다. 그러나 내가 아는 한 한국처럼 학교장의 자격을 주고 임기를 제한하는 나라는 극히 드물다.

우리나라에서 교장의 임기를 8년으로 제한하는 이유를 대통령의 임기 제한의 시각에서 보면 교장이 대통령과 마찬가지로 학교에서 권력의 정점에 있다는 방증이기도 하다. 과연 학교가 국가의 수장만큼 권력을 행사하는 자리인지 또는 그럴 수 있는 자리인지를 되묻는 의견도 있다. 그렇지만 오랫동안 교장들이 무소불위의 권력을 행사해 왔고 그것이 교장의 임기를 제한하는 배경이 되었다는 것에는 이견이 없을 것이다.

1991년 3월 8일 교육공무원법 개정을 통해 교사의 능동적 교육 참여와 교육의 질적 향상 등을 도모하려는 입법 목적 하에 교장 임기를 4년으로 하고 1차에 한하여 중임을 허용하는 교장임기제가 도입되었다. 교장의 임기를 최대 8년으로 제한함으로써 학교경영의 민주화와 책임경영을 통해 교장직의 장기 수행으로 발생하는 여러 부작용을 막는 목적이 더 크다고 할 수 있다.

현행 교장 중임 심사 기준에는 상습 폭행과 금품수수, 성적 조작, 성추행, 공금 횡령 등 5가지에 해당될 경우에만 탈락하도록 규정하고 있다. 그러나 지금까지 대부분의 교장은 초임 4년을 마치고 거의 99% 이상이 중임 교장으로 임명되었다. 이 정도이면 중임 교장제도는 유명무실한 제도라고 할 수 있다. 이런 제도라면 그냥 8년 단임으로 하지 왜 4년 중임으로 했는지 생각해 볼 문제다.

교장의 임기 제한과 함께 4년씩 중임을 하게 한 데는 책임 경영을 하라는 의도가 깔려있다. 다르게 해석하면 임명권자가 4년 동안 교장의 자질을 본 후 역할을 잘 수행하지 못할 경우 언제든 교장의 지위를 박탈하겠다는 뜻으로 해석할 수 있다. 그러나 교장 4년 중임제를 통해 자질이 되지 않는 교장은 반드시 걸러내겠다는 취지에도 불구하고 대부분 탈락 없이 중임 교장으로 임명된다.

중임 전 교장의 4년과 중임 후 교장의 4년은 다르다. 현재 교장 중임의 권한은 100% 교육감이 가지고 있다. 이런 상황에서는 초임 교장은 중임을 위해서 교육청의 눈치를 볼 수밖에 없을 것이다. 한번 중임이 되면 남은 4년의 임기가 보장되기에 중임 전 4년 동안 최선을 다하여 교육청에 잘 보이려고 노력할 가능성이 커진다. 중임 전 교장들은 사소한 학교폭

학교의 본모습: 이런 게 학교다!

력이나 문제가 일어날 확률이 큰 도시의 학교를 꺼릴 가능성이 있다. 왜냐하면 책임의 소재로 인한 교장의 중임에 영향을 미칠 우려가 존재하기 때문이다.

교장 중임의 권한을 교육감이 100% 가지는 것은 과연 타당한가? 이것이야말로 현장 적합성이 검토되어야 하는 사항이다.

교감자격연수 대상자가 되기 위해서는 전체 근무평정의 40% 비중으로 5년 중 3년의 교사 다면평가를 받는다. 그리고 전임학교와 전전전임학교 교사들의 전화 면접 조사를 통해 자질을 평가받는다. 그런데 교감에서 교장으로 갈 때, 초임 교장에서 중임 교장으로 갈 때는 교사들에게 어떠한 평가도 받지 않는다. 단지 현재 근무학교의 교장이나 교육청의 평가만 받고 교장으로의 승진이나 중임이 정해지는 것이다.

여기에 모순이 있다. 현 직위에서 잘함과 잘못함은 같이 근무하는 교사들에게 일정 부분 평가를 받는 것이 타당한데, 오로지 상부 기관의 평가만 받으니 위쪽에만 잘 보이면 되는 구조가 만들어지는 것이다. 현 직위의 평가는 다수의 교사에게 받는 것이 정확하고, 그렇게 했을 때 올바른 평가 결과를 받을 수 있다. 그래야만 관리자가 올바른 역할을 수행하지 못하거나 상부 기관의 눈치만 보고 아부만 하는지 모니터링하여 걸러낼 수 있을 것이다. 교장의 중임 여부를 교육감과 당해 학교의 교사들이 50대 50의 비중으로 평가한다면, 더 책임 있는 경영이 되지 않을까 생각한다.

승진제도를 바꾸지 않으면
희망이 없다

　나는 『교사, 교육개혁을 말하다』(2017)에서 승진을 두고 두 번 다시는 가고 싶지 않은 길이라고 표현했다. 관리자가 되어 모두가 행복한 학교를 만들어보고 싶다는 다짐을 위안으로 삼고 승진점수를 모으면서도 이 길이 정말로 가야 하는 길인가 의심이 들 정도로 과정이 힘들고 고달팠다. 주위 동료들과의 경쟁도 있었지만, 보이지 않는 다른 시군의 교사들과의 경쟁도 있었기에 0.1점이라는 작은 점수 하나에도 민감해질 수밖에 없었다.

　학교폭력가산점 점수가 10년 동안이나 모아야 하는 승진점수로 도입되면서 0.1점을 받기 위해 해마다 동료들과 점수경쟁을 해야 했다. 학교폭력을 예방한 교사보다 학교폭력 문제를 해결한 교사가 더 점수를 잘 받는 현실 때문에 학교폭력이 발생하도록 두어야 한다는 농담을 웃음으로 넘겼지만, 정말로 가슴 아픈 현실이 아닐 수 없다. 교육부는 승진점수만 주면 모든 교육정책이 효과를 발휘한다고 믿는 모양이지만, 학교폭력 예방 가산점으로 학교폭력이 예방되지 않는다는 것은 교사라면 누구나

학교의 본모습: 이런 게 학교다!

다 알고 있다.

승진점수만 챙기는 일부 소수를 위한 교육정책은 관리자로 하여금 학교의 주류 문화를 승진 일변도로 만들어 버리는 오류를 범한다. 승진점수에는 관심이 없고 묵묵히 아이들만 바라보고 수업을 하는 다수의 교사를 자괴감에 빠트리고 만다. 승진점수를 모으지 않는 교사를 능력이 없거나 중요하지 않은 교사로 몰아가는 교육 정책과 학교 문화 아래서는 교육의 미래는 없다고 봐야 한다. 앞서 수차례 언급한 것처럼 하나라도 승진점수를 더 챙기고 근평을 잘 받기 위해 밤늦게까지 관리자와 술을 마시고 다음 날 출근해서도 숙취에서 벗어나지 못한 채 아이들은 자습을 시켜도 공문발송과 업무는 놓쳐서는 안 되는 것이 승진을 향해 달려가는 학교와 교사의 모습이기 때문이다.

연구학교 점수는 또 어떤가? 연구학교 점수를 모으기 위해 일반화되지도 않는 연구학교 보고서를 만들고 발표준비를 하면서 날밤을 지새웠다. 연구학교는 항상 성공만 하고 실패의 결과는 없으니 약간만 포장하고 꾸미기만 해도 반은 성공한 것이다. 정책이 변하고 교육감이 바뀌면, 연구학교의 결과는 인근 학교조차도 일반화되지 못하고 사라진다. 그 자리에는 포장된 보고서와 승진점수, 연구학교를 운영했다는 학교의 실적만 남는다.

내 경우만 해도 개인 연구점수를 받기 위해 보여주기식 수업 대회를 준비하고 일선 현장에 보급되지도 않는 나만의 교육 자료를 만들어 등급을 매기는 대회에는 또 얼마나 많은 에너지를 쏟아부었던가? 도서벽지 학교에 가기 위해 이동전보 점수까지 모으면서 점수의 생살여탈권을 쥔 관리자의 눈 밖에 나지 않으려고 가슴을 졸였던 것도 엊그제만 같다.

학교 내부자들

승진점수 관리의 절정은 교무라는 직책을 맡아 마지막 근평만 남아있는 기간이다. 관리자의 개인비서와도 같은 위치에 있게 되는 그 시기는 살짝만 어긋나도 오랜 기간 승진을 위한 노력이 한순간에 물거품이 되고 다시 몇 년을 기다려서 돌아가야 하는 비극이 되기 때문에 중요한 시간이다. 이런 승진의 과정에서 올바른 교육과 학교의 민주주의는 있을 수 없다. 교장의 철학과 경영방침 그리고 그 명령을 잘 수행하고 따르는 교감과 부장교사들만이 학교의 실세로 남아 있을 뿐이다. 나이가 들어갈수록 경력이 늘어갈수록 학교에는 오로지 승진하는 자와 승진을 포기하는 자만이 남는다. 승진하는 교사만을 우대하는 학교에서도 교육의 미래를 논할 수 없다. 하루라도 빨리 승진제도를 바꾸지 않으면 안 되는 이유가 여기에 있다.

오랜 시간 동안 한국의 학교에는 자격증에 의한 교사 승진제도가 정착되어 왔다. 교감자격증을 받기 위한 점수를 모으고 연수를 받아 자격증이 있는 사람만이 승진 대상이 되고 승진을 해 왔다. 그러나 많은 교육 선진국에서는 교장을 자격에 의한 선발보다 공모를 통한 공개전형으로 선발하고 있다. 자격증에 의한 선발은 오랜 기간 관리자의 자질을 준비한다는 장점이 있지만, 현행 승진제도에서는 자격증을 받기 위한 과정이 앞서 수차례 언급한 것처럼 비교육적인 요소를 너무 많이 내포하고 있다. 따라서 자격증에 의한 승진제도는 반드시 수정되어야 하고 바뀌어야 한다.

이러한 변화를 위해 등장한 것이 2000년대 초반 전교조의 합법화를 계기로 수면 위에 떠오른 교장선출보직제이다. 하지만 교장선출보직제는 자격증을 바탕으로 한 승진시스템을 끝내 극복하지 못하고 공모제 교장이라는 성과를 얻어내는 데 그치고 흐지부지되고 말았다. 공모제 교장 또한 교육 경력 15년 이상이면 별도의 자격 없이도 교장 임용이 가능하도록 한 제도였지만, 초빙 교장 8년의 임기연장 수단으로 전락해 버렸다. 자율학교와 자율형 공립고 중 내부형 공모제를 신청한 학교의 50% 이내만 교장자격증이 없는 교사를 교장으로 임용할 수 있도록 하고 있어 자격증이 없는 교사의 교장으로의 진출도 극히 제한하고 있다. 자격증이 없는 사람을 교감으로 또는 교장으로 공모해서 임명하는 것이 타당한가라는 의문을 던지는 사람들의 반발 때문이다. 교감도 해 보지 않은 교사를 교장으로 임용하는 것은 교장의 자격에 대한 신뢰와 자질 검증에 문제가 있다고 반대하는 사람들도 있다.

위와 같은 논리라면 교감도 교장도 해 보지도 않고 교육감 자격증도 없는 교육감들의 자질에는 문제가 없는가? 법률에서 정한 교육감의 자격요건은 3년의 교육 경력이다. 혹자는 임명직인 교장과 달리 교육감은 선출직이라서 문제가 없다고 한다. 그렇다면 임명직인 교육부 장관은 교감이나 교장, 교육감의 자격증이나 경력이 있어야 하는 것은 아닌지 묻고 싶다. 교감은 교사 경력 10년, 교장은 15년 정도면 차고 넘친다. 지금의 승진제도는 교사의 학생지도에 대한 열정, 수업, 학생 생활지도와는 거의 연관성이 없다. 학생 교육을 등한시하더라도 승진 요건에서 요구하는 점수만 모으면 된다. 이렇게 모은 점수가 승진에 합당한 요건이 되는가?

앞으로 관리자는 일정한 교사 경력만 있으면 누구나 공모를 할 수 있고 선출도 될 수 있어야 한다. 관리자에게 필요한 행정가로의 자질은 공모로 선출하고 나서 연수를 통해서 향상시키면 된다. 만약 교육부에서 자격증 제도를 버릴 수가 없다면 1정 자격연수 교사처럼 교사 경력 10년이 되는 해에 일정한 연수를 받게 하고 교감으로의 자격을 주면 된다. 그리고 15년 이상이면 교장으로의 자격이 갱신되고 갱신된 자격자 중에서 동료들의 지명과 선출을 통해 누구나 교감이 될 수 있고 교장이 될 수 있도록 하면 된다. 물론 이렇게 되면 자격증 남발로 인하여 제도 자체가 유명무실화될 것이니 차라리 자격증 제도를 미리 없애는 게 더 가치가 있을지도 모르겠다.

교감으로서 교장으로서 일정 기간 학교를 위해 봉사하고 그 역할을 마쳤을 때는 다시 본연의 자리인 교사로 돌아가서 열심히 학생을 가르치는 것이 더 아름다운 끝맺음일 수도 있다. 교감과 교장은 지위로서 권력을 누리는 자리가 아닌 봉사하는 자리여야 한다. 봉사하는 자리가 되기 위해서는 교감도 교장도 보직의 개념으로 접근해야 한다. 관리자의 위치가 권력자가 아닌 봉사자로 탈바꿈하는 세상이 되면 우리는 더 이상 관리자의 조건을 경력과 자격증으로 고집할 필요가 없을 것이다.

학생을 잘 가르치고 수업을 잘하는 교사가 승진할 수 있는 새로운 승진제도의 도입이 우선되어야 한다. 0.1점의 다양한 점수를 모으기 위한 경쟁과 연구학교와 도서벽지 학교에서 근무한 경험이 좋은 관리자가 되는 자질과 어떤 상관관계가 있는가? 오히려 이러한 제도는 업무처리 능력이 뛰어나고 계획서나 보고서를 잘 만드는 교사가 승진에 유리한 시스템이다. 학생을 사랑하고 아끼고 교직을 천직으로 아는 교사들이 승진할 수 있는 길을 열어주어야 한다.

학교의 교육력을 떨어뜨리는 가장 고질적인 문제인 승진제도가 하루빨리 개정되어서 교사들이 승진에 목을 매는 현상이 사라지기를 기대해

학교의 본모습: 이런 게 학교다!

본다. 원하면 누구나 지원할 수 있고 선택만 받는다면 누구나 관리자가 될 수 있는 길이 열릴 때 교감과 교장은 더 이상 관리자가 아닌 지원자가 될 것이기 때문이다.

0.1점의 점수경쟁으로 교육부의 정책을 학교에다 밀어붙여서 구현시키고 학교와 교사를 통제하겠다는 생각은 학교와 교사를 오물의 구렁텅이로 밀어 넣는 발상이다. 학교에서 지식과 기능을 가르쳐야 하는 시대는 이미 지나가고 모든 것은 컴퓨터가 대체할 것이다. 미래의 우리 아이들에게 필요한 능력은 소통하고 서로 배려하고 협력하는 능력이다. 기계가 인간을 도저히 따라 할 수 없는 영역인 대화와 타협, 그리고 서로에 대한 배려로 만들어가는 도덕적이고 인권 친화적인 세상을 우리가 가르치는 학생들이 가까운 미래에 힘을 모아 만들어가야 한다. 이러한 학생들을 가르치고 길러야 할 교사들을 0.1점이라는 더러운 오물의 구렁텅이 속에 가두어 서로를 견제하면서 보이지 않는 교사들과 경쟁하게 만들어서는 안 된다. 그리고 승진을 위해 경쟁하는 그들이 교직 사회에서 주류가 되게 만드는 학교에서 우리는 얼마나 올바른 학생들을 길러낼 수 있을지 스스로에게 반문해 보아야 한다. 승진제도를 바꾸지 않으면 한국의 학교는 희망이 없다.

갈 길이 멀기만 한
내부형 교장공모제

　지난 2018년 3월13일 정부는 '교장 공모제 개선 방안'을 포함한 '교육공무원임용령' 일부 개정안을 확정해서 발표했었다. 이 개정안의 목적은 초·중등학교의 자치를 강화하여 단위 학교의 자율적 운영을 지원하고 교장공모제의 투명성 및 공정성을 강화하는 데 있었다.

　'교장 공모제 개선 방안'의 핵심은 무엇보다 자율학교 및 자율형 공립고에서 실시되는 내부형 공모학교 중 15%까지만 교장 자격증 미소지자가 지원할 수 있도록 제한한 규정을 50%로 확대하는 데 있다.

　이 내용이 발표되고 나타난 반응은 예상을 크게 벗어나지 않았다. 내부형 교장공모제의 확대에 대하여 전교조를 비롯한 많은 교원단체가 환영의 뜻을 비치고 있는 반면, 교총은 무자격 교장공모제 전면 확대에 대한 문제점으로 교장공모제가 전교조 출신 인사를 교장으로 만드는 하이패스로 전락했다고 비판하고 있다. 교총은 내부형 교장공모제 확대를 반대하는 이유로 '자격증도 없는 평교사 출신 교장의 전문성 부족'을 들고 있다.

그러나 내부형 공모교장의 전문성에 대한 의문은 교육부와 한국교육개발원의 교장공모제 성과 분석에서 밝혀진 바 있다. 2010년 교장공모제를 실시하는 291개 초중고 교원과 학부모 5,820명을 대상으로 '교장공모제 성과분석 및 세부 시행 모형 개선 연구'가 그것이다. 연구결과는 내부형(평교사도 응모 가능)이 '교장공모제 실시 후 교원과 학부모 만족도' 조사 항목 8개 모두에서 가장 높은 점수를 받았다. 반면 지난 정부가 '올인'해 온 초빙형(교장 자격증 소지자만 응모 가능)은 4개 항목에서 최하위를 기록했다. 이 같은 결과에 대해 연구진은 "학교 현장이 긍정적으로 변화되었는지를 살펴보면 교장과 교원 모두 다른 공모 유형보다 내부형 공모학교가 더 긍정적"이라면서 "내부형 공모제 학교 학부모의 만족도도 다른 유형의 공모제 학교 학부모의 만족도보다 높았다."고 평가했다.(오마이뉴스. 2011.1.14.)

이 결과만으로도 내부형 교장공모제 확대를 반대하는 교총의 주장은 정당성을 잃는다. 평교사가 교장이 되기 위해 취득하는 교감 자격증과 교장 자격증이 학교장의 능력과 실력을 보장하지 않는다는 것이다.

교총을 제외한 많은 교원단체가 교장공모제의 확대로 유능하고 민주적 소양이 풍부한 평교사가 교장을 맡을 수 있을 기회가 넓어짐으로써 학교혁신과 민주적인 학교운영에 크게 기여할 수 있을 것으로 기대하고 있다. 교사들 또한 이번 교육부의 입법예고로 평교사의 교장으로의 진출이 급속도로 확산되리라 믿고 있지만, 자세히 들여다보면 아직도 '빛 좋은 개살구'이다. 왜냐하면 교장 공모제의 대상 범위가 여전히 제한되고 있기 때문이다. 내부형 교장공모제를 적용할 수 있는 학교는 현재의 자율학교로 한정되어 있다. 교장 공모를 하고 싶다고 하여 어느 학교나 신청할 수 있는 것이 아니다. 과연 전국의 학교 중 내부형 교장공모제를 신청할 수 있는 자율학교가 얼마나 되겠는가? 자율학교가 아닌 여전히 절대다수를 차지하는 일반 학교는 교장 자격증을 갖고 있지 않으면 어떤 유능하고 훌륭한 교사도 초빙형 교장으로 뽑을 수 없다.

또한 교장 공모를 할 수 있는 학교의 조건은 자율학교라고 해도 당해 학교의 교장이 정년퇴직이나 만기로 인한 결원이 있어야만 가능하다. 자율학교이면서 이러한 조건들을 다 갖춘 학교가 전국에 얼마나 될지 미지수다.

개정안이 발표되기 전에는 자율학교에서만 내부형 공모교장을 뽑을 수 있었고 그마저도 교장 자격증 미소지자가 지원 할 수 있는 학교를 신청학교의 15% 이내로 제한하고 있었으니 사실상 '눈 가리고 아웅' 하는 꼴로 평교사의 교장진출은 봉쇄되어 있는 것과 마찬가지였다. 쉽게 말해 교장이 정년퇴직하는 자율학교 일곱 곳이 내부형 교장공모제를 신청해야 겨우 한 곳만이 공모를 할 수 있었으니 평교사의 교장 진출이 얼마나 어려웠는지 잘 알 수 있다. 아마 현재의 자격증에 의한 승진제도에 따라 가까운 미래에 자연스럽게 교감이 되고 교장이 될 것이 예상되는 교육 관료들에게는 교장 미자격 소지자인 평교사의 교장 진출이라는 제도의 확대가 반가울 리가 없다는 것도 교장공모제의 확대를 지연시킨 이유가 되었을 것이다. 유능한 교장을 많이 배출하기 위한 목적이라면 내부형 교장공모제를 군이 자율학교로만 한정해야 할 이유는 없다. 학교운영위원회가 학교 구성원들의 의견 수렴을 통해 공모로 학교장을 선발하는 것이 학교와 교육의 혁신을 위해 필요한 변화라면 내부형 교장공모제를 자율학교로 한정 짓지 말고 일반 학교로까지 확대해야만 한다.

학교의 본모습: 이런 게 학교다!

승진제도를 바꾸지 않으면 한국의 학교는 희망이 했는데, 현행 승진제도의 대표적인 폐해가 자격증에 의한 승진제도이다. 교육감도 각 대학의 총장도 자격증에 의해 임명하지 않고 선출하는 지금 교장을 자격증으로 임명하는 것은 지방 교육 분권과 학교자치 확대의 시대에 맞지 않는 제도이다. 학교자치를 촉진하고 확산시켜 나가려면 이제 교장은 임명이 아닌 선출로 가야만 한다. 따라서 내부형 교장공모제를 발판으로 삼아 궁극적으로 나아갈 방향은 앞서 수차례 언급한 교장선출보직제이다. 학교에 민주주의를 정착시키고 교사를 교육의 주체로 올바로 세워 교육의 본질을 찾아갈 수 있는 교사라면 누구나 교장이 될 수 있고 그러한 교사를 교육 주체들이 교장으로 선출할 수 있어야 한다. 교장은 자격증보다는 능력과 실력으로 선출되는 자리여야 하며, 학교장으로서의 일정 임기를 마치고 나면 다시 평교사로 돌아갈 수 있어야 한다. 이것이 바로 진정한 의미의 교장선출보직제이다.

대한민국 학교의 올바른 민주주의 정착을 위해서는 자율학교 여부와 상관없이 신청학교의 50% 이내라는 제한 장치 또한 삭제해야 한다. 이를 통해 내부형 교장공모제의 확대를 도모하여 모든 일반 학교에 교장선출보직제가 보다 빨리 정착될 수 있도록 기틀을 마련해야 한다.

학교 내부자들

내부형 공모교장 선생님들께 드리는 부탁

　장학사나 교감 출신의 승진형 교장들과 내부형 공모교장 선생님들은 분명히 달라야 한다. 승진형이든 내부형이든 일단 교장이 되면 똑같은 교장인데 뭐가 다르냐고 하면 필자도 말문이 막힌다. 그러나 전국의 몇 안 되는 내부형 교장들이 어떤 교장 상을 보여주느냐에 따라 내부형 교장공모제의 확산에 미칠 영향력이 크다는 것은 삼척동자도 다 아는 사실이다. 따라서 공모교장 선생님들이 보여주어야 할 행보는 일반 승진형 교장 선생님들보다는 더 혁신적이어야 하고, 보다 실천적이어야 하며, 보다 교육적이어야 한다.

　감히 말하건대 내부형 공모교장들이 제일 먼저 경계해야 할 일이 밑의 교직원들에게 명령하거나 지시하는 것이다. 명령이나 지시를 내리기 전에 직접 그 일을 한 번 수행하는 모습을 보여주는 것은 어떨까 부탁드려 본다. 불편한 전화 한 통이라도 불편한 공문 한 장이라도 교직원들에게 시키지 말고 직접 수행하시라고 감히 부탁드린다. 교장 전화 한 통의 무

학교의 본모습: 이런 게 학교다!

게감은 열 배의 전달력과 호소력을 발휘한다. 교육청이나 지원청에서 오는 핑퐁공문 때문에 교직원 간의 갈등을 초래해서는 안 된다. 교장이 직원들처럼 교육청이나 지원청 탓만 하고 있어서는 답이 없다. 어차피 교육청은 공문을 뿌리기만 할 뿐, 절대 나서서 해결해주지 않는다. 그래서 갈등이 있는 공문은 교장이 직접 맡아서 처리해 주면 직원 간에 갈등이 발생하지 않는다.

힘들고 어려운 아이는 교장실에서 먼저 나서서 챙기고 민원인도 다른 곳으로 떠넘기지 말고 교장실로 직접 호출해야 한다. 학부모회와 같이 교육과 관련 없는 대외업무는 교장이 맡아주는 게 선생님들이 교육활동에 충실할 수 있게 해주는 방법일 것이다. 학교의 공사는 시간이 날 때마다 직접 현장을 다니며 스스로 챙겨야 하고, 학교 곳곳의 안전시설도 행정실보다 먼저 나서서 확인해야 한다. 교사가 수업과 생활지도에 충실할 수 있는 행정업무 시스템을 구축해야 하고 그래서 학교 교육과정이 정상화될 수 있도록 힘을 쏟아야 한다.

다시 말하지만, 내부형 공모 교장들은 분명히 달라야 한다. 어깨에 짊어진 무게가 무겁겠지만 승진형 교장과는 분명하게 다른 행보를 보여주어야만 조금이라도 승진제도 자체의 변화와 이를 통한 교육혁신의 또 다른 변화를 기대할 수 있다. 어떤 길보다 외로운 길이지만 다른 관리자들을 눈치를 보지 말고 소신껏 걸어가시기를 응원한다. 시간이 많이 남은 것 같지만 4년은 그리 긴 시간이 아니다. 여러분이 4년동안 보여주는 행보가 대한민국의 수많은 교장의 모습을 바꾸고 교육의 혁신을 보다 빨리 이루게 하는 원동력이 될 것이다.

에필로그

    사람은 저마다 살면서 터닝 포인트가 있는데 나에게는 총 4번의 터닝 포인트가 있었다. 학창 시절 아버지는 사업 실패와 빚보증으로 마산의 친척 집에 나를 맡겨두고 고향인 밀양으로 떠나버렸다. 가난과 마음의 상처로 학교폭력이나 일삼는 비행 청소년의 길을 걷고 있던 나는 수업료를 생활비로 써야 했기에 학교로부터 등교 정지를 당해 고등학교도 졸업하지 못할 위기에까지 몰렸었다.

    시간을 허비하며 자포자기 상태로 허송세월만 하던 내게 오재석 선생님을 2학년 담임으로 만난 것이 첫 번째 터닝 포인트였다. 전생에 나라를 구하지 않으면 만나지 못할 복이었던 오재석 선생님은 내 가정형편을 어떻게 아셨는지 전교 꼴찌를 맴돌던 나를 학교에서 선생님들의 구두를 닦아 학비와 생활비를 마련하여 공부할 수 있게 만들어주신 분이다. 고등학교 졸업장이라도 있어야 취직도 하고 가난도 벗어날 수 있다는 선생님의 말씀에 부끄러움을 무릅쓰고 차가운 교무실 복도에 앉아 선생님들의 구두를 닦았지만, 늘 가난한 아이라는 친구들의 시선을 피해 고개를 돌릴 때가 많았다.

구두를 닦는 첫 한 달 동안 가난에 대한 설움과 부끄러움에 더 이상 구두를 닦기 싫다고 몇 번이나 선생님께 말씀을 드렸지만, 그때마다 선생님께서는 가난은 죄가 아니라고, 그러니 부끄러워할 필요가 없다고, 그럴수록 더 당당해야 하고 더 열심히 노력해야 한다고 끊임없이 나를 달래고 설득하셨다. 선생님 덕분에 무사히 고등학교를 졸업할 수 있었고 이를 악물고 공부한 끝에 당당히 교육대학에 입학도 하게 되었다.

대학을 다니던 시절 교대 수업료 장학금 제도가 없어지는 바람에 4년 내내 학교도서관 아르바이트, 저녁에는 목욕탕 청소, 방학 때는 일용직 막노동으로 어렵게 학비와 생활비를 마련해야 했다. 그런 내게 주위 학우들이 외치는 참교육과 학생운동은 그야말로 금수저들의 사치로만 여겨졌다. 데모를 하는 친구들이 보이면 부모님 간 빼먹지 말고 그런 여유가 있으면 공부나 하라고 욕을 하고 다녔을 정도였다.

그런데 대학교 4학년 가을 두 번째 터닝 포인트가 왔다. 이경동, 한상용 열사가 전국의 교대생들에게 참교육을 외치며 광주교대에서 온몸을 불살라 투신한 것이었다. 목숨을 버려야 할 만큼 그들에게 교사라는 직업과 참교육은 소중한 것이었던가? 이 의문을 풀고자 1993년 광주교대로 달려가 열사에게 분향하면서 많은 생각을 하게 되었다. 단지 잘 먹고 잘 살기 위해 교사가 되어야 하는가? 나는 교사가 되기 위해 어떤 준비를 해 왔는가? 열사의 분신은 나를 반성하게 하고 비루한 삶을 바꾸게 되는 계기가 되었다.

경남 창녕의 시골 학교에 발령이 나자마자 비합법 전교조 교사로 지회의 조직을 도맡아 조합원들과 후원회원들을 관리하며 초임 시절을 보냈

다. 또한 초등학급경영연구회를 조직하여 지회 사무실과 자취방을 전전
하며 모임을 주도했고 덕분에 세 번째 터닝 포인트인 지금의 아내를 만
나게 되었다. 아이를 다섯이나 낳아주고 늘 봉사하는 삶을 살아왔던 정
말 아름답고 착한 마음씨의 여인을 아내로 만났으니 어찌 삶의 터닝 포
인트라고 하지 않을 수 있겠는가?

내 삶에 지금까지 마지막 터닝 포인트는 학교에서 교사로 만났던 관리
자들이었다. 이분들은 대체로 나의 교육 방법을 인정하지 않았고 자신들
의 방식으로만 학생들을 교육하기를 강요했다. 대부분의 교장 선생님은
불행하게도 돈과 술을 좋아했고 폭언을 일삼았으며 수업보다는 업무를
잘하는 교사를 신뢰했다. 나로 하여금 불타는 투쟁심으로 관리자가 되고
싶은 욕구를 심어주셨던 분들이니 교감으로 발령을 받아 지금 이 글을
적고 있는 나에게는 또 하나의 터닝 포인트였던 셈이다.

이제 나는 또 하나의 터닝 포인트를 만들어가고 있다. 2016년 교감으
로 발령받은 후 새로운 관리자상을 만들어가기 위해 많은 적폐와 싸우
며 꿋꿋하게 헤쳐 나가고 있다. "당신만 교감이가? 당신 다음 교감은 어
찌하라고? 그냥 교사하지 교감은 왜 되었나?"라는 온갖 조롱과 멸시와
싸우며 자리가 사람을 만드는 게 아니라 관리자가 자리를 만들어 왔음
을 증명해 보이려고 노력했다. 그리고 이 책을 집필하는 동안 끊임없이
스스로의 모습을 돌아보고 반성하였다. 권위는 내가 만드는 것이 아니라
다른 사람이 만들어주는 것이다. 남들이 만들어주는 그 권위마저 벗어던
져야 한다. 권위를 권력과 혼동하지 않아야 한다. 교감으로서의 민주적
삶이 책에 묻어날 수 있도록 행동하고 실천해야 한다고 다짐했다.

훌륭한 선배 교사들이 계획서나 보고서를 잘 만들지 못해 업무 능력이

떨어진다는 이유로 아니면 승진을 하지 못했다는 자책감에 교단을 떠나가는 것을 수없이 보아 왔다. 누구보다 아이들을 사랑했고 존중해주었던 그분들의 노련한 빈자리를 나를 비롯한 후배들은 당당하게 메꾸지를 못했다. 비민주적인 학교 문화로 인해, 수업보다 행정업무 능력이 더 존중받는 문화로 인해, 교단의 경력이 홀대받고 나이가 많다는 이유로 무시되는 것을 말없이 지켜볼 수밖에 없었다. 우리 후배들에게는 그런 학교를 물려주어서는 안 된다. 교사로서의 경력 많음이 더 인정받고 존중받는 학교, 행정업무보다 학생 교육이 먼저인 학교를 물려주어야 한다. 그러기 위해서는 승진제도라는 괴물을 비롯한 끊임없이 비민주적인 사례를 학교에 뿌리 깊이 심어 온 많은 적폐 세력에게 이제는 선전포고를 해야 한다.

끝으로 학교에서 그동안 관행적으로 불려왔던 관리자라는 명칭을 지원자로 바뀌는 계기가 『학교 내부자들』이었다는 이야기를 듣는 것이 나의 바람이다.

학교 외부자들

학교 내부자들은 시작에 불과했다

박순걸 지음

교육은 세상을 변화시키기 위해
사용할 수 있는 가장 강력한 무기

교육혁신을 위한 84가지 처절한 제언!